文 化 名 家 暨
"四个一批"人才作品文库

新闻界

传媒时光

王俊杰 著

中华书局

图书在版编目(CIP)数据

传媒时光/王俊杰著. —北京:中华书局,2018.10
(文化名家暨"四个一批"人才作品文库)
ISBN 978-7-101-13168-0

Ⅰ.传…　Ⅱ.王…　Ⅲ.①广播事业–中国–文集②电视事业–
中国–文集　Ⅳ.G229.2-53

中国版本图书馆 CIP 数据核字(2018)第 067731 号

书　　名　传媒时光
著　　者　王俊杰
丛 书 名　文化名家暨"四个一批"人才作品文库
责任编辑　吴爱兰
装帧设计　毛　淳
出版发行　中华书局
　　　　　(北京市丰台区太平桥西里 38 号　100073)
　　　　　http://www.zhbc.com.cn
　　　　　E-mail:zhbc@ zhbc.com.cn
印　　刷　北京瑞古冠中印刷厂
版　　次　2018 年 10 月北京第 1 版
　　　　　2018 年 10 月北京第 1 次印刷
规　　格　开本/710×1000 毫米　1/16
　　　　　印张 20　插页 4　字数 310 千字
国际书号　ISBN 978-7-101-13168-0
定　　价　160.00 元

出 版 说 明

　　实施文化名家暨"四个一批"人才工程，是宣传思想文化领域贯彻落实人才强国战略、提高建设社会主义先进文化能力的一项重大举措。这一工程着眼于对宣传思想文化领域的优秀高层次人才的培养和扶持，积极为他们创新创业和健康成长提供良好条件、营造良好环境，着力培养造就一批造诣高深、成就突出、影响广泛的宣传思想文化领军人才和名家大师。为集中展示文化名家暨"四个一批"人才的优秀成果，发挥其示范引导作用，文化名家暨"四个一批"人才工程领导小组决定编辑出版《文化名家暨"四个一批"人才作品文库》。《文库》主要收集出版文化名家暨"四个一批"人才的代表性作品和有关重要成果。《文库》出版将分期分批进行，采用统一标识、统一版式、统一封面设计陆续出版。

文化名家暨"四个一批"人才

工程领导小组办公室

2018年10月

王俊杰

　　1963年生。现任吉林艺术学院副院长、教授，澳门城市大学特聘博士生导师，中国视协纪录片研究中心主任，中国视协电视理论研究会副会长，中国视协高等教育委员会副主任等。曾就职于吉林人民广播电台和吉林电视台，策划创意、导演、监制的广播电视栏目、广播剧、纪录片、歌曲、大型晚会等项目和作品，多次荣获中宣部"五个一工程"奖、中国广播影视大奖、中国电视金鹰奖等国家级奖项。代表作品《回家》节目，首开全国文化纪实节目先河，拍摄了500余位当代中国文化大家，留存了一大批珍贵的影像资料，创造了中国广播电视大奖星光奖"七连冠"的获奖记录并获"优秀成就奖"。曾策划并带领团队拍摄了《曹禺传》《老舍传》《丁玲传》《张伯苓传》《常香玉》《吴冠中》《青春1930》《又见向海》等纪录片作品，在海内外播出并荣获多个奖项。主编《回家》电视文学系列丛书十二卷（本）等，发表《国际视野 中国风格 地方特色——中国广播电视大奖纪录片获奖作品一览》等论文多篇。被评为全国百佳新闻工作者、全国第四届中青年德艺双馨文艺工作者、国家"万人计划"哲学社会科学领军人才，享受国务院颁发的政府特殊津贴。

目 录

下卷　跋涉之途

附 录

序

胡占凡

　　《传媒时光》题作书名，大体就可以知道这是一本记录媒体人艰辛探索和心路历程的书。

　　而事实上，作者并非学传媒的科班出身，俊杰本是学音乐、吹长笛的。但他跨界踏入媒体后，便做得风生水起，"一发不可收拾"。三十年来，他一路拾起了不少沉甸甸的收获，如国家"万人计划"哲学社会科学领军人才、中宣部文化名家暨"四个一批"人才、享受国务院政府特殊津贴专家、全国第四届中青年德艺双馨文艺工作者等荣誉称号，以及荣获中宣部"五个一工程"奖、中国广播电视大奖"星光奖"、中国电视"金鹰奖"等诸多奖项。而在这些耀眼光环的背后，无疑是一串串艰难跋涉的脚印。

　　俊杰踏足传媒，始为广播，继为电视。或新闻，或音乐，或综艺，或纪实，其所涉领域之广、节目类型之多、题材范围之广、介质手段之繁，在业界也颇不多见。且不论身处哪个领域，他都能才华闪烁、创意频现、佳作频出、大奖频获，硕果累累。近两年，俊杰转入大学，从事教研与领导工作，这无疑又是一次大跨度的"跨界"，相信必有另一番新气象。

　　有果必有因。作者的成功之道至少可以让人悟出这样几点：

　　其一，执着。就大概率而言，凡执着者必有所成。个人理解，所谓执着，即心无旁骛，一门心思做一件事，绝不为名缰利锁羁绊，不为声色犬马诱惑，事不惊人死不休。以他所成就的大型文化纪实节目《回家》为例，足以说明其执着程度。这档节目应该是创办于十六年前，当时这类文化纪实节目全国卫视台中尚属空白。他能创意这样类型的节目，能认定这样的目标，就是一份勇敢，一份执着。这十多年来，卫视中，文化类节目远非收视最高者，《回家》也大体如此。但俊杰和他的团队坚持下来了，这当然是一份执着。这期间，名家大师就拍摄了 500 多位，足迹遍及海内外，其中诸多篇章已随大师仙逝成为绝唱。

其二，创新。俊杰是个事业追求不止步的人。《回家》之后，他相继策划创办了《儿女情长》、与中央文明办联合制作了《德行天下》栏目，这三档栏目从不同创意角度展现了中华优秀文化的传承意旨，也展现着俊杰个人的价值谱系——唯人生之善美，可抵御世事之变迁，唯坚守人之根本，方可做应为可为之事。

更重要的是，创新意识一直在激励着他不断拓展新视野。一般来说，功成名就易使人心生倦怠，更易固步自封，易落窠臼。但俊杰不是，他在不停地突破自我，既除旧布新，又继承优秀因子，加之以新元素，继而诞生了非同寻常的创意及样态全新的节目。

其三，思考。出书其实就是思考，是对过去的反思与咀嚼。俊杰经历丰富多彩，新闻采编、艺术创作、广播电视编导、学术理论研究等，总不离大文化的概念。沉淀下来，梳理总结，总是会叫人有所悟。

俊杰此番将多年来从事传媒工作的实战笔录、经典范本和学术论文辑为《传媒时光》一书，呈现的就是他对中国广播电视发展的一份作为，大略可以看出他三十年来的理念创新和艺术实践。这不竭的创造力是从坚定的自信自强和亲力亲为的实践中来的，是从文化层面的审美格调与精神世界中来的，是从夙兴夜寐的事业追求中来的。

《传媒时光》分为上下两卷，上卷名为"'回家'之旅"，主要阐述《回家》节目的创意过程、主题宗旨的定位、叙事基调的选择、节目框架及形态的构建等内容。包括如何让情与景、事与理、思与辨自然交融；如何把纪实与写意巧妙结合，使节目的内涵深邃丰厚，情感和思绪浓郁绵长等。书中不仅有实际操作的细节蓝本，也有作者理论层面的独特见解。这些内容对于从业者应是有启示裨益的。书的下卷名为"跋涉之途"，涵盖了作者三十年的钻研探索、创作体会及成功案例。上卷为"旅"，下卷为"途"，这就鲜明地展示了作者的心志与态度，可以说既是情怀之旅、文化之旅，也是创新之旅、艰辛之旅。他能够数十年初心不渝地跋涉其中,非有不懈的追求与坚韧的意志难以为之。

一直"在路上"是俊杰无悔的选择。这个旅途没有终点,只有远方的风景。其实于媒体人、文化人又何尝不是如此。

2018 年 5 月 15 日写于北京

(作者系中国文联副主席、中国电视艺术家协会主席、中国广播电视联合会副会长)

上卷 "回家"之旅

一、《回家》论述

流连忘返　意在彼岸

——《回家》节目的创意定位及话语文风的确立

　　《回家》节目首开全国文化纪实节目先河，自 2002 年开播至今，已经走过了十五年的历程。十五年来，我们曾有幸陪伴 500 多位社会名家及文化大师"回家"，播出节目逾 700 期，并连续荣获国内外 30 余个奖项。《回家》节目创造了连续荣获中国广播电视大奖"七连冠"的获奖记录，是目前国内获得国家级奖项最多的电视节目。2008 年，获评美国《哥伦比亚新闻评论》及其独立评选委员会颁发的"中国标杆品牌"（文化类电视节目）荣誉称号。在第 21 届中国广播电视大奖"星光奖"评选中，针对多年来在全国影响力较大、屡获奖项的栏目新增设了优秀栏目成就奖，《回家》作为全国唯一一档原创的文化纪实节目，以其独特的主旨内涵和文化品格获此殊荣，印证了作为一档文化品牌节目所走过的探索之旅与成功之路。

　　大型文化纪实节目《回家》以"立意高远、叙事鲜活、挖掘深厚、意蕴旷美"所呈现的节目性格，成就了当代中国电视文化纪实栏目的体态特征。它的创意定位、形态特质、风格手法、审美意蕴等诸多方面均堪称标新立异。它运用纪实与写意的手法，将情感与文化、历史与现实、传统观念与现代意识有机结合，使观众步入了理想与现实辉映成趣的审美空间，是文化传承与电视文化的具体体现。从继承和发展的角度来讲，作为栏目化的纪录片，《回家》始终以优秀的中华传统文化的积淀与发展为基石，展示中国精神、传承优秀文化。十五年来，《回家》团队以文化自觉意识、独特的审美追求，践行着《回家》节目的创作理念和宗旨追求。

《回家》以"文化纪实"为出发点,调动一切艺术手段实现电视叙事的多元结构,在不断的实践中,创立了一个全新的电视文化纪实节目形态。与传统的纪录片不同,《回家》节目选择了一条可以控制的动作线,找到了表现人物及故事的最佳载体,这就是"回家"。在这段短暂又漫长的旅途中,人生价值的闪光点、人生故事的动情点、人生命运的转折点、人生背景的历史交错点尽收眼帘。《回家》根据人物不同的情感线索、心路历程、人生图景、职业特征来构建节目框架,通过人物"回家"过程中所体会出的刻骨铭心的情感经历和跌宕起伏的人生往事来反映生命的多彩和人性的光辉;通过探访具有人生烙印和文化意味的多重"家园",来寻找文化的脉动和历史的回声;更通过由"爱家"到"爱国"的情感升华,提炼和萃取出"回家"路程中蕴含着的既有优秀民族文化传统,又有鲜明时代特征的深刻内涵。

《回家》中的人物都具有职业特征各异的人生背景、不同个体成长下的情感故事,他们在"回家"的过程中行走在跨时空、跨地域的人文空间,进出于历史和现实交相呼应的文化地带。《回家》要完成的是一次情感之旅、文化之旅,通过广阔的视域聚焦一个人物、一段历史、一个故事、一段生活,浓缩人物的行为、语言、思想和操守,来寻求更高的人格境界及精神落点。

《回家》以冷静的观察、深刻的思索、不懈的追求、勇敢的实践,为自己也为更多的受众找到了一个能够唤起人类情感共鸣的载体;发掘了一个资源不易枯竭的话题;选择了一个读解心路历程的独特视角;探求了一个不同层面受众共同阅读的方式。

《回家》将人物置于行为线索和文化主题之中,以独特的电视语境诠释历史变迁中的命运沉浮及其生命的意义,使《回家》对人物的记录实现了现实生活、历史命运、文化解读、哲学思辨的逐级拓展。《回家》节目的策划,不仅在于表现手段和形式上的突破,而更主要的是在于主旨内涵的立意及文化纪实形态的定位。

一、创意策划的延伸解读

家,是心灵的港湾;家,是情感的驿站;家,又是人生最小的生存单位;家,又何尝不是人生最大的精神空间。它流淌在我们的血脉里,书写在中华民族的历史中,充分体现了中国人独有的情感特征和文化传统。

"家"是生命的起点,是人一生无法摆脱和必须面对的地方。每个人都可以在家的情感坐标上,找到情感的共通之处。而"回家"的过程,则是开启感情闸门、步入理性思考,重温与感悟人生的过程。

《回家》节目注重对题材视角的巧妙定位、对主题内涵的深入开掘,《回家》节目探求了比诗意和哲理更高远的理念,就是理想和信仰。节目将中华民族重情感、爱家庭、重道德、爱故土的观念,升华成为中华民族共有的理想,就是礼仪之邦的和谐理念。《回家》节目在众多电视作品中另辟蹊径地从"家文化"出发,表现人们对家庭及故土的眷恋与热爱,并将它放在大文化的背景中加以考察,将人物自身的经历与民族的命运联系起来,将历史与现实衔接起来,从而实现了从"小家"到"大家"、从"爱家"到"爱国"的升华,也进一步丰富了"回家"的内涵。我们从情感的温度体味"回家",从文化的视角解读"回家",从哲学的层面思辨"回家",将"家"定位为具有人生烙印及文化意味的背景地,使我们的视野更加开阔,使节目的内涵更加丰厚。

(一)《回家》的概念与意义

进入新世纪以来,高速发展的信息时代,人们在享受物质文明的同时,也在精神生活方面感受到前所未有的疏离和匮乏。亲情、爱情、乡情、友情

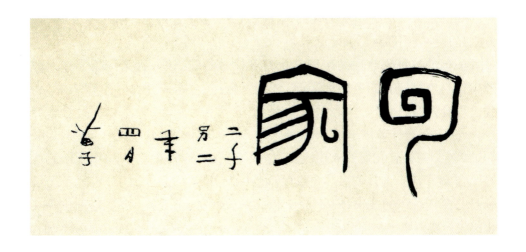

的现实演绎都发生了微妙的变化,在社会快速发展和生活节奏加快的压力冲击下,在物质生活较为丰富、精神生活相对单薄的环境下,伴随着经济转型、社会转型与文化转型,面对着纷繁复杂、变化多端的各种社会现象,孤独感、失落感、危机感交织在一起,人们更渴望心灵的沟通及亲情的安抚,对家与故乡的眷恋和向往更加迫切。人们呼唤真情、寻求踏实的心理越发强烈,并成为了人们的普遍心态。为此,人们开始回归传统、寻找根脉、关爱家庭、关注故乡、关心国家。在不知不觉中转变着观念,也重新诠释着"家"与"国"的内涵及"回家"的意义。

"穷达尽为身外事,升沉不改故人情。"人什么东西都可以丢弃,只有自己所经历的人生轨迹和对家乡、对亲人的依恋及归宿感无法抛弃。有人说,故乡和家庭带给个人的影响是无法估量的,也是无处不在的,这种影响有时候更像是一种烙印,深藏在灵魂之中、血缘底里。

家,在中国人的观念中,一直是一个难以割舍、魂牵梦萦的字眼。中国传统文化讲伦理、重亲情,文化以家庭为本位,注重个人的职责和义务。对家的眷恋便成了我们中华民族带有历史和现实双重烙印的"深层集体心理"。

中国"家文化"的盛行,有着几千年渊源。中国社会就是以家庭为基础单元的社会。从历史上看,以血缘关系为纽带的家庭和宗族集团成为中国人依存的社会背景,因此,以群体认同为本位来处理社会关系就成为了中国人的行为尺度。中国传统社会是以家族及宗法制度来维系的,而西方社会是以契约和法律来维系的。从文化的角度来说,中国是一种伦理和道德文化,西方则是一种契约和法治文化。

中国的这种家族性的伦理文化有其优越性的一面,因为把国当成家或把单位当成家使我们更感到亲近,体现着责任、义务和使命。重视人情、讲究伦理会使家庭和睦,人际关系和谐。"慈母手中线,游子身上衣""独在异乡为异客,每逢佳节倍思亲",这种崇尚人伦的文化,在很大程度上温暖着我们的人生,完善着我们的人格操守。"天下兴亡,匹夫有责""位卑未敢忘忧国",造就了历史上许许多多可歌可泣的民族英雄,"精忠报国"的岳飞,"留取丹心照汗青"的文天祥,不辱使命、饮雪漠北的苏武等,都是这种伦理文化的先行实践者。

我们的先人其实早就在"家"的概念中注入了丰富的社会内涵和人生理想。"匈奴未灭，何以为家"注解出了小家和大家的关系，升腾着一种以国为家的壮志豪情；"埋骨何须桑梓地，人生处处有青山"，这种以身殉国、万死不辞的精神，更是"家文化"中的黄钟大吕之声；"漂泊万里，叶落归根"，化人生的沧桑与悲凉为一杯浓浓的思乡之酒；而"葬我于高山之上兮，望我大陆，大陆不见兮，惟有痛哭"，这首现代的国殇，更是让海峡两岸的每一个中国人"一饮泪双流"。我们的祖先在汉字中发明了"国家"这个词，这就注定了中华子孙千秋万代在家和国的概念里，永远都有挥之不去的情愫。

中华民族五千年的发展史，华夏文化是一条主线，华夏文化的核心是家国文化。家国不分、国家一体是几千年来中华民族代代流淌、绵延不绝的价值与情怀。中华文化是家国文化，家国思想根深蒂固，家国情怀一脉相承。"国家"是中华民族独有的概念，只有我们的中文才把"国"叫作"国家"。国与家紧密相连，家是国的基础，有国才有家。"天下之本在国，国之本在家，家之本在身"，孟子解释了天下、国、家、人的关系。国与家相辅相成，国家的仁德政治、家庭的仁德风气、个人的仁德修养，都关系着社会的繁荣和稳定；"修身齐家治国平天下"是儒家文化的要旨。家事就是国事，国务就是家务；"风声雨声读书声声声入耳，家事国事天下事事事关心"，中国人天生就有关心国事家事的传统；"先天下之忧而忧，后天下之乐而乐""苟利国家生死以，岂因祸福避趋之"，中国人自古就有忧国忧民的思想和报国之志与济世的情怀；"烽火连三月，家书抵万金""王师北定中原日，家祭勿忘告乃翁"，这里有对家的眷恋和对国家的期许——中国人把家与国紧紧融在一起，这样的文化其实就是家国文化。

有专家评论道：《回家》的主题就其本质讲，是中国式的主题，是在寻找中国人的精神来路和精神故乡，体现了一种独特的生命哲学、生命状态和生命情调。只要你去深入解读中国历史上那些丰富而活跃的个体生命，你就会发现"回家"是古往今来中国人的一种普遍的人生路径和生命主题。"家"的理念并不能完全等同于西方人那种寻求精神的避风港湾式的休息之所，而是中国人千百年来赖以"安身立命"的根本所在。"家"对中国人本就是生命的根基和沃土，他们本就是在其上勃郁生长和繁衍的，"离家"也许是无奈选择或理想诉求，但对家的"疏离"或"回归"，都是

对人生最为根本和实在的一种生存状态。从这个意义上说，《回家》节目的创意，更是触摸到了一种完全中国化的人生主题，这就是《回家》节目及其所着重表现的"回家"主题的重要题旨。当然，《回家》节目很容易被简单地理解为西方现代意识及所谓的"人文关怀"的一种中国复述，仅成为寻求精神归宿的安全栖所乃至怀旧的一种形式，这就在一定程度上片面地曲解了《回家》节目策划的初衷和宗旨。

《回家》追求的是生活的皈依而不是一味地奔跑，是生活的叠加而不是原始情感的罗列，是生命的抚慰而不是生命的终极，这是我们在感性体验后对"回家"的选择和思考。于是，"回家"也就带有某种怀旧的意味。有人说怀旧是一种记忆，更是一种权利。我们都有过对以往的留恋，常常驻足于一些老旧的物件或熟悉的场景而长久不愿离去，人生的故事更是难以忘却，因为这些构成了个人履历中的纪念节点，是我们赖以建立起来的人生档案。今天看来，怀旧如同一种回忆式的书写，使我们反思过去、见证历史。因此，我们说怀旧与其说是在书写记忆、追溯昨日，不如说是再度以记忆的构造和填充来抚慰今天，充盈生命。

"家"与"回家"，体现了中国人特有的情感特征和文化传承。家，作为社会生活最小的单位，实际上包含着巨大的社会意义和文化意义。我们以此作为切入点，从"离家"到"回家"，从"爱家"到"爱国"，把家庭、故乡、祖国以及历史、文化、情感有机串连，于是，平凡中显现着崇高、现象中蕴涵着哲理。由故乡之思到家国之恋、由血脉姻缘到民族大义，这就是《回家》节目以小博大、见微知著，从人生最细腻处演绎出的文化情怀。

"尺幅之内，千里之外"，文化的力量让《回家》有了深度和境界，情感的美丽让《回家》多了份温婉和含蓄。

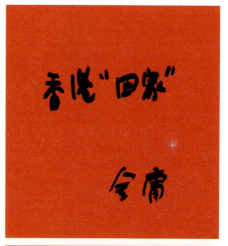

当然，从开始创意到策划，再到跟随大师们探访着一个个不同的"家园"，我们对"家"的内涵的理解也在不断地扩展深入。从传统意义上的"老家"，到现代意义上的"家园"，从纯粹单一的"家"到多元丰富的"家"，我们验证着创意初期的认知，也探索着对家的内涵的视觉表现手段。每个人都有着一个刻骨铭心的"老家"记忆，又都有着人生重要节点和故事的多重"家园"。从微观角度说，人都有父母、兄弟姐妹、子女儿孙，当然更有"老家祖屋"及动态的现实居所；从宏观角度看，人有爱情、事业、理想，有单位，更有国家，心中必然又存有着不同的多元意义上的"家园"。为此，我们说，家不仅是根脉之源、成功之地，更是理想之巅、爱国之情……它深藏于灵魂之中及精

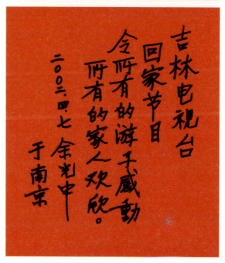

神之底。也正因此，《回家》节目十五年来，难能可贵地聚焦着回家路上的文化行者，记录着中国化的人生及其家国情怀。

《回家》节目以社会的中坚力量为拍摄对象。当我们探问每一个魅力激扬的生命，他们的人生故事、人性光辉、思想光芒将成为生命的注脚；当我们遍访每一处浓墨浸染的土地，他们的人文景观、历史故事、文化变迁将成为传统的注脚；当我们追溯每一段铭记于心的旅程，他们的生活背景、人世沧桑、历史转承将成为时代的注脚。从现在的他回望过去的他，以现代人的思维重新审视身后的大历史和大时代，继承的、感悟的、寻觅的、渴望

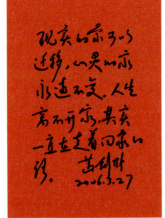

的，将使节目以古典的心朝向永恒的主题。

"回家"是生命的旅程、文化的旅程，家国情怀就是《回家》节目的精神所在，《回家》节目的主旨则在于表现当代中国人特有的人格魅力及生命状态，即中国化的人生。

（二）电视文化的重读与升华

著名思想家泰勒，把人类学意义上的文化定义为"文化和文明就其人类学意义上看是知识、信念、艺术、伦理、法律、习俗，以及作为社会成员的人所需的其他能力和习惯所构成的综合体"。这一定义，几乎成为西方近百年文化研究的经典定义。实质上，文化是人类在物质生产和精神生产领域中进行创造活动的方式及这一活动的过程和结果的总和。

从文化的表现形式上看，文化还分为高雅文化和大众文化。电视是一种媒介，一种大众媒介，从这种意义上讲，电视文化应属大众文化。"传媒即信息"，电视是社会公众政治信息的主要来源，是社会舆论形成的渠道之一。电视在传递信息的过程中，具有一定的政治倾向性，因此，电视文化以传媒为主要形式，以宣传或传播为主要特征。其主要功能，一是灌输作用，灌输社会主流的思想意识及文化。二是导向作用，具有鲜明的立场和态度。三是传播作用，以提高大众的思想、文化和科学素质，传播不同层次的文化。

电视文化，是指以一系列电视技术为手段和载体进行传播的精神观念文化形态和接受（消费）这种精神观念文化的生活方式。美国社会学家尼尔·波兹曼指出："任何一种大众传播工具的迅速发展,都会对社会产生巨大的影响,它会逐渐形成另一种政治,另一种教育,另一种文化——这是不可避免的。"

电视文化是当代社会重要的文化形态。电视改变了文化的表现和存在形态以及固有风格,成为大众文化最重要的载体,同时也改变了人们观察世界、感知世界和接受文化的方式。电视文化是以高新技术为基础的、可不断机械复制的影像文化;电视文化是一种声像一体、生动直观、明白易懂的影像文化。它是一种在电视传播达到了"信息的共时分享"基础上实现的"全天候"文化;电视对消费文化起到了推动作用,越来越着眼于公众物质消费和精神消费需求的创造。

电视文化还以形象的反映和再现社会生活为其艺术特征。电视文艺倡导主旋律和正能量,实际上就是一种艺术化了的社会意识形态。同时,它还表现为审美、娱乐和消遣功能,融思想性与娱乐性为一体,寓教于乐,达到影响和鼓舞人的作用,电视文化是精神文明建设的重要组成部分,能够从更大的范围,更多的层面提高全民的文化素养,推动整个民族的文明进程。

电视屏幕的丰富多彩,体现着电视文化的勃勃生机。电视文化作为新型的文化样式,是电视与文化嫁接的文化新品种。电视文化的生产与传播、电视文化的消费以及双方互动所形成的文化效应和社会效应,已使其成为当今社会文化的重要载体。从这个意义上讲,一档电视文化栏目的成功,取决于坚实、丰厚的文化基础和社会基础。

四十年来的改革开放大潮,推动了社会生活的巨变,也促进了文化的快速发展。文化的融合、文化的撞击、文化的超越,

已成为现今文化发展的时代特征。今天,人们对文化内涵的诠释,变得更加繁琐复杂。大众文化和高雅文化的概念区分及其所呈现的文化状态,似乎已把人们带入了一个全新的、既有传统文化观念又具现代文化意识的社会文化氛围之中。人们对文化状态的感悟、对文化意识的思辨,不同程度地影响着文化产品的创作和生产,也影响着大众的文化价值取向和审美心理需求。相对于现在较为受宠的综艺节目,《回家》蕴含着较深厚的人文关怀和文化意味,是大众文化表象的深层体现和平民意识的具体反映。因此,它将不容置疑地融入现今的社会文化生活之中。应该说,《回家》既是市井人生平凡生活的真实体现,又是文化之旅的探寻。它的创意缘于大众平民意识和文化精英意识的结合。

综合我国电视文化类节目现状而言,深受观众普遍喜爱的莫过于四类节目:电视剧、综艺类的娱乐节目、纪录片和情感类的文化节目。在这个背景下,《回家》节目的策划定位,就是顺应大众精神追求、把握电视文化发展脉络的一次尝试。《回家》采用的纪实手法,讲求真实自然地记录原生态的生活流程,但这并不是照相式的自然主义的反映生活,而是要经过精心提炼和打磨,将偶发性的、随意性的,但富于个性特征和反映生活本质的情态和细节,如实地展现在观众面前。《回家》本着“有点可控、有迹可寻、真情流露、朴素记录”的原则,展示人物在特定时代背景下的心路历程。注重故事上的“原汁原味”和手法上的“艺术再现”,使其更具观赏性,更具收视吸引力和艺术感染力。

世间最让人感动的,莫过于发自内心、未经修饰、自然流露的真情。在信息时代也强调“以人为本”的今天,电视节目除了讲究华丽炫目的包装,更关键的是注重节目的主旨内涵。电视是大众媒体,其责任及义务就是要把握时代的主潮,将我们的摄像机伸向人的平凡生活中去,观照他们的生活情态,反映他们的喜怒哀乐。力求在满足观众视听享受之外,使内容更贴近他们的内心世界,让观众有情真意切的感受,并从中熔铸出新的思考。大型文化纪实节目《回家》的策划定位,正是缘于对人类真实情感的诉求,对人性魅力的挖掘,对中华民族优秀文化的传承。当然,也基于对当今电视文化的理解和认识。

就电视节目策划而言,电视节目的创意着眼点,就应该是社会文化生

活中的热点，能够反映现实的
文化氛围和社会背景及观众的
精神追求和价值取向，并在此
基础上寻求其节目最具吸引力
的个性化品质特征和独特的文
化定位。

《回家》崇尚的是文化的重
读而非简单的记录，是文化的构
建而非记录的割裂，是文化的守
望而非渲染，这是我们在理性思
考后对文化发展的期待。时下
的社会文化现状，是"现代"与
"后现代"交错、"精英"与"大
众"共存。而《回家》节目的
推出，也是在努力迎合并有效引
导着大众文化的价值取向和审
美追求。

《回家》正是以明确的政治方向、价值取向、舆论导向为基础，用春风
化雨、润物无声的方式，力求让断裂的文化有所接续，让远离的人群有所贴
近，让民族的根脉有所继承，让电视的文化有所升华。

多媒体时代的电视文化，折射时代背景、传播时代风尚。因此，反映社
会文化多维度的发展，对文化进行多角度的解读，自然成为了时代赋予电
视文化的重要使命，也是电视节目形态逐渐打破固有模式而走向新的裂变
与聚合的根本原因。牢记弘扬主旋律、传播正能量的基本宗旨，富集优秀
的文化传统、凝练鲜明的艺术特质、创造清新的节目文风，是电视节目原创
性作品个性化生存、走向品牌战略的唯一路径。

二、核心特质的建构塑造

实现电视文化类节目核心特质的建构塑造应该从媒介性质及节目"性
格"的视角出发，对电视文化类节目的历史演变有所梳理，并重新审视电

视节目的传统形态及手法。对电视传统节目的全面认知,是电视人从业与创作的基础,也是继承与创新过程中的基本环节和步骤。从传统节目类别到传统节目形态,从传统技术手段再到诸多电视传播符号,而更为重要的则是创作内容与创作手法的应用与拓展。创作态度的端正、创新思维的提升、创意策划的定位,是对创作者最大的考验,也是其作品成功与否的关键所在。换而言之,创作者的文化修养、思维方式、审美追求、价值取向则决定着电视文化产品的品相、品质、品位、品牌。

纵观多年来我国电视文化节目的发展,我们不难看出,成功的品牌节目多以"内容为王""主题制胜"为法宝,其节目成功案例举不胜举。早期的电视品牌节目多为"重主题、轻风格""重说教、轻美感",直白与简单为普遍特点,后来又出现了"重形式、轻内容""重美感、轻内涵"的现象。改革开放这四十年来,我们的电视节目的确发生了翻天覆地的变化,让广大观众眼花缭乱,也让电视从业者步履艰难。我以为好的电视文化节目无不具有独特的主旨内涵、风格形态,并且必然确立了定位鲜明的"核心",形成了较为成熟的"特质"。

《回家》节目从创意初始,就对主题的确立始终如一毫无动摇。只是在形态定位和风格样式上,出现过反反复复的论证过程,但人物选择的定位是明确的,即中国现当代文化史上具有历史性贡献的名人名家;纪实手段的应用是明确的,即真实而非虚构的人物故事、历史遗迹及人文风貌。

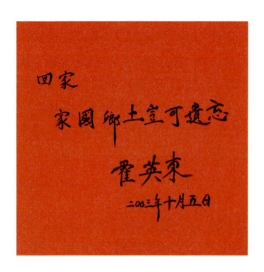

回家
家园 乡土 岂可遗忘
霍英东
二〇〇三年十月五日

应该说,"回家"这个主旨"核心"的确立,从创意策划到十五年后的今天,我和《回家》团队的同仁们是坚定不移的。难能可贵的是,至今《回家》节目在人物选择的定位及纪实手法的应用上仍然执行着节目开播之初所制定的范围和标准。

在形态及风格的定位上,《回家》节目策划初期,我曾纠结在"情感纪实"与"文化纪实"之间,毫不掩饰地说，我的《回家》创意初稿其形态定位曾经是大型"情感"纪实节目，后来，我又更正为大型"文化"纪实节目。《回家》的形态风格定位源于"情感"，升华为"文化"，不是简单的词汇更换，是观点和理念上的重大改变。从萌发灵感到完善创意、再到策划案完成，近三个月的时间，我对我的这一创意，思考、沉淀、再思考，日复一日的煎熬、周而复始的论证。从最初的情感定位——回家省亲、寻根拜祖的行为记录，到文化定位——以"家文化"为依托，将"回家"从情感层面升华到文化层面的精神高度，使"家"的情感内涵更加饱满充实，将"回家"的"家"，锁定在"具有人生烙印及文化意味的背景地"，使"家"的定位更加厚重坚实。《回家》节目内容的核心一旦确立，节目的文风特质便逐渐凸显出来，节目的形态特性逐渐清晰起来，节目的审美特征也逐渐体现出来。《回家》节目也因其内涵丰富、特色彰显，被专家评价为"立意高远、叙事鲜活、挖掘深厚、意蕴旷美"。

（一）文化情感的交融呈现

文化纪实节目，以一种特有的电视节目形态卓立于当今的电视荧屏，是我们的创作思想与多元素的电视特性完美的融合。文化的定位，是我们对节目主旨深刻的拷问，是对节目导向的关键性引领，更是我们旗帜鲜明的追求。它使节目更具内涵与张力。而纪实的选择，是为了强调真实与生活原生态，使节目更有活力并兼具真实性和故事性。

《回家》将节目定位为"文化纪实节目"，并且明确提出了以"浇铸情感、传承文化、超越自我、回归心灵"为宗旨，表现了我们的创作目的和美学追求。这就是把文化的内容用纪实的手法记录表现出来，完成对人物"回家"的电视叙述。

《回家》节目策划初期，作为以人物特别是公众人物和名人名家为核心的节目，央视已经有较多的成熟品牌。如访谈类型的《东方之子》《人物》，演播室互动类型的《艺术人生》等这些节目，大都较受观众喜爱且形成了一定的品牌效应，是后来者无法比肩的。对于我们来说应该是压力与动力同在，机遇与挑战并存。作为地方台，要策划操作一档大型高端人物的文化纪实节目，无论从制作经费、嘉宾人物接受度、团队力量、技术设备等都有着诸多一时难以逾越的瓶颈问题，而我们的动力和后劲则来自于对节目文化纪实的定位及领导专家的支持和鼓励。大家坚信中华传统文化的魅力,也坚信我们的独特的文化定位和审美追求,能够创造出一种新的电视纪录文体。

与访谈类型的节目不同,纪实记录的是人的行为动作,而不仅仅是滔滔话语,它更接近人的自然生活状态,更容易触及人的心灵。与传统的纪录片不同,《回家》选择了一条可以控制的动作线,找到了一个表现人物的最佳的载体——一个特定的时间和空间、一个特定的旅程和目的地,这就是"回家"独家收获的一路风景、一程思绪。在主人公回家的旅途中,有即时的欣慰,有莫名的激动,有难忘的回忆,更有无奈的感伤,我们会发现主人公曾经被岁月遮蔽的心灵,就在这一次次"回家"的行走中,在一处处过往停留过的驿站,被渐次点亮了。这就是《回家》独特的节目类型——带有明确选择性的记录,在设定的行为动作中完成编导的拍摄诉求。我们说《回家》找到了一条进行时态下的故事线索,找到了人物情感与思想、历史与现实凝结在一起的故事内核。把人生经历的一个个断层面的故事接续、集中并放大,把人的过去时态、现在时态,乃至将来时态有机关联。这样既可以回忆过去,展示现在,又可以憧憬未来,使点、线、面纵横交错,人物、情感、景地自然交融,构成了节目的"骨架和血肉",也凸显了节目的独特形态。在节目的拍摄与制作上,我们采取纪实与写意相结合的手法,同样是操作有序、进退自如,可掌控的空间无限增大。

就《回家》而言,纪实带来的最大益处是可以根据人物背景、性格、职业、性别、年龄及拍摄地等的不同差别,采用多种多样的拍摄手法。当纪实拍摄受到一定限制时,可以运用资料画面进行补充和对比;当情绪需要渲染时,可以辅以音乐、字幕、解说等多种表现手段烘托塑造。

当太行山的山风掠过红旗渠,吹动杨贵老人雪白的鬓发;当病容枯槁的常香玉最后一次唱起《花木兰》;当蒙蒙烟雨中的席慕蓉吟咏她血脉里的原乡;当杨子荣烈士墓前,童祥苓无限崇敬地弯下腰身;当儒雅的陈逸飞在婉约的江南水乡讲述他的心情故事;当焦波父母年迈的皱纹与相机的快门声一同定格,纪实带给人的震撼是不言而喻的。《回家》首次大胆地提出并尝试在纪实性、文化性、新闻性及人物化、情节化、故事化的节目中，调动一切艺术与技术手段实现电视叙事的多元结构，创立了一个全新的电视文体——文化纪实节目形态。在创作中，我们始终坚持中华优秀传统文化的价值观，强调唯物主义的历史观以及正确的美学观，实现了内容与形式上的原创性及统一性，也使《回家》节目策划初始的宗旨诉求（主题定位、价值取向、审美追求、风格形态）得以完美呈现。

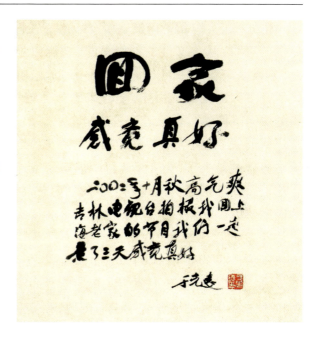

（二）创作手法的探索实践

纵观电视纪实节目的发展沿革历程，我们走过了"政治化主导、文化意识缺乏、人文观念启蒙、百姓意识强化、社会化观念放大"等不同阶段。而伴随着改革开放步入百花齐放的大繁荣时期以来，社会文化的进步发展，使电视栏目的创作包容性强，创作成果也更加多元和丰富，强调并形成了以人为本、满足不同观众需求、多种"声音"共存、多种形态共享的和谐氛围。基于此，《回家》节目恰逢其时，应运而生。《回家》以"文化纪实"为出发点，这是题材与形态的双重界定。在不断的实践中，"回家"的文化内涵与精神内涵挖掘，显得更深邃、更高远、更具时代感、更具先进性。

文化纪实是具有文化思考与电视思维的创新性理念，决定着创作者的创作态度和创新方法。确立人文性的创作态度，就是要强化人文精神及节目内涵。《回家》从人物纪实的三个层次，即从朴素地记录人物现在时态下的言行，到通过现在与过去的时空交错中，展现人物在时代背景下的命运；再到对历史的追问中揭示哲学意义上的生命价值和人生信仰。每个人物故事的叙述都通过回到特定的时代背景及精神家园来展开。

例如,获奖作品《杨贵·愚公移山》在创作策划之初,就力争摆脱节目体例的束缚,从人文性的创作角度,把红旗渠作为一个历史的记忆为着眼点,它既是一项宏伟的工程,也是一个时代的缩影和象征,它代表着杨贵那一代许多人的使命和命运,更代表着一种精神。于是在片中,红旗渠与杨贵的命运既浑然一体又若即若离。在故事的开篇部分,有意模糊人物与建筑之间的关系,着力表现红旗渠工程的艰难浩大,同时在解说中强调"给历史树碑的是人"。随后,节目中纵横交错地叙述了杨贵与那一代人的人生坎坷及命运沉浮。通过四个不同的时代(抗日战争时期、解放初期、文革时期、改革开放中期),在突出和颂扬伟大的民族精神的同时,完成了一段深刻的思考旅程;在讲述红旗渠由来的同时,展现了主人公高尚的人格魅力。再如荣获 2004 年中国广播电视大奖的作品《常香玉·木兰绝唱》,也没有仅止步于对常香玉跌宕起伏的命运的观照,而是将豫剧的发展历史融汇在人物的命运之中。因此,有专家评价,这部作品同时还是一部豫剧史。

《回家》节目，从纪实创作手法上看，有传统的、探索的、表现的、再现的、共时的、历时的、时空交错的等等，其创作空间的灵动性、创作手法的多样性成就了诸多不同时期、不同风格的人物塑造。

十五年的创作实践，《回家》坚持"真实记录、艺术再现"，没有故事虚构，也没有刻意求得主人公的一次眼泪和一方笑颜，在保持栏目固有的叙事特点外，一直尝试着纪录手段的不断创新。

《回家》将生活中常见的"回家"行为情境化、故事化、人性化地多元展现，通过富有地域特色和人文意味的画面的真实再现，辅以集中体现了中华优秀传统文化中理性思辨意识的解说词，以现实时空和历史时空交替往复的复线式叙事，使节目丰富多彩的内容架构与多元共融的形式风格日趋成熟。

成功的纪录片作品不仅要有写实，还需要写意。通常，我们说写实叙事、写意抒情。但有时写意的元素（比如静态画面和音乐）也可以辅以叙事。《回家》在纪实与写意之间，构筑了新的叙事风格。它将写实与写意成功嫁接，既用写实的力量震撼人，又用写意的美感浸染人。《回家》作为直观的视听艺术作品，用声、用画写景，也用声、用画造境，完成情景交融的创作过程。这也是《回家》节目鲜明的审美特征。

《回家》的写实与写意首先体现在解说上，平实而冷峻，感性而理智，却不乏张力及律动感。具有感情色彩、饱含哲理意蕴、深入挖掘人物内心情感变化的解说语言，贯穿于整个节目之中。它不仅是叙事的真实，更是艺术上的把握和体现。

例如，《席慕蓉·追寻梦土》，侧重静态画面中解说词的运用。片子的开篇语："父亲总是告诉我，故乡的歌是一支清远的笛，总在有月亮的晚上响起，故乡的面貌却是一种模糊的怅惘，仿佛雾里的挥手别离，离别后，乡愁啊，是一棵没有年轮的树，永远不会老去。"在这段解说中，一语道破了席慕蓉的乡愁其实是父亲对故土不可触摸的渴望。背景的交待，时空的关系，人生的缺失都一览无余。片中的结尾处席慕蓉填词、蔡琴演唱的《出塞曲》："请为我唱一首出塞曲，用那遗忘了的古老言语，请用美丽的颤音轻轻呼唤，我心中的大好河山……"画面、音乐、画外音等手段的糅合，使节目在宁静的美丽中渗透着难以名状的酸楚和哀伤，情感的释放有度，愁而不悲。

《回家》节目写意的明显特征，就是音乐功能的挖掘及有机运用。音乐，一般在常态的纪录片、专题片以及绝大多数的电视栏目中，我们常常称之为"配乐"，多为"配角"的作用，只是起到了衬托画面、烘托气氛的基本功能。《回家》节目开创之初，我们就将音乐作为节目内容的主体部分，在后期制作中将音乐、画面与解说看成是并驾齐驱的三大"工种"。对于音乐的使用和重视，也许缘于我所学专业及职业生涯的积淀。我认为音乐作为听觉艺术，其所具备的灵性和实感是其他任何艺术门类及形式无法相提并论的。音乐所特有的神秘而奇妙的律动感及超拔而空旷的灵动性，总是让我们难以释怀。《回家》节目策划案完成之际，我就果断地将《回家》主题歌的创作列为首要工程，并且在节目未正式启动拍摄时，歌曲已经录制完成。十五年来，这首由我创意、著名词作家陈涛作词、青年作曲家郭小良作曲的主题歌，作为节目的片尾曲，一直随着节目的播出在传唱着。有专家称，"看了节目就必须听完片尾曲，这才是完整的欣赏"。也有人说"回家"的主题歌入耳入心，浓缩了"回家"的情怀，品到了"回家"的味道。一个节目，一首歌曲，是我从事电视工作以来策划节目的一种习惯。这个习惯并不是因为我多么钟情音乐，只是我觉得，一种艺术形式的展现总有些单调，特别是作为以视觉艺术为主体的电视节目，音乐功能的充分挖掘使用，必然是锦上添花。

另外，从传统手法来讲，在纪实节目中音乐对叙事的开掘也往往容易被忽视。在《回家》的具体实践中，常常把音乐作为叙事线索，这也是《回家》震撼人心的又一个手段。比如《杨雪兰·明月故乡》，她在上海的主要活动就是穿插在"帕尔曼音乐会"中展开的；如前面的例子《席慕蓉·追寻梦土》中，对蒙古族音乐及席慕蓉作词的歌曲的使用，都使得节目主题的表达方式更加多样化，意蕴更加深邃。

在每一期的人物拍摄中，编导都会选取一个与人生命运相吻和的主题音乐，在人物的情感达到饱和的时候更是凸显其作用。如果人物的身份是音乐家，那音乐的使用就更加得心应手。

如《赵季平·似水流年》，侧重音乐对叙事情绪的强化。此片考虑到赵季平的职业作曲家身份，将着眼点放在了其人生故事与音乐作品相结合的基础上,将赵季平给亡妻写下的作品贯穿始终,与真实情感默契相伴。在几个音乐的转折点上融入赵季平的人生故事,故事的起伏和音乐的凄婉有机地结合在一起,情绪的表达可谓淋漓尽致,观者无不为之动容。其中一段赵季平作品演奏会更是节目的点睛之笔。赵季平流着泪指挥了一曲献给亡妻的作品,伴随着乐曲的哀鸣般的旋律,在乐章的段落中间插入了赵季平的同期声,将赵季平讲述妻子病故前和后的心理体验及音乐的韵律交融在一起,为片子添加了灵动之气。

《回家》的每期节目及每个创作环节,都注重手段的创新、思想内容的挖掘,着力探求隐藏在镜头背后的意蕴,形成内在张力。这种探求完全超越了技术和编辑的层面,在人物内心世界的展露、真情实感的挖掘、精神境界的讴歌、历史背景的还原、艺术意境的捕捉等方面,都更具深度和广度,更加细致入微。

当然,艺术创作没有绝对化的空间,更反对概念化及模式化的循规蹈矩。因此,《回家》的每期节目,我们都根据不同的人物特点,尽量去探求能够彰显其特色、贴近人物个性的叙事架构、表达方式及表现形态。比如:《回家》获得"星光奖"一等奖的作品《焦波·俺爹俺娘》,解说是由焦波本人担任,既朴实无华,又自然贴切;《沈昌文·心束高阁》,全片没有任何音乐;《杨宪益、戴乃迭·惟爱永恒》,90岁高龄行动不便的主人公足未出户,却完成了一次天津、英国、北京的回家之旅。

目前,在电视栏目创作中以往的节目类型观已经或者正在被实践者打破,那些教条地预设节目类型、限定节目表现方式和创作手法的创作观念已日渐式微。而那些敢于突破原有类型界定、敢于大胆调度多样化电视手段、敢于从不同视角提出新见解的节目,却能让人耳目一新。今天,我们站在一个新的起点和高度,重新总结和反思纪实节目的栏目创作及其演变与发展,使我们认识到优秀的纪实节目就应该具

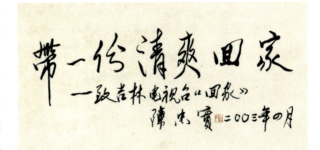

备主题相对统一、内容相对集中、创新手法多元丰富、风格形态特色突出的基本特征。

三、文风确立的深层契合

（一）传统文化与现代意识的有机结合

近年来，电视面临着新媒体的巨大冲击，竞争和厮杀是让人不寒而栗的，我们到底该做些什么呢？是坐而论道还是挺身前行？记得在《回家》节目开播的初期，当时国内纪录片的发展尚属初级阶段，从业者少、作品也少、评论更少，纪录片节目更是少之甚少。纪录片与专题片的界定也还尚不清晰。因此，有些人总是拿国外的纪录片对比说事，业界反映不同。我们在倾听、吸纳、反思的同时，还是和许多同仁一道关注着本土化的节目，关注着我们自己的原创作品，坚定地秉持着我们的中国纪录片创作发展要有中国特色，坚守着我们中国传统优秀文化精华不能丢弃。现在看来，当初我们所有的坚持、所有的努力是值得的，是令人欣慰的。

《回家》将镜头对准中国现当代的文化大家及五四运动以来中华儿女的优秀代表，从深厚博大的民族文化传统中永恒不变的家国情怀出发，从世界优秀文化成果中撷取人文主义精神营养，以贴近大众审美心理的艺术手法，以富有时代创新精神的艺术表现，热情讴歌人间的亲情、友情、乡情、爱情，不是抽象化、同质化，而是人性化、多样化地将符合中华优秀传统文化的价值诉求娓娓道来，自然地融入创作之中，培育电视文化的新内涵，力求为电视文化弘扬传统美德和时代精神的核心价值开辟新的路径。

《回家》初期的节目，在主题诠释上比较生活化，亲情、爱情、乡情角度的作品占了节目中的很大比重。这主要是因为开播初期从培养观众、锻炼团队、尝试方法的角度出发，当然，这也是出于对观众审美层次的考量。"家"从具象意义上讲可以是出生地或是故乡，但是，如果单纯地把"回家"理解成是一次寻根之旅、怀旧之旅，节目将会因此而流于肤浅，并趋向概念化、模式化。记得经过了半年左右的启动期之后，节目组对"家"的理解和认知逐渐扩展，节目拍摄手法及制作理念也逐步成熟。

从人的根脉之家，提升为具有人生烙印和文化意味的背景地的精神家园，内在张力与创作空间得到明显提升。《回家》节目在十五年的实践过

這裡是不是
那最初最早的草原？
這裡是不是
一樣的繁星滿天？
這裡是不是
那少年在黑夜的夢裡
騎著駿馬　曾經
一再重回
一再呼喚過的家園？

如今　我要到那裡去尋找
心靈深處
我父親珍藏了一生的夢土？

夢土上　是誰的歌聲悠揚
在我父親的夢土上啊
山河依舊　大地蒼茫

——追尋夢土

吉林電視台
"回家"欄目　賜存

席慕蓉　敬筆
2002.11.17於上海

程中,始终把着眼点聚焦在人物的精神家园。中国文艺评论家协会主席、著名文艺评论家仲呈祥认为:"《回家》节目中具象的家是故乡,本质的"家"是中华民族优秀文化的精神家园。节目主题体现在三个不同的方面:一是坚守民族的优秀传统;二是善于以开放的眼光吸纳世界文明的优良成果;三是以与时俱进的精神吸纳改革开放和现代化建设的新鲜成果。"《回家》立足于拍摄中华民族的文化大师和精英,将一档普通的纪实节目做得既能高扬优秀民族文化传统,又不失现代意识和审美价值,走出了一条电视节目彰显时代精神、坚持传播先进文化的可贵之路。

中国是一个讲究亲情的社会和国度。今天,在改革开放四十年来的大背景下,人们在阅读《回家》时,获得了心灵的慰藉和愉悦。走进那些文化名家的时候,就走进了他们数十年的风雨历程,也走进了中华民族沧桑巨变的伟大历史。

很多步入我们回家行列的名人大师,给节目惠言题字,关于家,他们给了更多的诠释:带一份清爽回家;家是可以把心放在那里的地方;家在天地间。余光中的深情告白："吉林电视台《回家》节目令所有的游子感动，所有的家人欢欣。"丁聪老人"回家真美"的由衷感叹；于光远"回家感觉真好"、张学友"回家真好"的唏嘘；黄永玉"亲不亲故乡人！"的倾情泼墨；章含之"家是永远不能割舍的感情，所以故土永远难离"的感慨……这些对于每天面对家的人们来说是很温暖的。

家是一个很奇妙的地方，这些年我们随同几百位老人大师回家，感受颇深。你会发现每个人回到这里，都会安静下来，哪怕是阅尽了人间的沧桑与荣光，也会在这里默默地梳理自己的心绪和轨迹。面对家的时候，人是最脆弱的，也是最真实的。

在《回家》拍摄丁聪的过程中，丁聪在父母的墓前老泪纵横，身世的感怀使丁聪叹道："我已无家可归"。此言一出，丁聪一生的坎坷，已不言而喻。另一期节目《新凤霞·爱在天堂》讲述了新凤霞和吴祖光的爱情故事。新凤霞去世后吴祖光突然失语，在一年之后，新凤霞去世的同一个日期，吴祖光也离开了人世。新凤霞与吴祖光的儿子吴欢在片子一开始就有这样的自语："爸，你和妈在同一个日子走了，我想你是想我妈了。"儿子的话是对父母爱情的最完美的表述，也是主题《爱在天堂》的一番巧妙的诠释。在《杨贵·愚公移山》一片的结尾处，杨贵来到他修建红旗渠最艰难的地点青年洞，山风撩起老人的白发，杨贵抬头看着山梁间的渠水，想起修渠后遭到的不幸，哽咽着说道："为人民服务也不容易。"此时，我们所要展现的杨贵其平凡与伟大充分地凸显出来。

"人有悲欢离合，月有阴晴圆缺。"没有疏离就没有回归，没有离家就更没有回家。回家是归宿感的诉求和圆梦的象征，而离家的无奈，则并非是人随所愿甚至是撕肝裂胆。人们离家时一定会惦记回家的归期，而回家时又会忆起离家时的无奈与感伤。回家的故事令人心动，离家的故事也许会让人心酸。回家是人一生的思绪、永存的向往，但并非是人生的终极目标。而比这更重要的是"家"概念下的历史记忆和生活故事及其所带来的酸甜苦辣、人生百味，它们更动人心魄，让人感慨万千。这其中所蕴含的沧桑美、缺憾美及距离美，则体现了人性的特有魅力和人情感染力，也使得节目的"骨架"更加结实，内容更加丰满。

2006年7月，时任中宣部文艺局局长的杨志今评价《回家》："《回家》

通过记录社会名人和文化名人的思想情感，为人们提供了独特的理念和生动的教材。"

《回家》的策划与制作浓缩了对中国文化传统的深刻理解、对当代中国社会文化脉动的准确把握、对电视传播文化的创造性开拓，否则，《回家》就失去了坚实丰厚而又取之不竭的文化精神。

（二）"大众话语"与"精英话语"的兼顾与融合

目前，电视的话语形态正从泾渭分明走向逐步融合。以往，在电视话语体系的认知上，曾经出现了三个阶层或者说是三种视角：大众阶层、精英阶层和边缘阶层。具体来说，大众阶层，关注市井生活，反映了百姓心声，但也有个别人打着平民的幌子行庸俗之道，成为不协调因素；精英阶层，关注高端话题引领文化，但有些姿态高而终致曲高和寡；边缘阶层，关注边缘偏激的话语，表达的思想不被主流意识形态认同。事实上，时下电视栏目发展的趋势正在走向融合，并且"大众话语"与"精英话语"的融合已经逐渐形成。应该说，"边缘话语"还不能真正进入人们的视野，它的存在空间依然狭小。但近几年来新媒体迅猛发展，其"话语权"空间的迅速扩展，也给主流媒体及主流声音带来了新的挑战。近年来，随着社会发展，媒体话语的价值指向社会化特征日益明显。我们认为，社会化实际上就是不同立场、不同声音的和谐共生、积极共融。

就电视来说，话语是对电视语言的系统运用，是实践层面上的个性话语权。一般来讲，"话语权"是价值立场与道德水准的界定和表达，而话语则是传播手段与传播符号上的概念。电视节目由形式和内容构成，而内容决定表现形式的选择，形式影响内容传达的效果。从内容来说，价值立场是核心。《回家》确立了鲜明的"大众话语"和"精英话语"兼顾的立场，因此，在形态语言上也是在努力表达这种诉求。

不可否认，在诸多电视文艺节目中，个别节目迎合低俗审美情趣，盲目追求收视率，泛娱乐化倾向和格调低下的现象时有发生。在这种情况下，十五年来《回家》的创作团队不跟风，不媚俗，以独特的文化视角，独到的节目形态，在精英人物和大众中赢得了较好的社会口碑。应当说，从创作实践讲，这实属不易；从创作精神讲，更是难能可贵。《回家》的成功充分说明，先进文化具有坚实的群众基础，高雅文化同样具有较大的市场需求。

　　节目的定位体现了精英意识和大众意识的双重考量。前者比较强调舍"小我"成"大我"的责任；后者比较强调日常人伦及道德自我。这两者过分强调任何一种，都会使话语体系失衡。多年来，我们以人文关怀的意识，强调"以人为本"，既要尊重人的价值，将人性解放出来，又要提升人的素质，促进人的全面进步，这需要精英意识发挥更大的引领作用，将精英意识大众化，相应地大众意识也要精英化。就我们的个体经验来说，精英文化和大众话语是完全可以对话融合的，重要的是我们有责任发现一种有机融合和有效沟通的方式。实践操作中，为了增强精英文化的亲和力，《回家》选择了精英精神的大众话语、精英意识的平民化体现的路径。

　　比如，《回家》曾制作了一期为巴老百岁华诞献礼的节目《巴金·家梦春秋》。巴老是文坛巨匠，他的人生、他的作品、他的思想、他的精神构成了新民主主义运动以来中国文化的重要基石。如何富有感染力地展示他身上人文主义精神的力量？这是我们在该节目策划初期最难破解的问题。经过通读巴老的作品、研读他的人生经历及其历史背景和时代特征等，我们决定从巴老的作品《家》入手，并将其节目命名为《家梦春秋》。《家梦春秋》并不是为这期节目简单地命名，更重要的是完成了对节目的主题构架，明确了拍摄制作上的理念和方法。"家、春、秋"是巴金先生创作的三部曲，也是其代表作，最能展露巴老的思想轨迹和内心独白，以及他所生存的那个时代的历史特征与人文背景。在家、春秋之间，加上了一个"梦"

字,这个"梦"字超越了时空概念,既提升了高度,也丰富了内涵。通过时空交错进入到他倡导建立的中国文学馆,然后再回到巴老的家庭生活,以他人生中的几次回家经历,概述他的人生背景、思想光芒和人格魅力。通过他经历的一个个影响深远的事件而衬托出他在思想上的一次次飞跃,这样,就使巴老崇高的精神,在贴近百姓话语的叙述中,比较全面地表现出来了。

难能可贵的是,《回家》的策划定位,能够以平视的目光去聚焦这些高端人士的情感经历,让广大观众得以随同我们的镜头走近名人,看到公众人物不为人知或鲜为人知的另一个生活侧面。因此,让不平凡回归于平凡,把普通升华为神圣。

《回家》节目的实践让我们体会到,定位于大众化的电视,也同样可以产生出底蕴深厚、个性丰盈的高雅作品。电视文化是大众的又是精英的,精英文化对大众文化的引领作用决定了文化的发展方向。为此,作为电视人我们必须站在时代前沿,引导大众追求积极的人生价值,追求先进高雅的文化。

《回家》让我们坚定了弘扬先进文化的信心,因为它不仅让文化阶层所认同,也同样被广大观众所喜爱,它是用创造性的思维、高远的追求,深层次地践行着"三贴近"的创作原则,进而实现审美价值的完美呈现。

四、个性品质的多元展示

作为电视栏目性格的外化,不同节目的文风已经呈现出格律各异的表现形态。调度配置电视话语体系的诸多要素,从节目的个性化风格出发,以多元化的表现形态和叙事方式,综合展示节目的特有品质和美感特征,是电视节目创作中的重要着力点,也是电视节目的生命力所在。

节目性格确立的基本要素,自然包括各种最基础的视听要素。除此之外,获取声音和画面的过程、叙事视角的定位、叙事方式的选择也属于节目文风的基本要素,它们直接决定了声画语言的特色定位和个性特征,文风的个性化实际上就是声画组合在风格和意蕴上的差异。

（一）叙事基调的基础定位

纪实创作是电视人最容易掌握,也是最难以把握的创作手段,是创作者在专题片或纪录片创作中惯用的基本手法。随着近年来人们对纪录片认识的发展变化，纪实创作备受创作者及广大观众的喜爱。大多常态的纪录片作品，创作者为了迎合观众，提高收视关注度，偏重叙事，强化故事性，着力突出故事悬念、戏剧冲突、细节捕捉，这也成为了纪实节目的"金科玉律"。更有一些节目过分强调技巧、悬念、辛辣、爆料，并在技术层面上极力强化音响、画面、字幕的特效处理以吸引眼球。这样凸显戏剧性和形式感的作品，使节目的审美出现了平面化的倾向，导致节目内涵缺失，文化感与立体感缺失。俗话说，好用不等于用好，掌握不等于把握。纪实创作受限于创作者创作态度、文化修养、价值取向、业务水准以及研判能力等素质的差异，其作品质量必将受其制约。

　　我们知道，纪实创作的核心是"叙事"，而叙事则包括叙事结构、叙事方式、叙事基调等。国外有学者曾指出："'叙事'就是把信息组织到一种特别形式中的视觉行为，以此来呈现并解释经历。"我理解叙事就是需要集成时间、空间以及完整的事件等诸多信息元素，调动一切声画手段对其进行叙述。叙事的基本要求是"逻辑清楚、背景明晰、故事完整、主题突出"，而叙事结构则是一个构思缜密并赖以

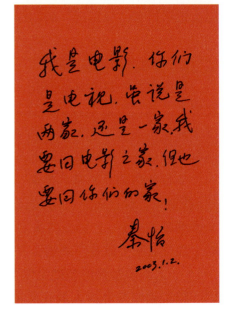

支撑的物化载体,是最基本的,也是不可缺少的初级影像构架。不同的选题,叙事角度不同,叙事的结构和方式必然不同,叙事基调的确立必然也有所不同。

当我们针对任何一个选题策划时,一般首先从寻找故事线索、捕捉基本素材开始,其实这就是在选择叙事的角度、寻找叙事的方法,也是在搭建叙事的结构、确定叙事的基调的开端与过程。《回家》十五年的创作实践,我们的每一个选题研讨策划环节都耗时数十天,并且策划案会几易其稿。因为我们从职业精神的角度珍重每一位嘉宾人物,珍重每一期节目的品质。从节目组规范流程角度,我们是在寻找嘉宾人物的特征,寻找其人生故事、思想光芒、文化脉络,寻找叙事角度与方式,以此来确定叙事基调及拍摄方案。《回家》节目创办初期,我就提出并反复强调,对于嘉宾人物来说,我们不仅仅是记录人更是同路人,是拍摄者更是探寻者,正是这一身份和角色的转换定位,让我们得以真正走进了主人公的内心,也奠定了节目叙事的良好基础。在节目的叙事呈现上,形成了人物纪录片的诸多表现形态,也积累了一定的经验。首先,我们要求编导必须掌握讲好故事的基本功,并在此基础上,逐渐形成符合节目本身并具有个性特色的叙事方式及系统性的操作模式。具体说就是我们在节目策划阶段明确提出的要在对主人公人生故事了解把握的基础上,着重挖掘提炼隐藏在故事背后的"外因与内因",探寻故事主体的本身不能直白表达又鲜为人知的"心灵故事"及主人公的精神世界。为什么会发生这样的故事?故事的发生又有着怎样的偶然性和必然性?故事背后又有着怎样与事物本质的内在联系?主人公的人生故事又会给我们带来怎样的启示和思考?这一切我们在问,主人公似乎也在问。我们不停地追问从策划、拍摄、撰稿、剪辑和制作的整个过程,似乎也是在与大师们一起回忆总结、感慨洗礼的过程。我们从他们的行为举止、话语温度、人生感悟、事业成就等方面深刻体悟着"回家"的内涵,缜密地构建着节目的核心及叙事的基调。

这里,我要重点强调叙事包含着叙述和表述两种手法。大多数纪录片都擅长讲故事,叙述手法的运用都比较娴熟,但却常常会忽视或淡化表述的功能。故事的叙述绘声绘色,而表述的却苍白无力。片子往往感性通达,理性缺乏。我们说,叙述以客观展示、真实再现为主,强调生活现状的

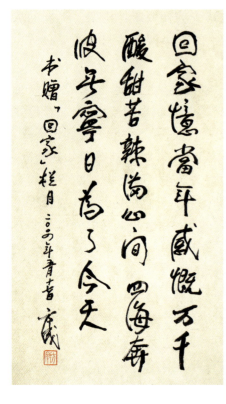

原汁原味以及生活中的矛盾冲突，着重体现故事化及情节化的特征；而表述则是把创作主体建立在叙述基础之上，针对创作客体的思维反应和主观意识，它体现了创作者的世界观、价值观、文化观，具有理性色彩，又使叙述生动深刻、动人心扉、发人深省。在纪实创作中，叙述和表述二者相辅相成、相互作用、相互融合，不可替代，也不可缺位。关于我国纪录片的叙事，国外的专家在几年前曾评价："中国的纪录片还处在讲故事的阶段，多是按时间的发生、发展顺序展开叙述，而不是按事件的内部逻辑来讲述。"这其中，"按事件的内部逻辑来讲述"其实就隐含着表述的概念。

叙事的基调不同于叙事结构与叙事方式，它除了对来自于不同职业、性别、年龄的人物及其人生故事的把握外，更重要的是创作者对时代精神、历史价值、主旨内涵和审美理念上的诉求定位，也是创作者在节目性格塑造上的基础定位。因此，我们认为，叙事基调的定位和节目的形态选择与审美表达是密切相关的，更重要的则是从叙事基调出发去搭建叙事结构。

《回家》是人物纪实，其叙事都是从人物自身出发，并没有一味追求人与人之间戏剧性关系及其冲突，节目更注重人物自身在时空交错中的境况及其人生故事的文化意味。叙事的基调通常由人物自身的特点及节目的主旨目标和审美定位来确立。

《回家》节目的定位是文化纪实，除纪实性质特征之外，更注重强调文化感和艺术性的表达。《回家》人物的选择都是文化大师及名人名家，这些精英人士所具备的职业特征、思想光芒、人生经历、社会贡献等，本身就构成了独具个性的风景。这也是《回家》节目策划定位的资源优势及取之不尽的创作源泉。《回家》节目的叙事基调,从节目策划之始就提出"纪实性手法、情节化结构、人物化串连、多元化表现形式",其节目以人物不同的情感线索、心路历程、职业特征为结构框架,注重点(成长点、坎坷点)、线(情感线等)、面(人生轨迹)的有机结合,力求在结构方式上纵横交错、动静结合、张弛有度、层次分明。这是《回家》策划案中对节目架构及形态的明确表述,也是《回家》团队同仁们一直以来的坚守。《回家》节目的叙事结构是清晰的,叙事基调的确立更是独特的。已故全国政协副主席、香港著名爱国实业家霍英东的特别节目《霍英东·济世情怀》,定位于政论叙事,记录了他自1950年朝鲜战争以来与国家经济发展相关的关键历史节点。节目拍摄了茅盾、曹禺等一批重要的文学人物。其中,茅盾的叙事基调确定在人生选择、情感历程中的"矛盾";曹禺,定位在一位悲剧大师的个人悲剧。

　　从长期的创作实践来看,叙事基调的确定直接影响了叙述中风格化结构的形成,而风格化结构的形成,则需要电视节目形态以个性化的方式呈现出来。实际上,我们就是在全面体现视听符号特点的基础上,以某种语言符号为重心,着力强调渲染其效应,使节目的标志性特征彰显出来。

　　《回家》的《焦波·俺爹俺娘》,不仅在解说词上采用了第一人称自述体,由焦波本人配音,加强节目的感染力,而且在"镜头视点"上,也是从焦波的照相机镜头、摄像机镜头出发,在视觉上和听觉上,都是从焦波的视点来进行叙述和表现的。整个节目从拍摄视点到解说词都是"第一人称",客观鲜明,个性强烈。《赵季平·似水流年》始终以赵季平的音乐为重要的叙事符号;《席慕蓉·追寻梦土》则强调了她作为女性诗情画意的特质,追求其婉约、唯美的风格。

　　纵观《回家》的几百期节目,其拍摄的人物大都经历了少时离家、年老回家的一个过程。这种离家前的青少年时光和离家后的复杂经历都在"回家"这样一条行为线上交融展示,形成了情绪上的内在张力及制作上的弹性空间。节目叙事中,我们比较注重主人公人格操守及真情实感的客观再现。比如,秦怡每天回家要面对55岁依然生活不能自理的儿子,采访中秦怡说:"他就是那个样子,我怎么办?只能挺着,只能面对。"钱浩梁在脑溢血后,"不再想听自己唱的戏,也不想听别人唱的戏"。梅志在重新提起"胡风冤案"的前尘往事时淡然平静地说了一句："都是过去的事情了。"在《席慕蓉·追寻梦土》中"我感觉自己一直行走在寻找的路上，因为我从来没有找到我的原乡。"和那句"我舍不得回去啊！"无不让我们为之动容。《回家》节目正是捕捉到了生活中随处流露的人物性格、人生感慨，增加了生活真实感的细节描绘，使叙事得以绘声绘色。

在《回家》十五年的创作摸索中，创作者依据人物特征、故事线索的不同，无论对于健谈的还是寡言的，作家还是艺术家，生者还是逝者，《回家》都找到了适合每一位人物的叙事基调和结构，形成了多种独具特色的叙事结构方式。

（二）审美意蕴的效果呈现

电视文化的审美形式是一种以视觉造型为主的视听形象的综合展示。《回家》节目意蕴独具的风格与美感，动静结合、张弛有度的韵律把握，其营造的特有的意境氛围，都源于文化纪实，这也恰恰就是文化纪实节目的特质所在。作为全国唯一一档文化纪实类节目，《回家》除了在内容上独具内涵之外，还在形式上调动了一切艺术手段实现电视叙事审美意蕴的多元呈现。每一部作品都以独特的韵味满足观众的审美需求，或展示灵魂深处、血缘之中的人性之美；或塑造心灵感知、精神愉悦的意境之美；或体现超越时空、凄婉绵长的距离美、缺憾美。这是《回家》节目的立意定位之源、审美特征之本。

《回家》是文化旅行，是审美活动。观看它，显性的画面美、语言美、音乐美，与隐性的情感美、意境美、心灵美，带给人以美不胜收、情不自禁的心理美感和愉悦。《回家》将人物审美感受的挖掘、编导审美体验的传递、观众审美价值的认同一脉贯通。《回家》展示了人的内心世界、精神境界和审美意蕴。同时也使节目赏心悦目、怡情悦性，极大地提高了电视文化节目的艺术性、观赏性和可视性。

《回家》节目寻找真情、调动真情、表现真情，通过独具的艺术匠心不露痕迹地将其融入其中，使真实的情感更显洁净和高尚。《回家》着重描绘了回家过程中人的那种犹豫踟蹰、一波三折的情感状况，展示了人物情感的距离美和残缺美。人物情感的跌宕、人物情感的丰富、细腻便如此多侧面、多视角地表现出来。

推陈出新的创作手段,实现了《回家》的意蕴美。例如《回家》获得中国电视"骏马奖"的作品《席慕蓉·追寻梦土》片中的结尾处打破常规,采用了一个长度近一分钟的画面,大胆使用具有象征意味的内蒙古草原上的景物实现了节目的诗意表达。空白视域画面的运用,形成弦外之音、无言之境,既强化了抒情性,扩大了无限丰富的情感韵味和表现张力,又调动了观众的情感,激发了想象空间,提高了作品的审美效果。

又如《回家》获得 2003 年度中国电视文艺"星光奖"一等奖的《焦波·俺爹俺娘》就在焦波一次次"回家——离家"的朴素叙事中展示了淳朴的人伦之美。而随着生活纪实的突转,爹与娘之间的生死离别则异峰突起地呈现出人世间的缺憾之美。这样,节目在"回家"的行为线索上截取了不同人物的情感点,由点及面,放大人物的生命轨迹和现实命运。在点、线、面的有机结合中,展现出人性的可贵。

在《张学友·歌神乡情》中,用一系列定格镜头、慢镜头回溯天津演唱会的盛况,又穿插了一系列诗意的画面:一个摇橹的船夫的背影、一条停靠在岸边的小船、几座墙皮脱落的老屋,加上黄褐色暗调的光效处理,将张学友心中那悠悠的乡情加以展现。在《余光中·两岸情思》中,在拍摄苏州河泛舟时,以余老回忆中的侧影作为背景,用一组晃镜头表现船上的视角,那摇晃中的岸上景物:虚化的树、流动的河水、划动的船桨,耳边传来的河上船家唱江南小调的声音和哗哗的水声,形成了一种

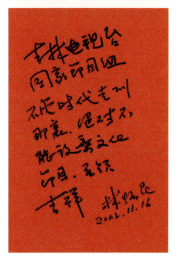

怀旧的格调和朦胧之美。

（三）风格样式的和谐要素

作为个性化的节目，风格的体现是一种综合展示，比如片头、片花、主题曲、标识等等，都应该和节目的个性品质统一起来。不同风格的片花、标识等要与节目的叙事基调、叙事结构、声画特性等一致，形成总体风格上的综合呈现，强化个性而不失共性，力求逐步使个性演变为风格特征，让更多的受众所接受。

就一个电视节目来说，《回家》的包装体系也较为别致。精雕细琢的细节处理，实现了《回家》风格的契合统一。几片黄叶从容飘落，几只倦鸟飞回巢中，北斗七星下远处的小屋已点亮了灯光，呈油画效果制作的片头在一系列诗一样的意象中表达出回家的象征意义，诠释了"回家"的主题。

《回家》中无论是别具韵味的片头，还是体现文化感或沧桑感的片花，乃至于画面的色调、衬托的音乐，都体现了《回家》的审美意蕴和美学特征。它的色调沉稳凝重而不浮华、张扬，片花精致淡雅，毫无炫耀造作之痕迹。即便是话外音的解说，也是平和、恬淡，力避矫饰、虚张。《回家》的间隔片花，十多年来已经制作了多个版本，画面从泛黄的灯光、旅途的意象，转变为沧桑的身影、蒲公英的演绎及叶子上憩息的蝴蝶等更为含蓄的画面。

值得一提的是《回家》主题曲的推出，使更多的人被打动。"天快亮，月光陪伴街灯，像初次送我回家的恋人；车窗外，夜色退向身后，空出一半多美的清晨；还有谁，舍了昨天黄昏，来同我做个天涯陌路人；想念的，孩子眼里纯真，讲了一半的故事还在等我完成。回家，破了洞的睡衣里面，让心有段自由的旅程；回家，卸了妆的面孔背后，是我梦中细细的鼾声……"这是对回家主题多么美丽的写意。栩栩一个人，浓浓一段情，脉脉一首歌，浑然一体,构成了令人难忘的完整而有活力的艺术生命。主题歌的运用是一种情感的升华,是《回家》节目整体不可缺少的一部分。

在主题歌的音乐电视制作上,既采用了窗棂、茶杯这样具有家文化特征的具象画面及空灵含蓄的意象画面,又加入了每个人物拍摄中最具表现力和感染力的典型画面,使主题歌的画面结构更加丰富,情感更加饱满。

《回家》的每部作品各有基调、特色鲜明,各种视听语言巧妙地结合运用、契合统一,极大提高了作品的审美效果。在节目包装上,以片头的意象突出节目的主题,以片花的韵味展现节目美感,以片尾主题歌强化节目内涵并提升艺术感染力,使包装效果成为节目标志性、符号化的特征,在视觉上达到了局部与整体节目美的统一,动态与静态完美的呈现。

在拜访大家、感悟人生、探寻历史的过程中,《回家》将优秀的文化品质、高尚的道德情操、夺目的人性光辉、强烈的爱国情怀,都融入以"回家"为主题的真实记录当中。《回家》从小的着眼点入手,通过不可复制的系列拍摄,采撷时代中的情感、文化、历史碎屑,最终拼合成历史文化全景的大视野;熔真实的影像、独特的故事、凝练的笔触、质朴的情感、厚重的文化、现代的话语于一身,澎湃与淡雅兼容,主流和另类并蓄;在踏上归乡旅途、回归"家"的主题的同时,也寻找着渐行渐远的精神家园,观照的不仅仅是个人命运,更是家国情怀——这就是《回家》节目的人本立场和人文品格。

寻找记忆之源泉,触摸心灵之脉动,攀越精神之巅峰,铸就文化之魂魄。回家的路注定会很长,因为在中国历史的长河中,回家的思绪永不停止,精神的溯源永无尽头,文化的传承永无止境。十五年来,前行中的《回家》能够始终步履矫健并屡获殊荣,其成功之处就在于

对节目宏大定位的精准把握、对文化品格难能可贵的坚守。《回家》以电视节目作载体，为时代讴歌，为历史树碑，为民族立言，为文化铸魂——可以说，这就是中国记忆的感召，中华文脉的传承，中国精神的彰显。

2017 年 8 月写于长春

何以《回家》

——关于节目策划的思考

改革开放的大潮推动了社会生活的巨变,也促进了文化的快速发展。文化的撞击、融合、超越,已成为文化发展的时代特征。今天,人们对文化内涵的诠释,变得更加繁琐复杂。大众文化和高雅文化的概念区分及其所呈现的文化状态,似乎已把人们带入了一个全新的、既有传统文化观念又具现代文化意识的社会文化氛围之中。人们对文化状态的感悟,对文化意识的思辨,不同程度地影响着文化产品的创作和生产,也影响着大众的文化价值取向和审美心理需求。

电视屏幕的丰富多彩,体现着电视文化的勃勃生机。电视文化是一种新型文化样式,是电视与文化嫁接的文化新品种。电视文化的生产、传播、消费所形成的文化效应和社会效应,已使其成为当今社会文化的独一无二的载体。从这个意义上讲,一档电视文化栏目的成功,取决于坚实、丰厚的文化基础和社会基础。

一般来说,电视节目成功的主要因素就是观众的需求度,而观众的需求和回馈,充分反映了现时的文化氛围和社会背景。就电视节目策划而言,电视节目的“卖点”,就是社会文化生活中的热点,就是其节目最具吸引力的个性化品质特征和独特的文化定位。换言之,成功的电视栏目,就是挖掘出了具有社会文化特征、深受观众喜爱的卖点。

在通讯科技也强调“以人为本”的今天,电视节目除了讲究华丽炫目的包装,还需要把握时代的主潮,将我们的摄像机伸向人的平凡生活中去,观照他们的生活情态,反映他们的喜怒哀乐,并从中熔铸出新的思考。节目在满足观众视听享受之外,如何使内容更贴近他们的内心世界,让观众有情真意切的感受,这是原创节目引人入胜的关键。

就我国电视文化类节目现状而言,深受观众普遍喜爱的莫过于这三类节目:一是电视剧,二是娱乐节目,再就是情感类节目。情感类文化纪实节目《回家》的策划理念,正是缘于对人类真实情感的诉求,对人性魅力的挖掘。当然,也基于对当今电视文化的理解和认识。

相对于现在较为受宠的综艺节目,《回家》蕴含着较深厚的人文关怀和文化意味,是大众文化表象的深层体现和平民意识的具体反映。《回家》应该是市井人生平凡生活的真实体现,又应该是文化之旅的探寻。

今天,高速发展的信息时代,人们在享受物质文明的同时,精神生活方面也感受到前所未有的疏离和匮乏。社会快速发展、生活节奏快,使人们的呼吸空间相对局促,渴望抚慰、呼唤真情、寻求平和心境的心理越发强烈,亲情、爱情、乡情、友情的演绎正发生着微妙的变化。今天,人们对自我意识越来越强,然而20世纪兴起的回归风潮,使人们对生命终极的讨论越来越多,不过,殊途同归,精神家园的建立、情感的皈依都可以扣在"回家"之上。对于现代人来讲,家是最遥远的地方,也是最亲近的地方。2000年春节晚会上的一首《常回家看看》一唱即火,迅速广泛传唱就是一个很好的例证。"穷达尽为身外事,升沉不改故人情。"人什么东西都可以丢弃,但是对家乡、对亲人的依恋及归宿感无法抛弃,自己所经历的人生轨迹无法脱离。有人说,故乡和家庭带给个人的影响是无法估量的,也是无处不在的。

这就是《回家》栏目的文化着眼点,也是《回家》栏目力求展现人情的距离美、人性的缺陷美,体现人性魅力和人情感染力的主题定位。就情感类电视栏目而言,较为知名的有央视的《朋友》《艺术人生》、湘视的《真情》等等。这几档节目占有较大的市场份额和较高的收视率,明显地反映了观众的收视走向。在这个背景下,《回家》节目的策划理念,应该是顺应观众收视心理、把握电视文化节目发展脉络的一次尝试。

在众多的情感类节目中,如何能创造出自己节目的独特品质,是一个节目能否成功的关键因素。与现有的情感类栏目相比,《回家》独具特色,将节目定位在"纪实手法、深度挖掘、真情实感、艺术再现"上,通过人物"回家"过程中所体现出的刻骨铭心的情感经历和跌宕起伏的人生往事,充分反映生命的多彩和真情的可贵。这样的节目定位独特又易于辨识,既抛弃了因内容过多而带来的枝蔓和负荷,又找到了与其他情感类节目的区别和观众的兴奋点,显示出节目的独特个性。具体来说,《回家》节目策划的特色体现在情感文化主题的着眼点和表现手段及形式上。

《回家》的情感落点是明确的,情感线索是清晰的,《回家》将本着有点可控、有迹可寻、真情流露的原则,展示人物在特定个体成长背景的心路历程。但作为一个电视艺术产品,其创作不能仅仅停留在生活流程和琐碎小事的简单堆砌上,要在人物内心世界展露、真情实感的挖掘、精神境界的讴歌、艺术意境的捕捉等方面体现出深度和广度,更加细致入微,注重故事上的"原汁原味"和手法上的"艺术再现"才能使节目更具可看性、吸引力和艺术感染力。

在拍摄手法上,《朋友》《艺术人生》《真情》均是在演播室摄制完成的,情感的坦露依靠语言,而《回家》是在实地拍摄,情感的坦露是实景式的。真实就有生命力、感染力。因《回家》采用了纪实手法,纪实手法讲求真实自然地记录原生态的生活流程,但这并不是照相式的自然主义的反映生活,而是要经过打造,将具有偶发性、随意性,同时富于个性特征和反映生活本质的情态与细节,如实地展现在观众面前。

名人效应是《回家》栏目的着眼点之一,也是注意力经济的诉求点之一。在近几年的成功节目中,名人效应被广为运用。但凡是类型化或模式化的文化产品都有保鲜期和饱和期,常变常新是市场对产品的要求。现阶段的娱乐综艺节目或文艺版块对名人的开发已达基本饱和状态,仅是对于名人或文化现象的单向铺陈已不能产生新注意力的收视效果。创意《回家》是我们坐下来思考、又站起来放眼后的结果。

"回家"是人类共有的情感活动。聚光灯下的名人需要回家,城市再喧嚣、人心再浮躁,总还有家可以让你温暖,让你安宁,让你自由。名人们常由于过分忙碌难得回家,凡人们常常在荧屏前揣测名人不同一般的光鲜生活。名人是从凡人开始的,每一个今天的他都由过去堆积而成。当你随着摄像机镜头跟随他们向来路回溯,会知道他曾有过怎样的经历、怎样的背景,他如何成长为今日的他。如果说名人是我们的主体对象,成名就是我们选取的切入点,而"回家"所引发的系列深思就是我们的情感线,最终为你展现的是他的人生图景、成长轨迹。名人"回家"不同于明星娱乐节目的浅层交流,他在用真情实感完成节目内部角色人群和外部受众群体的互动,从而达到理性与感性的最佳融合。

因此,《回家》节目的策划创意提供了一个取之不尽的源泉,一个游刃有余的框架,一个跨时空、跨地域的人文空间,一个职业特征各异的人物背景,一个不同个体成长背景下的情感故事。策划的本身,使节目具备了注意力经济特色的着眼点。那么我们还需要有理性的方式、感性的编导意识,才能使《回家》具有新型创意思维指导下的现代话语色彩和节目亲和力。

《回家》的路才走出了第一步!

（本文刊于《中国电视》2003 年第 2 期）

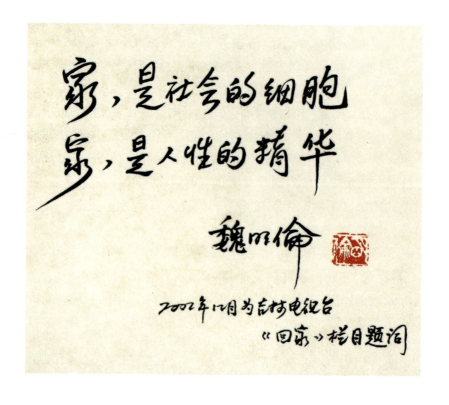

关于大型文化纪实节目《回家》的断想

关于《回家》节目的缘由

○ 关照电视文化的热点，探索新型电视文化节目的样式和内涵

近年来，荧屏上俊男靓女云集，在卖萌、搞笑、煽情的真人秀节目、明星百姓自白倾诉的话题节目、探险解密的杂志类节目相继成为荧屏亮点之后，新兴的电视文化节目的热点是什么？这需要我们有一点前瞻性的实践和尝试。

○ 关照电视文化在社会文化潮流中的受众需求预期

信息的爆炸导致信息垃圾的大量产生，对此，人们需要正面和有效的信息，需要高级和深度的愉悦方式，更需要感性后的理性思考；过于学术性的历史文化知识介绍，让人们难以轻松融入；社会文化的多元化发展趋势，带来人们在价值取向、审美趣味上的改变、碰撞与融合，这些都呼唤着传统文化的回归。

关于《回家》节目的内容

大型文化纪实节目《回家》，每期30分钟。以社会名人、文化大家为主要表现对象。当我们探问每一个充满魅力的生命时，他们的人生故事、性格魅力、生命感悟无不震撼着每一个人；当我们拜访每一处浸染着深厚文化底蕴的土地时，那里的人文景观、历史掌故、文化变迁都成为中华传统文明的注脚；当我们追溯每一段铭记于心的旅程时，他们的生活背景、人世沧桑、历史转承都成为时代发展的见证。从现在的他回望过去的他，以现代人的思维

重新审视身后的大时代背景,感悟、继承、渴望,成为节目鲜明的符号标识。

《回家》是以小的着眼点,通过不可复制的系列拍摄,采撷大时代的感受、文化和历史碎片,最终构筑成全片文化全景的大视野。

质朴的情感、独特的故事、真实的记录,使激情淡雅兼容、主流另类并蓄,这一切都回归到"家"的主题,回归到平静的世界,找寻远去的精神家园,这就是节目的人本立场和人文品格。

关于《回家》节目的风格

从人本的视角,突破地域、连接历史、沟通文化,每期节目用一个人或一个有相同人格特征的群体贯穿始终;从故事出发——人本身的故事和情感、与人相关的历史故事、与历史相关的文化变迁,都成为节目的有机构成;从真实性出发——全程跟拍、实地拍摄、纪实手法、艺术再现,实现了节目的原生态风格。

真实地贴近受众,给人以身临其境之感。因为,亲临现场、走进历史、不参假的真实是最容易被观众接受的。

《回家》崇尚的是文化的重读而非简单的记录,是文化的构建而非记录的割裂,是文化的守望而非渲染,这是我们在理性思考后对文化回归的期待。时下的社会文化现状,是"现代"与"后现代"交错、"精英"与"大众"共存。与其说这些为我们提供了一幅色彩绚丽、线条清晰的图画,不如说为我们设置了一种镜城:诸多彼此相向对立的文化镜像相互叠加,彼此映照,造成了某种幻影幢幢的镜城景观。而电视文化,也在努力迎合并有效引导着大众文化的价值取向和审美心理。《回家》试图让断裂的文化能够有所接续,让远离的人群可以有所贴近。

《回家》追求的是生活的皈依而不是一味地奔跑,是生活的叠加而不是罗列原始的情感,是生活的抚慰而不是停留,这是我们在感性体验后对生活的选择和思考。当今社会中,人们在享受物质文明的同时,却在精神生活上时时感受到某种疏离和匮乏,渴望抚慰、呼唤真情、寻求安逸的心理越发强烈。对于现代人来说,家,既是最亲近的地方,也是最遥远的地方。远离的家乡,成为永久的记忆。于是,"回家"也就带有某种怀旧的意味了。在《回家》节目中,怀旧是一种记忆,更是一种权利。我们都有过对以往的留恋,常常驻足于一些细微的物件、熟悉的面孔而长久不愿离去,因为这些构成了个人履历中的纪念节点,是我们赖以建立起来的人生档案。我们把这些个人纪念的质感表达看作是生命的一种辉煌,把这种辉煌看作是抵抗与阻止人性沉沦的尝试。怀旧情调的流行,如同任何一种怀旧式的书写,都并非"原画复现"。作为当下中国的一种时尚,怀旧与其说是在书写记忆、追溯昨日,不如说是再度以记忆的构造和填充来抚慰今天。

关于《回家》节目的动力

家国情怀是亘古不变的命题,华夏文化是世界四大文明古国中唯一没有断档、并正在延续的神话,回归古典、传承文化是《回家》节目的文化动因。

历史是由人书写的,与时俱进、快速前行的当今时代,既需要鲜活的生活记录,更需要饱含着岁月积淀的厚重。用真实的生活来丰富历史的画面,是《回家》节目的时代动因。

在当今这个风流人物辈出的时代,每个融入时代的人都用他们的生命,为时代的变迁书写上或浓或淡的一笔。无论成功与否,他们都应进入《回家》的视线,这是《回家》节目的资源动因。

媒体大战中有形态各异的电视文化节目,电视人到底应该怎样面对受众的文化热望,又应该以怎样的姿态来叩问媒体的职业操守?回归传统本身,就是在净化和构筑新文化的本身,记录生活的本身就是在关注历史的真实。这是《回家》节目的使命动因。

接续中华文化,无愧太平时代,挖掘人物资源和电视人汹涌的激情,足以让《回家》扬帆远航,或许我们发现的不是新大陆,但一定是在开辟一条新的航线。

关于《回家》节目的印象

观看每一集《回家》节目,如同翻阅装帧精美的人文书画,个性截然不同的文化人物,以迥异的社会角色,引领观众穿越在他们的故事和历史文化中间,更以个性化的视角,向观众真诚地坦白内心。节目是通过若干个似乎断裂的生活原生态片段组成,这些再真实不过的生活碎片,成为情感、文化与历史的精巧节点,如同交响乐队中的不同乐器,带着各自的声响轻轻地奏鸣出一部主旋律中的若干个音符。

想当年，年已百岁的巴金老人，曾魂牵梦系巴蜀高原。历史的变迁浮沉，在这位文坛泰斗的情感上烙下深深的印痕。五次回乡，透露出绵绵不绝的家国情愫。那故乡的双眼井，井水映射出少年巴金纯洁美好的憧憬；那高亢的巴蜀小调、川曲，弹唱着老年巴金悠悠无际的情愫。是爱？是恨？是愁？是叹？谁人方始道尽？巴金以中国新文学代表之作的《家》《春》《秋》三部曲，激起了人们对"国"之自由温馨的渴望，而社会上一些对其个人"家"之情怀的误读，在节目中得以矫正。节目中再现巴金个人化的真实情感不难，但历史的真实谁能明了呢？

年逾古稀的余光中，在离开故乡半个多世纪后，第一次踏上江南漕桥的土地。乡愁一曲，不仅是诗人个人的情感写照，更是海峡两岸血肉相连的中华民族的共同体验。一个诗人、一个学者，在海峡两岸之间用文化的互访、接续、承继，来抚慰两岸人民割裂的内心创痛。余老先生总是沉默、凝望。面对半个世纪的沧桑，又有什么需要说的呢？依然炽烈的目光，不就说明了一切吗？

年届耄耋的丁聪，如同其漫画一样欢笑着回到上海，回到童年的美好时光。20世纪20年代的大上海滩和21世纪新上海之间跨越的历史时光，随着丁聪对记忆中景物的寻找、比照一一展开。儿时的玩伴多已不在了，但他们以各自的声望和作为，在20世纪的中国文化史的字里行间留下痕迹。丁聪的老房子，见证着新上海的崛起，丁聪孩童般的率真，在笑看老上海过去的苦难与变迁。《回家》对于丁聪来说，就是在记忆中找寻所有关于家的痕迹。

年到半百的焦波，拥有着"俺爹俺娘"是幸福的。长达20年的黑白影像记录，是最真诚、质朴的父母子女情。当大病未愈的娘靠着儿子的臂膀，不由得令人感叹生命的轮回和人性的美丽，而母亲那双剪彩纸的枯瘦老手，也一定是因为幸福而微微颤抖了吧？当了一辈子木匠的憨淳质朴的老爹，边借着床角掰吃巧克力，边看着儿张罗着老娘的生日，也绝不会意料到，这是他留给儿子的最后一个"半壶老酒话家常"的温暖记忆。这些平实而又丰满的人物画面，比起那些新锐摄影更能撼动人心。俄国作家柯罗连科说："任何感情只有自然的时候才有价值。"

　　十二年的时间、五百余位嘉宾的参与，全国业界专家、同仁的鼓励和肯定充分证明：作为一个探索性的文化节目，《回家》采用了人物化的纪实手法、感性的编导意识、个性化的话语表达，是符合电视文化发展潮流的。然而，每个人眼中看到的仅仅是事实的一个侧面，如何能让生活的原貌更加立体地通过声音和画面得到展现，是一个需要认真思考的命题。对于名人题材为主要表现内容的电视创作来说，有很多的不可预见性。如何以平视的眼光走进名人的情感世界，这需要创作人员更多地思考和把握。对于一个 30 分钟的文化纪实节目来说，如何探寻节目制作周期、制作规模和播出周期间的规律，更是一个具有挑战性的课题。

关于《回家》节目的前景

　　我们有一个志向，就是要用最本色的人性，真实地表达戏剧人生中一个大写的"家园神话"。如同人们渴望上天保佑自己好运一样，"家园神话"渴望回归每个人的情感家园。

　　《回家》节目以她的亲和力和现代感，通过与社会各界名人的携手，通过音画情感的撞击、融合，使节目在社会精英层面得到前所未有的认可和支持，实现了主流文化和大众文化的多元互动。我们希望，未来节目能够在道德理性的呼唤与人文精神的构建中有所作为，节目产生的社会影响力，能够转化为具有原动力的媒体经济力。节目最终将超越时空，将镜头聚焦全球华人中任何一个能够写入历史的大人物和小人物，只要他是有故事、有情感、有个性的。

　　世界很大，世界中有你有我；家很小，家中却可以装下整个世界。

（本文刊于《中国电视》2014 年第 6 期）

感悟"回家"

对"回家"的顿悟，我初始为一段思绪，感慨于某种情结。之后，把它变成了真正的思想行为诉求——因此，有了《回家》节目。

有生命就有家，有思维就有轨迹。"回家"是一次寻根，是一次自省；"回家"是一种行为，又是一种境界。历经四年的长途跋涉，蓦然间发现"回家"之内涵已在行进中悄然丰富并升华。《回家》之文化苦旅已然为一种文化现象，一种文化时尚。"回家"是光影下的沉思，是人生中的定格，更是情感的凝固和精神的超拔。

发端于心，汇聚于形。我心有家，近在咫尺，于形而下，它存在于传统观念与现代意识之间；我心无家，远在天涯，于形而上，冥冥之中又隐现于灵魂和精神之氏。今天，我们仰承于家的博大、家的精深，因为《回家》的释说已非同寻常。《回家》已不拘泥于行为上的寻根拜祖和往事追忆或思想上的情感释放和终极回归。以文化的层面诠释回家，从哲学的角度思辨回家，赋予《回家》乃更深更新的内涵、更高更远的境界。一位位大师和精英的人生慨叹、一幕幕历史与时代的风云变幻，使《回家》饱含了丰厚的文化底蕴，揭开了尘封的历史记忆，展现了时代的风起潮涌，演绎了荡气回肠的人生大戏。

"尺幅之内，千里之外。"《回家》探求的是历史的深度，彰显的是文化的力量。《回家》的主人公们是历史的亲历者、见证者、创造者。他们讲述的是拨云见日后的事件真相，是众说纷纭中的是非曲直，是时过境迁的痛定思痛，是饱蘸人世沧桑的感慨万千。他们又是文化的先行者、实践者、推动者。他们体现的是华夏文明的历史脚步，是百年中国的文化脉动，是民族气节的真实写照，是历经世态炎凉的人性光辉。

四年的《回家》之旅，难以释怀。我们有幸陪伴近二百位华人精英寻觅家园、探寻文化、见证历史。在一幅幅久读不倦的人文图景中，得到了精神的感召，心灵的洗礼。我们跟随一位位大师和精英们共同守望和珍藏那具有时代烙印和文化意味的人生背景地——她似是历史的记忆、灵动的精神，又为文化的脉搏、生命的火花，牵引着我们漫步于"回家"之旅，徜徉于历史与时代之间，采撷文化与情感的碎屑，构筑了一道道特有的文化景观。

《回家》的创作缘起和文化诠释，曾让我们迷茫于编辑手段及表现形态的考量。我们诉求电视制作理念上的"真实记录、艺术再现"，又惶惑因此而陷入周而复始的模式化或概念化的"人物速写"。然而，一位位大师和精英们独特的文化气质和心灵独白，似空谷足音又如醍醐灌顶，使我们的创作由茫然而释然，由滞重而空灵。从注目到仰慕、体味到感动，当我们以一种文化自觉意识去触摸他们心灵的律动、去揣摩他们的文化情操，我们的节目好做了，结构与手法已显得并不重要；我们的节目也好看了，浓郁的人文气息、隽永的文化精神形成了节目独有的风格特色。

我以为《回家》是文化旅行，又是审美活动，因为它赋予这一普遍的社会生活现象以文化意义，赋予这一朴素的社会生活流程以艺术美感。只有文化的美丽，才能做到这般深邃和壮观。美感源于人的心理意境，源于人的情感体验。《回家》展示的是灵魂深处、血缘之中的人性之美；塑造的是心灵感知、精神愉悦的意境之美；体现的是超越时空、凄婉绵长的距离美、缺憾美。这也正是《回家》的立意定位之源、审美特征之本。异地他乡呼唤故国家园，人生旅途寻觅心灵驿站，事业征程求索理想之巅，悲欢离合企盼精神落点。《回家》凸显了蓬勃的源动力和厚重的文化力，也预示着特有的旺盛生命力。

我们也曾在时空里为回家之路设定了坐标经纬：流连忘返，意在彼岸。在这条文化长河中，力求以有限创造无限，赋须臾以永恒。

曾有人诧异于《回家》节目在这四年的前行中缘何步履矫健并屡获殊荣，我想，《回家》成功之处就在于其对文化品格的坚守。支撑着每一期节目人物的鲜活面孔和文化精神的背后是我们对精益求精的执著。写到这里，我不得不提及《回家》节目组——一群成就《回家》而不回家的人。缘自《回家》同仁们的性格特征，我常戏称节目组为烧烤店。尽管是笑谈，但仔细玩味又不无道理。这样一群来自不同学科、不同年龄、远离家乡常驻京城、四处奔波几近流浪的年轻人，不正是被兴奋烧烤着、被困惑烧烤着、被情感烧烤着、被文化烧烤着嘛！四年来，他们的寝食减少了，但性格刚毅了；他们的身体消瘦了，而文化健壮了。至今，他们依然乐此不疲。

文化，是一种精神，是一种气质；文化，也是一种财富，更是一种感动。我们因为《回家》而富有，因为《回家》的主人公们而感动。我们愿把这份财富和感动分享给观众和读者——因此有了《回家》系列丛书。

《回家》节目从创意策划到决策实施，从最初艰难起步到如今有序进行，源于我们对这档文化节目的挚爱与信心，源于吉林省广播电影电视局、吉林电视台领导层的果断决策，源于大师和精英们的思想光芒，也源于节目组全体同仁的不懈努力。此番，中国青年出版社对《回家》系列丛书的青睐，也正契合了大家共同的文化坚守。

谨以此书献给关怀和帮助过《回家》的朋友，献给曾经做客《回家》的大师和精英，献给尊敬的领导和老师，献给广大的观众和读者。

（本文系作者 2006 年 8 月 18 日撰写
的中国青年出版社《回家》丛书编后记）

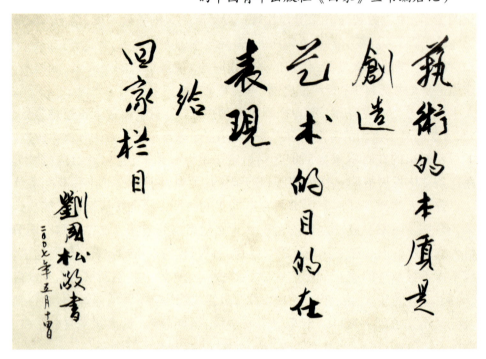

艺术的本质是创造，艺术的目的在表现，给回家栏目

刘国松敬书
二〇〇七年五月十曾

《回家》节目的文化营销与策略

近年来,我国电视纪录片文化的发展沿革,始终直接反映了社会文化的进程,它以特有的电视传播方式和内容深化了电视文化的内涵,与大众文化越来越呈现出积极互动的特征。记录监测社会文化,调控引导大众文化,是纪录片的一个重要使命。

从继承和发展的角度来讲,首先,作为栏目化的纪录片,《回家》始终以优秀的中华传统文化的积淀与发展为基石,反映主流社会文化,将精英文化大众化,促进大众文化的发展,担负起电视纪录片应有的社会责任;另一方面,电视纪录片栏目的发展,面临着现实的生存压力,"宣传"与"经营"是《回家》节目的两个中心环节。我们知道,纪录片栏目的市场化运作、产业化发展,需要考量电视节目本身的文化产品属性和价值,根据实际情况设计节目特有的营销策略。

《回家》是一档原创的栏目化纪录片,2001年11月开始策划,2002年3月开始进入播出前的筹备阶段,2002年9月开播。它的发展背景是吉林电视台提出的"不求其大,而求其特、求其新、求其深""点式经营、突破创新"的总体发展战略。作为体制内的纪录片节目,《回家》面对电视纪录片节目的现实生存环境,采用了以文化营销为依托的发展策略,在节目经营上以选题策划的具象化主题符号,整合节目资源,拓展节目空间;节目的创作采用类型化的流水生产方式;营销上以文化营销原则,延展节目产业链;节目的宗旨始终坚持社会责任与市场效益相结合。

一、作为文化产品的纪录片节目，《回家》处于目前特有的媒介生态环境与发展选择之中

所谓"媒介生态环境"实际上就是节目传播、生存和发展的环境，它主要由政策环境、资源环境和竞争环境构成。

（一）纪录片栏目的生存，政策环境是一个起着决定性作用的因素。

2001年9月，吉林电视台完成了对专业频道的整合。尽管吉林省在全国属于内陆较不发达的省份，但是着眼于吉林电视台的发展，吉林省广电局以进取和变革的魄力与勇气提出：实施精品工程方略，吉林卫视要以立足吉林、辐射东北、面向全国为目标，倾全系统、全局、全台之力，打造吉林卫视品牌。以质量提升为目标，在打造精品节目的基础上，以战略性眼光倾力策划，力争在三到五年内培育一两档在全国或者一定区域内产生较大影响的节目，努力使吉林卫视首先成为区域性品牌，进而在全国产生影响。这一目标的提出，直接为《回家》节目的催生和发展，提供了良好的政策环境与支持。

（二）资源环境意味着对节目构成、生产流程、人力财力的合理配置，以实现资源的最佳效应。

2001年11月，《回家》节目策划书完成，节目宗旨是：平视名人鲜花掌声背后的至真情感，挖掘百姓平民生活当中的感人故事。每期以一人物（名人为主）的情感线索为策划支点，以其回故乡（出生地、老家、上学或工作过的地方）的真情实感为基础，寻找其情感落点和动人故事，以此张扬人间真情的可贵，力求展现人性人情的距离美和缺陷美，体现人性的魅力和人情的感染力。

第一，以节目宗旨来看，锁定那些有成就的中华精英，无论是现在的、过去的，还是即将涌现的，他们都是可以深度挖掘的宝藏。我们认为卫星电视时代，只有打破资源的地区界限，才能在诸多卫星频道竞争中立足。选择把文化资源丰富的北京作为栏目组根据地，拍摄具有全国性影响的名人和大家，成为《回家》的必然选择。截至目前，我们已经拍摄了近160期节目。

第二，人力资源的配置，体制内纪录片目，不可能是一种完全理想化的模式，要以自身为主，适当借助外脑，锻炼队伍，培养人才，并在拍摄和制作的机制上逐步实现"体内循环"和"体外循环"两个系统的有机融合，走自

办和制播分离相结合的道路。

2002 年 3 月,《回家》在北京刚开始前期筹备工作时只有四个人,分工明确,统筹、摄影、编导、制片人。后来,又陆续从电视台内选调了几位同志参与节目组的工作,目前节目组台内人员 9 人,基本可以实现一半以上播出节目的工作量。这种人力配置范式,为《回家》的纪录片栏目化生存选择了一个切合吉林台实际的尝试性路径。就全国电视节目制作现状来说,《回家》是在相对较低的成本投入下,实现了栏目化常态播出,实现了相对稳定的精品节目制作运行模式。

第三,纪录片栏目在省级电视台的常态制作播出,以节目知名度和品牌效应促进市场化发展、以商家赞助补充节目资金,成为现实的出路。然而,吉林电视台财力、物力、人力都非常有限,在注意成本控制的同时,重大选题或有潜力的选题,重点投入并提供强有力的保障。《回家》栏目组拍摄的 7 集纪录片《常香玉》就是历经一年时间,先后 5 次拍摄完成的,而且该节目在吉林卫视播出后,先后在中央电视台、凤凰卫视播出,不仅提升了《回家》的品牌价值,也收回了制作成本。2004 年,《回家》栏目组制定了严格的财务管理制度,从选题申报、后期制作,到与节目等级评定挂钩的稿酬支付,都有量化的标准。节目开播三年来,我们基本实现了收支的基本平衡。

(三)纪录片的竞争环境,目前表现为两个方面:一方面,《回家》在2002 年 9 月开播时,全国的纪录片栏目发展在总体上进入了一个新的历史时期;另一方面,电视文化的总体走向开始更加多元化,受众的理性意识明显增强。

1. 几十年来,我国电视纪录片的发展大体可以分成四个历史时期。其渐变的轨迹可以总结为“国家意识、民族意识、平民意识、社会意识”这十六个字。我看到有的学者认为,2003 年,以央视的《纪事》和《见证》的改版及其对一些地方台相似节目的影响为标志,纪录片栏目的发展进入了一个理性和成熟的时期。在这一时期,“市场”和“社会责任”成为了纪录片制作者普遍感受到的两个核心词汇。回归当前的现实主流社会,市场和社会责任之间的关系,也可以说是观众与社会责任之间的关系,如何在两者之间建立共通的利益点,再度成为摆在纪录片栏目面前的生存发展问题。这也是

《回家》必须要面对的问题,可以说当我们选择了人物纪录片模式,赋予它精英文化大众化的内涵,我们就一直在寻找一个平衡点,使节目可以在平民百姓和精英人群之间做到有效地融合。从大文化的理念上看,《回家》不仅仅是一个情感类节目,准确地讲,它是一个文化性节目。《回家》蕴涵着较深厚的人文关怀和文化意味,是大众文化表象的深层体现和平民意识的具体反映。应该说,《回家》既是市井人生平凡生活的真实体现,又是文化之旅的探询。它的创意源于大众平民意识和文化精英意识的结合。

2. 电视文化的总体走向开始更加多元化,受众的理性意识明显增强。综合而言,电视观众普遍喜爱的节目,一是新闻节目,二是电视剧,三是综艺类的娱乐节目,四是情感类的文化节目。而情感类的电视节目较为知名的有《艺术人生》、湖南卫视的《真情》等。这几档节目占据了专栏节目较大的市场份额和较高的收视率,明显地反映了观众的收视走向。在这个背景下,《回家》节目顺应了观众的收视心理,把握了电视文化节目发展的脉络。

以全国的电视节目作为考察《回家》定位的参照系统,更新观念,全面地理解和把握《回家》自身所处的媒介生态环境,争取实现吉林卫视纪录片节目的突围,我们最终选择了文化营销路径。

二、作为电视文化产品,《回家》自身的产品构造与生产就是在社会文化因素影响下的营销设计

(一)《回家》节目的内部构造主要是选题策划上以具象化符号为主题,整合节目资源,拓展节目空间,节目的创作上采用类型化的流水线生产方式。

首先,《回家》的命名本身就是以具象化的主题符号使节目资源和节目空间得到了拓展,同时也使节目更加具体化,具有明确的操作性和受众的约会能力。

作为一个文本来说,"回家"两个字本身是具象化的符号,它既可以理解为回到明确的处所,如家乡、曾经工作过的地方等,也可以理解为抽象的概念,如回到精神上的家园、回到内心的一种平和状态。这样,《回家》作为一个整体符号,当观众在概念和"声音——形象"之间寻找对应的意义时,就体现出丰富和多样的特点,这样就避免了纪录片栏目化过程中,由于形式的模式化而产生的千人一面的感觉。《回家》的命名本身就使节目的内容空间得到了无限的拓展、文化韵味得到了提升。

在电视传媒市场化程度不断提高的现实状态下,纪录片栏目必须选择"大众化"的创作路线,让纪录片从所谓的艺术化、个人化、个性化的创作状态中走出来,从带着高雅艺术光环的殿堂中走出来,面对大量的、日常化的当代社会和生活情状,组织批量化、规模化的生产,满足栏目化、日常化的播出需求。尤其是近几年来,许多电视台按照电视传媒生产的普遍规律将纪录片的创作、生产与传播纳入常规的运行链条当中,其中栏目化播出作为一条最为突出的要求,使得电视纪录片传统的生产制作模式发生了很大变化,从策划、选题、创作、制作以及营销、推广等各个环节,都必须服从于纪录片生产与传播的常规化的需要。《回家》也无一例外地采用了这种类型化的流水线生产方式。

如果说,在内容和价值取向上,大众化路线的电视纪录片创作将重心放在贴近百姓,关注当代普通老百姓的日常生活,并将他们的故事、情感、状态、心理需求和审美口味等作为主要的选题对象的话,就《回家》节目的策划本身来说,就注定了它是行走在精英化和大众化道路之间的。其实很简单,当一个文化精英人物,即使在百姓最为熟悉的"回家路上",他的思考、感悟和回忆都非常明显地带有精英文化的烙印。现在看来,这种方式,老百姓是认可的,《回家》从收视效果来说,并没有曲高和寡。

当电视业作为文化产业时,生产方式必将逐渐规模化、标准化、快餐化,如果纪录片栏目仍然单一强调创作者的独立制作,那么纪录片的栏目化生存会出现明显的困难。可是,在我们的创作中,并没有放弃对精英文化品格的追求。我们将这样的努力,通过结合选题,适时地推出一些主题化、精品化的节目予以实现。比如,香港回归七周年的时候,《回家》独家拍摄了霍英东、曾宪梓等9位香港各界的知名人士,推出了《香港季·嘉年华》特别节目,获得了较好的反响。巴金老人百岁华诞、陈逸飞先生逝世、豫剧大师常香玉逝世,都及时推出了特别节目。在豫剧大师常香玉去世一周年之际,特别制作的7集纪录片《常香玉》先后在吉林卫视、凤凰卫视、央视播出后,反响较好。到目前为止,我们所拍摄的160多位人物中,有10多位老先生已离我们而去，但是我们幸运地留下了他们生前的珍贵影像资料，这也是《回家》节目的财富。

总之，精英化的路线在探索《回家》的内容与形式的丰富性、生产与创作的多元性、思想与情感的深刻性方面起到了非常重要的作用；大众化的道路为电视纪录片保持在电视传媒中的主流地位、开拓纪录片的生存与发展空间、贴近大众百姓生活等方面，同样是不可忽视的。

（二）在文化营销的层面，《回家》始终坚持利用多种形式来推进营销工作。在这个方面，《回家》的辅助营销方式，表现为召开节目推介会和新闻发布会、参加影视节目展、出版发行节目相关书籍、举办节目嘉宾与观众的见面会和签售活动等，与新闻媒介建立良好关系、通过媒体协作促进节目的推广营销工作。2002 年 8 月，吉林省广电局和吉林电视台在北京联合举行了节目推介会，当年 9 月在长春举行了节目开播新闻发布会，2003 年和2005 年参加了在北京举行的中国国际影视展，2003 年参加了香港国际影视展，2003 年通过生活·读书·新知三联书店出版发行了《回家》丛书两卷本，在长春举办了节目嘉宾与观众的见面会和签售活动，和北京、长春等地的报纸、刊物建立了良好的合作关系，以新闻报道的形式宣传节目，促进了《回家》的文化营销工作。截至目前，《回家》栏目共有 40 多篇文章发表在海内外不同的新闻媒体和学术刊物上。

（三）突出节目内涵的推广营销。自古以来，中国的道德伦理和文学艺术都注重和强调以家庭为本位的血缘亲情关系。"穷达尽为身外事，升沉不改故乡情""匈奴未灭，何以家为""云横秦岭家何在？雪拥蓝关马不前""埋骨何须桑梓地，人生处处有青山"……都从各个方面反映出"家文化"是中华民族特有的情感和文化。中华民族的凝聚力是很独特的，最具体的体现就是以"家"作为社会、人生最小的单位。"家"，在中国人的观念中，一直是一个难以割舍、魂牵梦系的字眼。中国传统文化重伦理、重亲情，文化以家庭为本位，注重个人的职责和义务。对家的眷恋便成了我们中华民族带有历史和现实双重烙印的"深层集体心理"。"家文化"是中国传统文化一个独特的象征符号，是中华民族强大向心力的集中体现。然而，伴随着经济转型、社会转型与文化转型，面对纷繁复杂、变化多端的社会现象，危机感、失落感、孤独感交织在一起，人们渴望心灵的沟通、渴望亲情的安抚,这成为人们普遍的心态。而《回家》从节目主题上提出的"家文化"的概念,可以说是从中国传统文化的深层入手,进行的一次文化整合营销。节目突出强调了人物自身的职业特征、人生经历、事业成就和情感故事。就节目本身来说,它既满足了受众"窥视"名人日常生活状态的心理,又依照名人经历和情感故事的曲折复杂,实现了电视叙事的生动性。同时,节目始终坚持文化内涵的高品味追求,培养和稳定了一批忠实的收视人群。

(四)《回家》为了形成一种有利于推广和营销的品牌文化,从包括品牌形象、品牌内涵、品牌忠诚度及受众人群等因素上,做了大量建设性的工作。为了树立节目的品牌形象和为进入产业运作模式做准备,《回家》节目已经完成了精美的大型宣传画册、节目礼品光盘、节目标识制品、节目主题歌MTV的制作,这使节目在品牌策略上达到CI形象的统一性。

对电视栏目的经营,坚持走品牌发展之路,坚持走精品创作之路,已经是业内共识。《回家》在日常性栏目化播出的常态下,要每个月都强化做出一到两期精品节目。实现全年节目播出总体质量、水准,使品位相对稳定,亮点节目突出。此外,品牌的树立需要大力培育。为了培育《回家》这个品牌,仅就节目的播出时间安排来说,2002年9月开播时,节目的播出时间为星期日晚上八点的黄金时间,取消了一集电视剧的播出,这是一个非常大的举措。结果,第一个月的收视调查显示,收视效果达到了10.7%。当时,吉林台八点档的电视剧收视水平平均在12%左右。随后的两个月,收视率也一直保持在7%左右的水平,这对于一个刚开播的纪录片节目实属不易。2003年,节目播出时间调整到星期日晚9:55;2005年,节目播出时间又调整到周日下午5:50。但是由于前期的市场培育,观众群一直比较稳定,收视水平平均保持在5%左右。2005年,《回家》节目在吉林卫视晚间黄金时段自办栏目吉林省范围内的收视率、观众忠实度、市场份额三项指标在总体上始终保持第一位,也让我们有了更大的信心办好这个节目。

文化性是纪录片的重要属性之一。电视本身承载了传播先进文化的使命。电视文化最根本的出发点和终极目的就是不断满足广大人民群众日益增长的精神文明的需要。《回家》节目的目的是,在满足电视观众文化需求的同时,通过文化的无意识与传承介入,更好地实现电视作为大众媒介的信息传播、舆论引导、大众教化等功能。发挥文化精英作为舆论领袖的权威性和感召力,通过他们对"家"这一概念的具有鲜明的时代特征、饱蘸优秀民族文化传统的解读,实现由"爱家"到"爱国"的文化提升,发挥节目提高大众文化审美水平、净化社会风气和人间情感、传承优秀民族文化、增强民族向心力和凝聚力的作用。

我们在强调社会责任的同时,通过大力推进节目的市场化运作,积极开展文化营销,我们的市场效益也逐步显现出来。2004年节目得到了企业商家的冠名赞助,总体上实现了收支平衡。同时,通过对节目拍摄素材的充分利用与开掘,生产相关电视节目,同时实现了部分节目在其他电视台的销售播出。我们期望十年后再回首这个栏目时,它同样是精品,同样蕴涵着深刻的思想内涵和厚重的历史文化价值。

《回家》是一个系列文化工程,又是一次文化之旅的探寻。

《回家》是一首具有文化意义和人生韵味的抒情诗,又是一部值得珍藏的历史文献档案。

《回家》作为纪录片栏目形成了一定的特色,但是关于纪录片栏目化发展的探索仍然还有很多问题亟待解决,从实际出发,担负起社会责任的同时,遵循传播规律和市场规律,已经是纪录片栏目化发展的必然选择。

（本文刊于《2006中国电视纪录片前沿报告》,中国传媒大学出版社2006年）

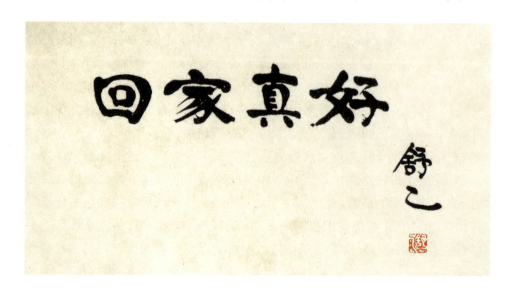

二、《回家》获奖作品文本

余光中·两岸情思

○ 2003 年 4 月,《余光中·两岸情思》获 2002 年度"中国彩虹奖"栏目类节目二等奖。

○ 2003 年 8 月,《余光中·两岸情思》在第十五届吉林省电视文艺"丹顶鹤奖"评奖中,获专题电视文艺类特别奖。

○ 2003 年 9 月,《余光中·两岸情思》获第二十一届中国电视"金鹰奖"专题电视文艺节目优秀作品奖。

编辑文案

片头：

小时候,乡愁是一枚小小的邮票

我在这头

母亲在那头

长大后,乡愁是一张窄窄的船票

我在这头

新娘在那头

后来啊,乡愁是一方矮矮的坟墓

我在外头

母亲在里头

而现在,乡愁是一湾浅浅的海峡

我在这头

大陆在那头

——余光中《乡愁》

解说：

台湾著名诗人余光中，1928 年重阳节生于南京。钟情于抒写乡愁的他，总喜欢称自己是茱萸的孩子。在诗人辗转漂泊半个多世纪的人生历程里，从江南到四川，从祖国大陆到宝岛台湾，从求学美国到谋职香港，到最终回转台湾。余光中的人生足迹有如一个不规则的圆，而这圆是残缺的，缺口就是故乡江南。

春雨中遥望江南的余光中

2002 年 3 月 30 日，余光中先生携夫人范我存，和定居美国的长女余姗姗全家，回到了阔别多年的江南水乡。冒着蒙蒙细雨，一家人从古老幽深的苏州盘门开始，踏上了离别后，经半个多世纪以来，一次最完整的江南之行，对于已入古稀之年的余光中而言，杏花春雨的江南正在缓缓向他打开那扇满落时光灰尘的记忆之门。

同期声（余光中）：

那是新修的伍相祠。

伍子胥。

伍子胥的祠堂，那里面没什么东西就是。

这个门，这个门一关，整个苏州的水域就进不来了。它那个小门洞，就是哨兵下来检查的，你要进来船只，就往这旁边一停，他就沿着小门洞进来检查。

水陆萦回。

解说：

此刻的江南正是草长莺飞，花团锦簇，以她特有的柔情滋润着游子干渴的眼睛。多少年来，江南是诗人心中一个美丽的词，一个缥缈的故园之梦，一个无法排解的情意结。今天，在诗人的凝视中，多年来用心谱就的怀乡的笔墨都在这似曾相识的湖光山色、亭台楼榭间有了着落。

同期声（余光中）：

幸好后面的民居还很配合（风景）。

它那个不是民居，这都是属于他们的。

（风景区）这个范围。

对，那后边。这个就是宾馆了。

你们听，听钟，有人在敲钟。

那边有个大钟，很响。

这有余音，有余音的波波。

对，对。

余光中在游船上吟诵《乡愁》

同期声（余光中）：

跟我握握手好不好？（余光中）

爷爷，爷爷，他叫祝龙舟。（小朋友）

他叫什么？（余光中）

他叫祝龙舟。（小朋友）

你呢？（余光中）

周蕾，她叫方蕾，我们两个的名字都是一样的。（小朋友）

名字是一样的。来，小乖妹，交际一下嘛。交际一下，握握手嘛。小乖妹，来握握手。

余光中默默许愿

来，我们握握手。为什么你跟我握不跟她握呢？你主动一点，你是姐姐，小姐姐跟你握嘛。好不好，好好好。（余光中）

解说：

"少小离家老大回，乡音无改鬓毛衰，儿童相见不相识，笑问客从何处来。"携妇将雏归来的诗人，在故乡偶遇一群天真烂漫的苏州儿童，儿时的记忆也在这些活泼泼的生命面前复活了。孩子的童言稚语让满头银发的诗人欢欣鼓舞，泛舟湖上，摇船婆的歌声又让他想起童年的歌谣。

大半个世纪的别土离乡，花果飘零，让今日重返故土的诗人久久沉浸于往事的追忆之中。而多年以前，他只能将无法排遣的思乡情怀全部寄托在故乡的文字方阵中，左手为散文，右手为诗歌，让浓浓浅浅的心意得以抒发，于是，就有了那么多首脍炙人口、广为传诵的诗歌中的经典，比如《乡愁》。

同期声（余光中）：

《乡愁》大概写于1971年，那个时候我离开家乡已经20多年了，所以我就写这首诗。那么里面也不是虚构的，这是我小时候住在学校里面，是离家写信给妈妈。

然后长大，后来我结婚，结婚了没有多久我就去美国读书，太太就留在台湾。

后来我母亲死在台湾，所以才会说这个一方矮矮的坟墓，母亲在里头，我在外头。

母亲在里头，所以我才写到海峡。从这个自己的经验，扩大到一个民族的经验。那时候两岸的来往，还渺不可期啊。根本看不出有什么迹象，两岸会开放。所以是在那样一种渺茫失望的情况下写的。那时候我这首诗大概写20分钟就写好了，也没想到后来会流传这么广。现在国内比较工业化了，把水都污染了。洞庭湖、鄱阳湖缩小了，诸如此类的，所以这个乡愁也有时间的因素。有些乡愁不但是怀乡，也是带一点怀古。所以是蛮复杂，不是平面的地理的，是立体的，也包括时间的因素在里面。你比如农业时代进入工业时代，就有《桃花源记》这种乡愁，以前日出而作日落而息，也是一种乡愁。

解说：

与大学生们面对面交流，是余光中每次回内地的必修课。这个时候，余光中有的只是亲切。

同期声（余光中）：

然后我觉得还蛮有诗意的，我回到家里就把它续成了一首诗。这首诗表面上是讲吃饭的，实际上是讲文坛，这个文学的现象。是这样子的——

如果菜单梦幻像诗歌
那么菜单清醒像散文
而小费呢吝啬像稿费
食物中毒呕吐像批评

解说：

笑声中，古稀之年的诗人与风华正茂的大学生之间，心心相通，没有距离。

就在余光中同苏州大学的学生交流的时候，在另一座城市常州，表妹孙蕴玉一家，正在等待他的到来。

余光中和表妹孙蕴玉一家在一起

同期声：

我们的愿望，总希望台湾跟常州，跟祖国大陆手续再简化一点，走路方便一点。不要转来转去的。我们企盼台湾跟大陆统一以后，像香港和澳门这样，我们最高兴了。

那时候才真正是一家人。

哎，是一家人。

解说：

这是几年前余光中写给表妹的一封普通的家信，驰骋于中国文字的阵仗游刃有余的诗人却用了最平实的笔触写信给他久违的亲人，这里包含了多少隐忍的激情。十几年间，余光中就是以这种激情不停行走在大陆台湾之间，以笔迹和足迹弥合着人们心灵的裂痕。

同期声（余光中）：

二十世纪中叶，这个两岸这么分裂，造成民族一大伤痕。历史上民族分隔的岁月有比这更长的，像西晋、东晋、南北朝、北宋、南宋，这都是很长久的事情。所以这五十年，当然你生逢这个年代是觉得很悠长了，历史上回顾起来，那不算是很长的。这个完全在中国人自己，怎么用智慧来迎接未来的岁月。减少斗争，增加了解。我经常讲的一句话就是不要为了五十年的政治，抛弃了五千年的文化。

余光中看着家乡的古井回忆往事

解说：

离开苏州，余光中和家人直奔常州。常州是余光中少年时代成长的地方，这里不仅有长满了青苔的老宅和青石板的老街拱桥，还有许多孩提时代的故人，如今老宅在风雨变迁中依稀是当年的模样，但孩提的伙伴却早已满目沧桑。

同期声（余光中）：

我记得烧水洗澡那个，烧水洗澡有一个大锅。没有关系，不要拉我，不要管我。我们有时候在这里捉鱼啊。

解说：

此刻的漕桥正是油菜花开时节，黄花飞处，长眠着诗人的家族亲人，这里也是诗人心中自己最后的家园。多年前，诗人就在诗中这样写道："当我死时，葬我在长江与黄河之间，白发盖着黑土，在最美最母亲的国度。"

54 年前的那个夏天，对于余光中而言，是个创痛的日子，因为他在那个夏天开始了漫长的远离故土的漂泊。所幸的是他那年已经 21 岁，祖国的文化渊源已与他的血脉融为一体，永不可分。他不只一次地说："我庆幸自己在离开大陆时已经成年，我在大陆受过了

余光中随妻子为岳父岳母扫墓

传统的《四书》《五经》的教育，受到了五四新文学的熏陶，中华文化已植根于心中。"在多年的留学及海外执教生涯中，深谙西方经典文化的余光中却坚持地认为，自己的创作渊源及灵感，在东方，在中国。他说："蓝墨水的上游是黄河。"

同期声（余光中）：

先是要反传统，然后要回归传统，然后又要重估传统，所以我一个当时一种言论呢，就是如果驻守这个传统呢，就变成孝子。孝子你不能成天成年累月守在祖坟旁边，那也没有发展，于是你就到外面世界去探索，那么有的人到了巴黎伦敦就兴奋地就忘记回来了。

乐不思蜀。

对，当然有很多东西可学，问题是你在外国学了冶金术，那个金矿在自己的国内，要回国来开矿才行，所以呢，有些人就流落在外，或者心理上他过分崇拜西方，那种就变成浪子。浪子就是说如何发扬这个中华文化。孝子也不够，浪子也不够。大概浪子回头呢，比较有希望一点，所以后来就变成浪子回头了。

解说：

余光中的家族历来以诗书传家，分别多年的亲人刚一见面就在一起交流

余光中在故乡的歌谣中陷入回忆

诗书心得,余光中也将新作拿出来与家人共享。

多年来,诗人用他的作品不遗余力地传播中国文化,表达着他对故园、对民族的怀思,他如此执着于方块文字的魅力,也思考着中国文化在今天的传承。

同期声（余光中）：

这个是长大后。乡愁,这头,那头才押韵。小时候,乡愁,头,头,长大后,乡愁。

真正讲爱国呢,还不如说是爱自己的民族,拥抱自己的文化,那么把中文写好也就是一种爱国了,因为中国文化就在中文里面,古籍传下来,所以就是说一个作家把中文写好了,保持中文的想象力,新鲜的创造的这种精神,那也就是对国家算是一种贡献吧。

解说：

余光中江南之行的最后一站是南京,他的出生地,是诗人心目中真正称得上家的地方。他在这里接受了最早的文化启蒙。如今,面对这座古老而又年轻的城市,诗人再一次感受到历史与文化的交融。

同期声（余光中）：

以前的房子、街道都变得相当厉害,可是有些是不变的,长江是没有变的,玄武湖是没有变的,鼓楼、鸡鸣寺的那个塔等。还有南京的古城墙没有变,一些大街的大致情况没有变,所以当然还是可以唤起很多回忆。不过呢,小时候的朋友都变了,当日带我去台湾的父母现在都已经去世了。我读小学时候的老师就要带着去远足,那中山陵是没有变,还是那么壮丽的。那我一路往上登陵的时候,感觉就好像这是钢琴的琴键,392级。

不过我不是用手弹，我是用脚来弹，弹一首安魂曲。而且我心里有种感觉，就是说我还是当年那个小学生，他也未必认得出我来，不过我是回来了。

解说：

余光中大半生漂泊世界，以诗文寄托对故乡的愁思。晚年则流连于祖国大陆，以脚步感知家园的博大与温暖。余光中曾用大陆是母亲、台湾是妻子来描摹自己。此次江南之行，不仅仅是一次完整的游历，更重要的是圆了诗人自身与精神双重的回家之梦，将久别的母亲与诗人的血脉紧紧联系在一起。

总　顾　问：王健儒
艺术顾问：李　辉
总　策　划：王俊杰
总　编　导：王俊杰
编　　　导：王冲宵　呼振涛
摄　　　像：周润漪
制　　　片：葛维国
监　　　制：李冬冬
总　监　制：王俊杰
出　品　人：任广伟

澆鑄情感 傳承文化 超越自我 回歸心靈

吉林電視臺大型文化紀實節目

赵季平·似水流年

○ 2004 年 8 月,《赵季平·似水流年》获第十八届全国电视文艺"星光奖"。

○ 2004 年 9 月,《赵季平·似水流年》在第十六届吉林省电视文艺"丹顶鹤奖"评奖中,获专题文艺类特别奖。

○ 2004 年 9 月,《赵季平·似水流年》在第十六届吉林省电视文艺"丹顶鹤奖"评奖中,获最佳编导奖。

○ 2005 年 12 月,《赵季平·似水流年》获评 2004—2005 年度中国电视纪录片入围作品。

编辑文案

电影《红高粱》片断

同期声（赵季平）:

一个新媳妇在吹吹打打声中,被抬到了她的婆家去,迎亲队伍中间轿夫的头,变成了一个拦路抢劫客,来把九儿抢到他手中。这种结合要和任何音乐要完全不一样,所以我采取的就是用人的呐喊——人性的喷发,野性的喷发,用一群唢呐模拟人声呐喊,三十多支唢呐吹打。十多年的能量,然后聚到一起了,这种撞击,这种火花,我觉得还是很震撼的。

片名:赵季平·似水流年

解说：

张艺谋曾经说："赵季平的音乐代表了 80 年代到 90 年代的中国电影音乐，他是这一时期的里程碑和巨匠！也有人说赵季平的音乐激活了中国的民族音乐，但更多的评价是赵季平的音乐能将电影中的人物最深沉的爱和恨表达得荡气回肠。

电影《大红灯笼高高挂》片断

同期声（赵季平）：

点灯音乐就是，打击乐队几层几层叠过去，它形成一种新的感觉。在这种大院中间，人的命不值钱，你一个女人不就是，京剧说的就是那么回事儿。

解说：

2003 年年尾的最后三天，古城西安的街头，最醒目的恐怕要数这赵季平举办个人音乐会的广告牌。

同期声：

再签一个行吗？谢谢。

赵老师给我签一个，谢谢。

赵季平为家乡父老签书

赵老师，您好，今天有没有《大话西游》的曲目？我一直找不到那个曲目。

没有，没有。（赵季平）

赵老师，祝您身体健康。

谢谢。（赵季平）

解说：

这是赵季平第一次在自己的家乡举办个人音乐会。

西安人最愿意夸赞的就是

赵季平音乐的民族性，而且是浓重的陕西风格，有人甚至说是隐藏在黄土高原深处的旋律终于等到了赵季平，而这似乎从他的家世可以溯源的。

赵季平父亲，赵望云，长安画派创始人。他擅长于写生画，所绘制的图画乡土风味浓重，被称

赵季平擦拭父亲赵望云的墓碑

为平民画家。赵望云的传奇不仅仅因为他是中国画的转型人物，他也是第一个把视线转向民间，真正以大众作为主角的先驱。冯玉祥曾经评价这位大画家：整日坐着牛车啃着干馍浪迹在山野郊外，像热爱阳光草地一样热爱劳动人民。

同期声（赵季平）：

我父亲留给我最深的还是，他在二十几岁他就说，我是乡间人，画自己身临其境的景物是我终身的职责。我的音乐也是继承他这些东西，一直走的是反映老百姓的生活。我实际上是1961年进的西安音乐学院，是附中，本科我是1970年毕业的，那个时候的政治形势你也清楚，那还是"文化大革命"中期。在那种环境底下，大部分同学一分配都是到农村去了。因为当时戏曲研究院搞样板戏，就明确提出来要有专业能力的，专业要好的。

文革期间，我父亲就属于文艺界的那种重要"黑帮"。结果我虽然是"黑帮"子女，但因为专业好就留在戏曲研究院了。但你是搞音乐的，学的是音乐学院这一套，学院派这些东西，结果到了一个戏园子就是地方戏，虽然留到西安了挺高兴，但从内心来讲还是觉得不对口。这话只能给我父亲说，我记得非常清楚，我分配以后利用了一个早晨，我母亲说你去看看你爸爸，然后我就搭班车到西安的云阳镇去找他，那时候他下放到那边。结果我到那村里以后，说他在地里摘棉花呢，我到地里看我父亲正在摘棉花呢。父亲看见我去了特高兴，我说分配了。分哪了？我说分得不好，分到戏曲研究院了。我父亲一听说到了戏曲研究院就特别高兴，说你必须到民间音乐

集大成的这种地方去,你要有出息,就要到这种中国民间音乐集大成的这种戏曲团体去,你要认认真真的学习才会有出息。我这话记得特清楚。我还真是按我父亲所说这样去办,我在那儿呆了21年啊。

赵季平指挥《悼歌》

解说:

这个乐曲叫《丝绸之路幻想曲》,这是赵季平在70年代为他父亲创作的。在之后的许多年里,赵季平无数次坐在音乐会的现场听过这个乐曲,我们已经无法揣测他今天此刻的心情。据说,当年陈凯歌带着自己第一部电影作品找上赵季平就是被这个乐曲打动,从此,将赵季平拉出了他默默无闻的21年,而且一举成名。

沿着这条铁路一直可以通向陕北黄土高原的深处,后来有人在剖析改变赵季平命运的那部电影《黄土地》时,曾经说赵季平和陈凯歌及张艺谋的合作更像一次集体寻根,当然这仅仅只是针对艺术风格而言的。

字幕:电影《黄土地》

解说:

这部电影的每一个细节、每一段音乐都弥漫着一种焦灼和渴望。如果可以把这种焦灼和渴望放进70年代历史中,那么它不仅仅是这个青年的,他代表着那一个时代青年,对于丢失的青春期和被扭转的命运极度的渴望。渴望着被拯救,这种渴望被时代整整压抑了几十年。

记者:戏曲学院这一呆就是二十一年?
赵季平:二十一年。
记者:几乎都是默默无闻?

赵季平:是。

记者:那段时间您是怎么过来的?

赵季平:那种年代可能你们不太了解,我们经常是下乡演出,到陕北去我们整整两个多月。那一下去了以后就在陕北的各县去跑,一般演出晚上开戏,白天他们一般没事。有些人也练点业务,就是吊吊嗓子,但是对于乐队来说一般事儿就不多,你要不抓紧就溜了。我是每天都抓紧搞我的业务,每天这样,我太太就拉琴、练琴,那么然后有好的东西,民歌那些东西,我都很注意去听和收集,这就是一种积累,一种无形的积累,而且我那时候坚信肯定有用的时候,肯定是这样。

资料　电影《黄土地》:

宏皇老人家,仰盼个草晒死了,背盼个草也晒死了,百年老家求告一点雨水。宏皇老人家,海水取齐了没有? 还没有。

解说:

这是电影《黄土地》求雨的片段,影评家说它的意义远远不只是单纯的故事背景,成了整个民族的人格化的象征体。

这就是赵季平呆了21年的戏

赵季平指挥《悼歌》

曲研究院。今天我们已经不能很正确地剖析赵季平一声叹息之后所隐藏的情绪。如果单纯从结果来评价赵季平在这里 21 年的寂寞和努力，显然是不公允的，尽管结果常常被作为最重要的评判标准。

赵望云，1977 年 3 月 29 日病逝，病逝前半身不遂。他没有听到自己儿子的第一部音乐作品，也没有看到儿子之后的辉煌。

记者：这个音乐会挺顺利的？

赵季平：把人能累死。

记者：这音乐会筹办多长时间了？

赵季平：我弄不清，我三月份完了以后我就没管。

记者：我看您这个家房子还是很新的。

赵季平：装出来后我媳妇住了几个月。就住了几个月，就住院了。

记者：这房子都是她弄的？

赵季平：嗯，全都是她弄的。

记者：但还是住了几个月是吧？

赵季平：还算是住了几个月。

记者：那以前一直在哪儿住？

赵季平：在戏曲研究院那边住，没有这边条件好。我不能到那边去，去了以后，伤心。

记者：戏曲研究院？

赵季平：不能去，伤心。我说走吧，咱走吧。走吧。

混入《悼歌》音乐

解说：

《悼歌》，这是赵季平献给自己 2002 年突然去世的妻子的乐章。

同期声（赵季平）：

她是一个非常善良（的人）。她一直想上大学，那么因为她出身不好，1978 年可以上大学的时候，因为孩子还小只能一个人去深造，后来我媳妇说，那你去吧。后来她就支持我去中央音乐学院。我们那时候工资，她是 38 我是 48，然后她留 38，我拿 48 去上学，38 管赵麟和她。经常是赵麟说妈领着他上街的时候，买一个包子买一碗馄饨，看着赵麟吃完，把赵麟推回去，她从来不吃。就这样，从来都吃剩饭，新鲜的都是赵麟和我吃，真不容易。她就是在生活中间，全心全意地支持我和培养赵麟，所以她最后自己给别人说，我这一辈子没白活，我现在死了也划得来，我培养了两个作曲家。2001 年她咳嗽，老咳嗽，想尽一切办法都不见好转，后来才做 CT 才发现是，2001 年 6 月 18 日，第一次才诊断是这个病。

记者：当时您在她身边吗？

赵季平：在。

记者：也就是从 2001 年 5 月份就一直陪着她。

赵季平：自己的妻子携手走过了风风雨雨，当她非常健康，我们的生活都很自然的时候，你会觉得不会感到这么珍贵。一旦突然她病倒了，突然我觉得我头上这片天没了，所以突然我就觉得，我每天早晨这个创作过程中间少了很多东西。临去世的前两天，她老家的一个表弟来看她，然后她就突然给赵麟二舅说，我要留影。我当时诧异地说干什么照相留影。谁有照相机，刚好有一个没胶卷，我说孙健你赶快买胶卷去，孙健赶快去了。她在那等着说，怎么这么长时间还没买回来。只剩一卷了，买上了以后装上以后，拍照片，她的动作是，做了这个动作，真不得了。完了晚上就问我穿什么衣服，都要看一下，然后跟赵麟说我要跟爷爷奶奶在一起，跟赵麟说我是赵家的媳妇，真厉害。而且说都不许哭，后事不办，清楚得很。

记者：您有没有想过她这么坚强是不是不想让您伤心？

赵季平：是啊。

解说：

"我的乐句里流淌着你无尽的思索，我的生命中缭绕着你轻吟的歌，原本坐在这里的有你，还有我，可你却去了遥远的天国……"音乐未起，我的眼中已是泪雨滂沱……剩下的，唯有音乐能为我们继续诉说。

总 顾 问：王健儒	摄　　像：王　昕
艺术顾问：李　辉	责任编辑：姜　蕾
总 策 划：王俊杰	制　　片：葛维国
总 编 导：王俊杰	监　　制：李冬冬
编　　导：马　莉	总 监 制：冯　晨　迟秀才

回家

浇 铸 情 感
传 承 文 化
超 越 自 我
回 归 心 灵

吉林電視臺大型文化紀實節目

常香玉·木兰绝唱

○ 2004 年 8 月,《常香玉·木兰绝唱》获第十八届全国电视文艺"星光奖"专题节目一等奖。

○ 2004 年 10 月,《常香玉·木兰绝唱》获第十届中国电视"纪录片学术奖"短片一等奖。

编辑文案

同期声：

常如玉：我对我母亲有一种感觉就是陌生，从来不记得她为我梳过头啊，或者帮我穿过衣服啊。从小就没有这样的概念，哎，我心里……

常香玉照片

解说：

这是常如玉的母亲——常香玉，就在常如玉出生的那一年，1952 年，常香玉把自己的戏《花木兰》改编成了电影。

同期声：

豫剧《花木兰》唱段：刘大哥讲话理太偏，谁说女子享清闲。男子打仗到边关，女子纺织在家园。

2003 年 6 月　河南巩义　董沟村　常香玉出生的土窑

同期声：

常如玉：我在这儿住的时候可没有这么难走。

常小玉：有好些人来这里参观过。

常如玉：你说生俺妈的窑是哪一个。

常小玉：是那一个。

常如玉：对对，小玉咱俩记的对。

常小玉：就在这个窑。

常如玉：生俺妈就这个窑。

常小玉：就是生在这个窑。

常如玉：常欣你来看看，这是姥姥出生的窑，姥姥就是在里面这个屋子出生的。

解说：

2003年5月，常如玉和女儿从美国回来，寻访母亲常香玉的故居。

同期声：

常如玉：哎呀，八十多年了。咱妈今年八十岁。

记者：你妈今年多大岁数了？

常如玉：我妈今年整八十。

常香玉在采访中笑谈往事

常欣：看一看这是我姥姥当年的卧室，请大家来看一看，姥姥、姥爷的当年的卧室，请看。

常如玉：生姥姥的地方，姥姥就在这个屋子里出生的。

常香玉看女儿们拍摄回来的DV资料

常如玉：我没法说，太多

的人了，太多的事了。她小时候受的罪导致她能够忍受，她从九岁就开始做的事，是她的生命。

常香玉年轻时的照片

解说：
这是常香玉最早的一张照片，这一年她十四岁，那时她已经红遍了中原大地。

同期声：
记者：您后来离开那个小院学戏，就是因为家里有个想法，想要您去做童养媳？

常香玉：对，那是因为到九岁十岁非送童养媳。再大点人家还不要。

记者：说给您送的那个人家还不错嘛。

常香玉：送给的那一家很好，那家好我也不知道，我还很小嘛。

记者：但那时候听说您，就是不想做童养媳，你爸也不让。

常香玉：爸爸不叫，我也不叫，我也不做。当童养媳就是人家的丫头，人家叫你干啥你就干啥。一点做不对，就拿啥打啥，就打你。我四个姑姑、有两个姑姑是被打死的。一个姑姑是被打死的，一个姑姑是被打残废，这一个姑姑没有打死。我老父亲是看不惯这个的。送童养媳那天，我老父亲早就商量好了，不叫我做童养媳。老父亲就是跟我姑姑说，这孩子我教给她点本事，叫她吃碗饭能养大。给人家，人家也是打死她，在我这我打死她拉倒，打不死我教她点东西，教她混碗饭吃行了。就是这样，没有去当童养媳。

张福仙的照片

解说：
常香玉的父亲张福仙被后来的人们称为"豫剧革新家"。

河南郑州郊外　女声和声音效

常香玉与小女儿常如玉

同期声：

常香玉：那时候戏班里有句话叫，戏是苦虫、非打不成。老父亲虽然打我打得很厉害，都是叫我学好的。如果一打我打的狠的时候，我老父亲就说，你不是想吃饱吗，孩儿，你不是想吃饭吗，要想吃饭、吃饱你就得挨打。你不听话我有什么办法，要不咱不干了，你要饭去。

同期声：

常如玉：我妈是一个非常不容易的人，我妈是一个非常非常幸福的人。她是世界上最幸福的人，但是她也是最不幸的人。

字幕：2003年6月　河南　登封太室山公墓　常如玉等人为父亲扫墓

同期声：

常小玉：别哭了，咱爸都知道了都听见了，九泉之下咱爸会高兴的。爸，小五现在很用心。学俺妈的戏、一招一式的。俺姊妹仨现在一心一意的，把俺妈的艺术继承下来。

常如玉：要是一个女的找到像我爸这样的男人，我觉得她这一辈子就够了。我爸生活上对我妈特别体贴，感情特别的丰富，而且事业上可以说我妈离开我父亲就没有今天的成就。

陈宪章照片　音乐效果

解说：

陈宪章，杰出的剧作家，在自己26岁那年遇见了常香玉。

同期声：

常香玉：陈宪章他当时也有想法，他也很喜欢我。但是他当时有老婆，当时有老婆。我也知道人家有老婆，但是我心里为啥对他有意、爱，那我也说不了，到现在我也解释不了。那是一种什么样的心情，陈宪章就给我念戏词、读戏词，这时候，心里都是跳的，读戏词都是幌子，心思都没在那戏词上。我跟人都没有讲过这事，他说你们家里有剪子没有，借给我，剪剪手指甲。我这时候心里就跳开了，咚咚咚地跳，又怕爹娘知道又怕剧团的人看见，哎呀，这可难为情了。后来我说有，我就拿剪子递给他。给他递剪子的时候，他就抓住我的手了。这时候抓住我的手的时候，我心里也不知道咋的，浑身都乱哆嗦。我就使劲地夺了一下，我就夺过来了。说那叫啥呢，就挂了上了，挂上勾了。挂上了，我心里就忘不掉他呀。

同期声：

常如玉：我父亲最后生病很厉害了，我跟我母亲一块来看我爸爸。我就说了一句，我说妈你亲我爸一下吧。我妈眼睛是笑的，脸上是笑的，然后泪就哗哗地往下流，就趴在我爸的脸上亲了一口。有一次跟她在外面散步，她说，五儿，你爸那么聪明的一个人，他为

常香玉与病中的陈宪章合影

啥不能发明一种药，让俺俩一块死呢。就这样，她讲这话我心里头，我说不出来我什么感觉，我说不出来我什么感觉。

同期声：

常香玉：他拿出来了一张纸，是他的老婆写的。他们将近就要分手了，我说你这是瞎说吧。我又不认识字，你就哄我吧。他说你记住，我陈宪章不会骗人，也不会哄人。他们解除婚约以后，我们进一步谈。和我约个时间，我跟陈宪章就谈条件，谈条件，我就是这三个条件：第一不给人做小老婆；第二我不嫁给当官的，你不管大小你有官；再一个不能嫌弃我是唱戏的，得跟

着我，咱俩结合以后你得跟着我。给我读戏词，帮我写信。文字上的这些东西你得帮助我，得跟着我，他说你说的这些都不是事。我现在正符合你这三个条件。订婚的时候也没有多少钱，他说他给我买点啥。我说你啥也不买，咱都说话算话，咱俩打手击掌吧，俺俩就打了一巴掌。

常香玉与丈夫陈宪章的合影照片叠化　音乐效果

同期声：

常香玉：21岁以前都是我父母管我，我都很少管事，主要演戏。21岁以后都是陈宪章管的，宪章管俺家里头的一切事情，我的一切事情。

同期声：

常香玉：我所有戏都是他写、都是他编的。

记者：他就这么默默一直？

常香玉：一直。

记者：五十多年？

常香玉：对，没有任何怨言。我曾经说过，宪章你老亏呀。宪章他说我不亏呀。今天早上孩子们还在说他。他说我不亏呀，你不是为共产党干事嘛，我也是为共产党干事，我又没有能耐去演戏，我给你写戏。你演戏人民看戏了吧，人民对你的叫好，你知道我心里头是多好受啊。

"香玉杯"颁奖晚会现场

解说：

常香玉和陈宪章还有一个合作，就是"香玉杯"。他们把自己的全部积蓄拿出来作为基金，奖励那些优秀的中青年豫剧演员。到2003年已是第九届了。那天颁奖晚会上，18年没有登台的小女儿

常香玉在"香玉杯"颁奖晚会上看小女儿的表演

常如玉演唱了母亲的戏。

常如玉在颁奖晚会上的表演

同期声：

在金殿，请来了皇王圣命百岁人……

解说：

常香玉和丈夫陈宪章一直认为所有的孩子中最有条件继承他们的事业的是小女儿常如玉。20多年前，因为学戏，母女两人彻底吵翻了。那天晚上，常香玉把女儿赶出了家门，常如玉去了美国。18年间，母女两人很少联络。

美国纽约空镜头资料　叠入常香玉和常如玉的采访声音

同期声：

常香玉：材料好，她有这个灵劲儿，她化出来妆也很漂亮。她还学我学得像，我是对她一直抱有信心，要不然我怎么叫她常如玉，俺那老伴，我们两个商量，三个姓陈，两个姓常。姓常的都是想接我的班。

同期声：

常香玉：我一说，孩子们都说，我经常给孩子说，你们的娘有遗憾啊。

同期声：

常如玉：当初为什么去美国我跟你说，我从河大毕业，就把我分配到电厂小学当教师。我觉得没什么前途。

常香玉谈起小女儿当年不肯学戏，心中遗憾

同期声：

常香玉：她们一不走正路，自

己想怎么着就怎么着，我不跟她们说话。

同期声：

常如玉：我妈这么大名望她也不帮我，我回国内这么苦，这么难，干嘛呀。所以我就有一个机会，八五年出去了。

同期声：

常香玉：她就离开我了。

同期声：

常如玉：到今年五月四日整整18年。

同期声：

常香玉：一离开我，我俩没有共同语言了。

同期声：

常如玉：我以前觉得我妈就是一个冷血动物。

同期声：

常香玉：我现在不能理解也得理解了，我遗憾就在这儿了。

解说：

这次从美国回来，女儿决定留下来学母亲的戏。毕竟常香玉的癌症已经到了晚期，属于母女俩的时间都不多了。今天，她要去北京看望在那里治病的母亲。

常香玉北京住处内　门铃响女儿进屋　母女见面

常香玉打开录音机重温丈夫陈宪章的声音

同期声：

常香玉：进来。

常如玉：让我看看我的老母亲，哎呀，比我想的好。

常香玉：头发还没有掉光。

常如玉：妈妈，抱抱我的老母亲。妈，我饿了。

常香玉：有包子。把包子给小五热热。

常如玉：我晚上不能吃肉，怕胖。

常香玉：都是瘦肉。

常如玉：这次来，主要是伴奏带都做好了，想让您老人家听听，看看您满意不满意。

同期声：

常香玉：这个事业的成功可难啊。流汗，流泪，多少个晚上你睡不着觉，放在事业上。这个事业的成功必须要过这个难字啊。

常如玉：可是，你说我现在这个年纪，事情多了都在牵扯我啊。这样要是小孩，她总牵扯我啊。你说我又放不下她啊。

常香玉：你那就要和她说，妈妈事情多啊，妈妈没有那么多时间照顾你，你要原谅妈妈。

常如玉：你说，我又不能在那边照顾她。人家就是想每天和我聊聊天，说说话。你说我咋办？

常香玉：早晨起来的时间最宝贵了，你要和她说，我只能和你聊30分钟，然后就15分钟，然后就10分钟，和她说，妈妈事情多，妈妈只能做到这了。打电话一聊就个把小时，我从来最反对这些了。

常如玉：哎呀，太难了。我怎么办啊。

常香玉：一个人不能怕难，怕难你就不行。

常如玉：可是你说我都这么大岁数了，什么事情最怕受打击，你总说我不行。总这不行，那不行，那我还学啥。

常如玉在回家的车上

解说：

常如玉今年 47 岁了，她都不知道自己哪里来的勇气要学母亲的戏。一切并不容易，她感到自己的愿望在实现的时候，处处力不从心。从美国回来，常如玉没和母亲住在一起。她在郑州租了个房子，这次回国，她把 15 岁的女儿自己留在了美国。

常如玉家

解说：

网上聊天，是她和女儿的联络方式。现在，她或多或少地理解了妈妈的心情。2004 年的元旦就要到了，女儿从美国给她寄来了新年礼物。

常香玉与小女儿第一次同台演出

同期声：

常香玉：在美国很多人找她，外国人也找她，想写我的东西。我说不行，没理。

记者：比如说，想搞"香玉艺术中心"。

常香玉：不行。学问深的人家不搞这个，学问小的人，又搞不了。艺术这个东西，它也是很深的。

记者：是不是，有时小五更需要鼓励啊。

常香玉：光鼓励她也不行。

香玉杯颁奖晚会母女同台演出

同期声：

常香玉：大家都知道我是一个演员，可是我病了一年多。今天我应该唱，可是我没劲啊。现在就让我的小女儿给大家唱一段《花木兰》里开头的唱段，大家听听她唱的像我不像？谢谢了。

同期声：

常如玉唱：这几日……

解说：

这是常香玉第一次和女儿同台演出，或许也是最后一次。这么做她是为了圆女儿的心愿，或许也是为了了却丈夫陈宪章的心愿。

常香玉没能亲自回到出生地，只能观看拍摄回来的影像

家里母女俩聊天

同期声：

常如玉：哎呀，太难了，咋办啊。

常香玉：怕难，怕难你就不能成功。成功都过了这个难字啊。难过了才成功。

记者：前天，你和我说身体不理想。刚才还和我说，您遗嘱都立了。

常香玉：我不怕死，我怕受罪啊。

记者：那您在遗嘱里主要都说了什么内容？

常香玉：我主要是让孩子们团结好，工作好。早晚想起来自己是个中国人。想国家的需要，为国家、为人民多做事情。

郑州人民医院，手术室

解说：

常香玉病倒了，手术的目的也不过是为了减轻病灶给她带来的疼痛。

同期声：

常如玉：我父亲去世前到医院，最后一次到医院之前，他临上车的时候，他说小五是咱们两个人的孩子。说到这儿就说不下去了，后来我妈说的，我知道,你的意思是说她是咱俩的孩子,让我对她好一点。我爸爸点点头,因为我爸爸非常知道我母亲,她太遗憾了,没有人能继承下来。可是我不这么认为,我觉得什么叫绝,我觉得像我妈在豫剧这方面,她就是绝了。没有第二个常香玉了。

戏台上常香玉曾使用过的梳妆台等　常香玉在后台幕布前　大幕拉上

解说:

这些都是常香玉当年用过的台灯。什么都没有改变,常香玉知道不是所有的遗憾都能说清楚的。在这个舞台上常香玉表演了 40 年,她只记住了一句话,"戏比天大"。

总 顾 问:王健儒
艺术顾问:李　辉
总 策 划:王俊杰
总 编 导:王俊杰
编　　导:海　天　李冬冬
摄　　像:周润漪
编　　辑:敖　柏　张　莹
执行制片:李冬冬
总 监 制:冯　晨　迟秀才

HOME.GOING

浇鑄情感 傳承文化 超越自我 回歸心靈

席慕蓉·美丽乡愁

○ 2004 年 9 月,《席慕蓉·追寻梦土》获第十届全国少数民族题材电视"骏马奖"三等奖。

○ 2005 年 9 月,《席慕蓉·美丽乡愁》在第十七届吉林省电视文艺"丹顶鹤奖"评奖中,获专题文艺类一等奖。

○ 2005 年 9 月,《席慕蓉·美丽乡愁》在 2004 年吉林省广播电视节目评比中,获"电视社教评奖"专题类一等奖。

○ 2005 年 11 月,《席慕蓉·美丽乡愁》获评《中国印象——让世界了解中国》电视节目展映活动"最受电视观众喜爱的节目"。

○ 2006 年 9 月,《席慕蓉·美丽乡愁》获评 2006 年度中国电视纪录片短片提名作品。

编辑文案

同期声:

我出生在牧人家里,辽阔无边的草原,是抚育我成长的摇篮。养育我的这片土地,当我身躯一样珍惜。哺育我的那江河水,母亲的乳汁一样甘甜。这就是蒙古人,热爱故乡的人。

字幕:《离别》席慕蓉作品

解说:

父亲总是告诉我,故乡的歌是一支清远的笛,总在有月亮的晚上响起。

故乡的面貌却是一种模糊的怅惘,仿佛雾里的挥手别离。离别后,乡愁啊,是一棵没有年轮的树,永远不会老去。

同期声:

席慕蓉:世上很多人都在等待追求到他的原乡,我来的时候觉得我自己很幸运。我是生在中国的南方,从来没有见过自己的原乡,也就是像我《乡愁》里说,是一种模糊的一个唱法。但是1989年我46岁,1989年我46岁第一次,见到自己的原乡。

我现在要朗诵的这个是《父亲的草原母亲的河》。

父亲的草原母亲的河——父亲曾经形容那草原的清香,让它在天涯海角也从不能相忘。母亲总爱描摩那大河浩荡,奔流在内蒙古高原,我遥远的家乡。如今终于见到这辽阔大地,站在芬芳的草原上我泪落如雨。河水在传唱着祖先的祝福,保佑漂泊的孩子找到回家的路。

解说:

这是席慕蓉的父亲拉席敦多克。在家乡内蒙古察哈尔盟明安旗,拉席敦多克家世显赫。有一天他娶了那片草原上最后一代公主的女儿,后来因为连年的战乱,他不得不带着自己的妻子离开家乡,去了台湾。在异乡他的终身职业是教内蒙古语文,但察哈尔盟明安旗上的那片草原,再也没有出现在他的生命中。

席慕蓉寻访元上都遗址

采访:

那个墙啊就是了。

是,那个敖包在这里。

就是应该下车的。

解说:

这是我们第一次跟随席慕蓉回家乡内蒙古,而对于席慕蓉来说,自从她

1989年返乡之后，她每年都会在这个季节回乡采风。

同期声：

席慕蓉：我可能很想写一个，内蒙古家庭里长大的这么一个人，怎么回来找自己的原乡。比如我是觉得说，这算是一条路吧，一条寻找的路吧。停一下，哇，这里好看。

解说：

在内蒙古的传统礼俗中，到最远的边界来迎接客人是最尊贵的大礼。

同期声：

席慕蓉：有人问我说，你什么时候才有了想要回到内蒙古高原的念头？我现在，我的感觉是说，这渴望其实在我出生以前就有了。我一九六几年的时候在欧洲读书，而父亲刚好也在慕尼黑大学教书，所以一到寒暑假，我就坐火车去找我父亲。刚好那个大学的校区在割草，那我的父亲说，这多像老家的草香啊，好多年没有闻过了。然后呢，讲完了，然后我父亲就往前走了，因为我们在散步吗。当时我觉得很奇怪，我是觉得说，我以为我爸爸还要给我再讲一些关于草香的事，可是他就不讲了，他就继续往前走了。他是给他自己在说，他不是跟我在说，他说哎呀，多香呀，多好的草香啊，多像我们老家呀，好多年没闻到了，他是跟自己讲话。然后我忽然明白，就是说，一个从来没有见过家乡的女儿，是没有办法分担父亲的乡愁的。

解说：

这是童年的席慕蓉，她出生在四川，长在香港，然后跟随父母去了台湾。很多年之后，这个女孩写过关于家乡的一篇散文。她说我有时候会想，对于我的父亲来讲，四十年前，他在战火中仓皇离家，和长长的一生相比，或许他在内蒙古高原的家乡度过的，仅仅是一段不知忧患的时光罢了。但是我也知道从那时起，他的一生，从此就被切割成永远不能结合的两段。作为子女，我并不能说出些安慰的话，我却清晰地感觉到仿佛有些什么在我的心里慢慢浮起。

字幕:《思念》(席慕蓉作品)

同期声:

席慕蓉:我们每一个人心里面,都有这么一种渴望,可是当你是生活在这个族群里面的时候,你根本不觉得。你远离族群,或者你这个族群的生存,或者文化遭受到威胁的时候,那个东西就会出来,站在很远的地方,或者站在很近的地方呼唤你。

解说:

这是 80 年代的席慕蓉,这时候的席慕蓉斐声文坛,她的盛名不是因为她的美术作品,而是因为诗歌。有诗评家说,读席慕蓉的诗总是会有一种莫名的愁绪,那时候没有人知道席慕蓉有个美丽的内蒙古名字,更没有人知道席慕蓉的家乡是在遥远的内蒙古草原上。

同期声:

席慕蓉:我跟我父亲在慕尼黑大学的校园里散步,如果是 1965 年的话,隔了十四年,我写了那首《出塞曲》。有一个句子在我把纸摊开了,灯打开了,那个句子先出来,就是,那只有长城外才有的清香。所以,所以这是我父亲跟我说的,在 1965 年,在一个遥远的他乡,跟我说的关于我们原乡的一句话。那只有长城外才有的清香——所以 1979 年我就写了这首《出塞曲》。

记者:就是您刚刚说的那个渴望?

席慕蓉:所以我是这么写的,我说,请为我唱一首出塞曲,用那遗忘了的古老言语。请用美丽的颤音轻轻呼唤,我心中的大好河山。那只有长城外才有的清香,谁说出塞歌的调子都太悲凉?

我常常跟朋友说,我是一个迟到的旁听生,在蒙古高原上,我没有学籍,我也没有课本。没有

草原乡亲以至尊礼节迎接席慕蓉归来

学籍,是因为没有生在这块土地上;没有课本,是因为我不会自己的母语,不会自己的文字。

解说:

1989 年,席慕蓉终于来到自己的家乡内蒙古察哈尔盟明安旗。

同期声:

席慕蓉:背负着忧愁的大雁呐,你要飞向哪里?

我想去敖包山上一个人大哭一场,我想这大概就是我的目的。

就是说我这,对不起,我这半年其实不敢碰父亲这个题目,写都不敢写,因为我觉得一碰的话,可能都会止不住。

我能够终于可以踏上父亲的草原,我是他的孩子里面回到了老家的,他也很高兴就是他很欣喜,有一个孩子知道老家的草香是什么样的一种香。只有自己亲身站在老家的草地上,亲自闻到的那个东西,才会进到我们的心里面来。

解说:

1998 年,席慕蓉的父亲拉席敦多克在异乡去世,这时候距离席慕蓉回草原已经整整过去十年。但是在这十年中,拉席敦多克从来没有开口要求,让他女儿把自己带回朝思暮想的家乡。

同期声:

记者:我要问您一个问题,父亲那么热爱自己的家乡,他没有动过想要跟你一起回来的念头吗,他身体那么好?

席慕蓉:您问我这个问题的时候,其实我知道在我回来以前,我们内蒙古大学也曾经邀请过我父亲回来演讲。我不知

席慕蓉仰望故乡天空

道我父亲用什么样的理由,有礼貌的或者是委婉的理由推辞了,但是我父亲告诉我听的真正的理由,是他不舍得回来。他不舍得回来的原因是因为,他说这里有他最美好的记忆,他怕回来的时候,也许有些东西都不一样了,就连他最后剩下来的这个美好的记忆,都会因此而消失的话,他舍不得,所以他说他舍不得回来。

同期声:

讲述者:命名为上都的前后,可能逐渐建了这个城,这个地方临近皇城,离皇城宫城很近,北边朝的是内蒙古的那些宗王们。所以我说元上都是内蒙古人建立政权之后的建立的第一座真正意义上的都城,它就是都城,在夏天的时候会见外国的使臣,召见一些内蒙古的宗王。所以那些内蒙古的宗王,来了以后就住在这儿,就说明这儿是皇宫大臣住的地方。

席慕蓉:从上都到大都多少公里?

讲述者:现在是 400 多公里。

席慕蓉:400 多公里。

字幕:内蒙古元上都遗址

解说:

其实席慕蓉的家乡察哈尔盟明安旗这个名字早已在内蒙古草原上消失,如同 700 多年前,建立过的那个曾经如此辉煌和光彩夺目的王朝在这片废墟上根本无从追寻和想象。

但是席慕蓉的作品风格却完全改变,她曾经这样深情地描摹她的第一次返乡:我,就好像饥渴的人忽然在丰盛的宴席上看见了自己的名字,我终于狂喜地找到了自己的位置,我在草原上找到了长在心中的那棵树。

同期声:

席慕蓉:我 1989 年的时候已经 46 岁了,46 岁的人第一次踏上了原乡,我以为,我真的以为我只要去看了父亲的草原,看到了母亲的河,我就够了,我就是圆了我的这个回乡的梦了。可是在这些回家的路上,我逐渐地发现,好像还有好多东西在吸引我。我到了内蒙古高原上,我看到我的内蒙古朋友说他童年的经验,在草原上的经验,我没有。我在台湾这个岛屿上,看到我的台湾朋友带我回他的家乡,一条巷子里面出来的不是他的叔叔,就是他的伯父,或者是他的婶婶,跟这个人打招呼,跟那位打招呼,每个人

席慕蓉漫步草原上眺望远方

都叫得出他的小名,还会问他,你父母好吗?最近怎么样呢?会有这样子的一个一个生命现场,我没有,我没有。可是这个东西,就是说这种我可以有很多,我成长的学习吧,或者是我回来走路吧,我回来去蒙古高原很多地方吧,我用这样的一个努力,来弥补我从前没有的很多东西。好像是我现在是握到了,可是我真的觉得,生命本身它有一个欠缺。

同期声:

席慕蓉:我可以摸一下城门吗?

专家:哦可以可以可以。

席慕蓉:真的?

专家:元朝的都址,这是 1256 年到现在。

席慕蓉:1256 到现在啊,800 多年了吧? 我刚刚叫人家不准摸那个柱子,我城门城墙摸一下吧。

解说:

为了了解内蒙古元上都的历史,席慕蓉特意邀请了历史学专家陪同寻访旧址。

同期声:

席慕蓉:啊,这儿是斜上去的,它是故意有点斜的,它是为了底下稳吗?

专家:是的是的,城墙不是直上直下的,所有的城墙都不是直上直下的,

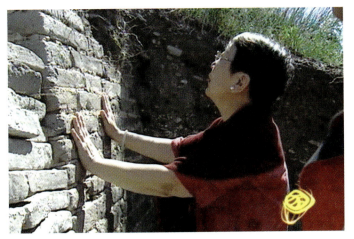
席慕蓉抚摸元代古城墙感受历史

底下是三层石条。特别像这边有的，那是里面用的旧的石条，上面刻的那花纹特别漂亮。

席慕蓉：哦，真的，它给砌在墙里面去了。

解说：

席慕蓉告诉我，其实她并不指望从此就能够成为真正的内蒙古人，只是这样做，常常会让她获得一种幸福感。她可以不断地去贴近她缺失的历史和记忆。因为有的时候，所谓乡愁或许只是问问亲人，今年夏天，草长了没有。

同期声：

席慕蓉：其实，其实我没有家，当然我有家庭，我有爱我的家人，可是我没有一个又出生在那里，然后又在那里生长成长的土地，我没有。有一代人都跟我一样，有这么一代人，是一直在回家的路上走的人，一直，一直在寻找。对家的就是那种欠缺感，跟那种满足感是同时发生的。就是说我找到家了，可是同时呢，我又很美慕那个本来就在家乡生活的人，所以我变成，就是一个一直不断地走在回家的路上的人。而我用什么方式来建构我自己的家乡呢？

同期声：

家乡人：先尝尝，解渴。然后呢，用这个许愿。

席慕蓉：啊好啊。我还可以尝两口吗？

家乡人：这首歌其实是特地献给席老师的，歌词的大意是，为了读书成为有用之才吧，当丢弃家乡的父亲和母亲奔向远方，当我学成归来的时候，我将以最最隆重的礼仪来回报我的家乡，向我的父亲和母亲献上我最诚挚的问候。

解说：

当我一开始选择这首歌作为主题曲的时候，我只是觉得它仿佛有草原的味道，我认为没有哪一首关于家乡的歌曲能被演绎得如此动听。但是当我跟随席慕蓉在旅程中一次又一次地在草原上虔诚膜拜和接受礼遇的时候，我才突然明白无论是席慕蓉还是这歌声，打动我的不仅仅是动听和诉说，更是他们各自对于故乡深沉的迷恋和骄傲。

同期声：

席慕蓉：有这么一代一直在寻找一条回家路的人，但是每一个人的回家的路都是不一样的。我想您做这个《回家》这个栏目，您今天来访问我，这个意思其实就是在这里吧。就是说，你们就是在跟着一个一个一个人，走回到他一个一个的家乡吧。今天如果说，我作为一个内蒙古高原的子孙，坐在这个元上都遗址的土地上，我要跟你讲的关于我有家或者我没家，我的矛盾我的乡愁，这都是小事，都是小事。我今天真正坐在这里，接受您的访问，我真的很希望您不要把我下面这一句话删掉：我希望所有的中国人能够了解，内蒙古民族在这块广大的内蒙古高原上，它心里面想什么。

同期声：

席慕蓉：请为我唱一首出塞曲，用那遗忘了的古老言语。请用美丽的颤音轻轻呼唤，我心中的大好河山。那只有长城外才有的清香，谁说出塞歌的调子都太悲凉？

同期声：

席慕蓉：您是怎么说的呢？没有山河的记忆等于没有记忆，没有记忆的山河等于没有山河，我可真是两者皆无啦。在故乡这座课堂里，我只能是个迟来的旁听生，只能在边缘的位置上静静地坐下……

总 顾 问：王健儒

艺术顾问：李　辉

总 策 划：王俊杰

总 编 导：王俊杰

编 　 导：马　莉　葛维国

摄 　 像：郭　雷

编 　 辑：敖　柏　张　莹　刘　倩

执行制片：李冬冬

总 监 制：冯　晨　迟秀才

席慕蓉在故乡的草原上

三、《回家》相关文献链接

大型文化纪实节目《回家》策划书

真情释放,
心灵回归,
超越自我,
感悟人生。
亲情、爱情、乡情、友情,
记述着人类情感世界的阴晴圆缺和聚散离合。
寻觅、企盼、忧伤、喜悦,
演绎着人类情感世界的苦辣酸甜和丰富内涵。
精神的超拔,心灵的震撼,
《回家》带您走入人间真情地带!

节目主旨

平视名人鲜花掌声背后的至真情感,挖掘百姓平民生活当中的感人故事。每期以一人物(名人为主)的情感线索为策划支点,以其回故乡(出生地、老家、上学或工作过的地方)的真情实感为基础,寻找其情感落点和动人故事,以此张扬人间真情的可贵。力求展现人性人情的距离美和缺陷美,体现人性的魅力和人情的感染力。

节目说明

节目性质: 情感类纪实节目

节目长度: 30 分钟

节目风格: 质朴 厚重 凝炼 雅致

节目构架: 根据人物不同的情感线索、心路历程、人生图景、职业特征结构其节目框架, 注重点（成名点）、线（情感线索）、面（人生轨迹）的有机结合, 力求在架构方式上纵横交错, 动静结合, 张驰有度, 层次分明。

操作方式: 纪实性手法, 情节化结构, 人物化串连, 多元化表现形式。

策划阐述

世间最让人感动的, 莫过于发自内心、未经修饰、自然流露的真情。在通讯科技也强调"以人为本"的今天, 电视节目除了讲究华丽炫目的包装, 还需要把握时代的主潮, 将我们的摄像机伸向人的平凡生活中去, 观照他们的生活情态, 反映他们的喜怒哀乐, 并从中熔铸出新的思考。节目在满足观众视听享受之外, 如何使内容更贴近他们的内心世界, 让观众有情真意切的感受, 这是原创节目引人入胜的关键。情感类纪实节目《回家》的策划定位, 正是缘于对人类真实情感的诉求, 对人性魅力的挖掘。当然, 也基于对当今电视文化的理解和认识。

改革开放的大潮推动了社会生活的巨变, 也促进了文化的快速发展。文化的融合、文化的撞击、文化的超越、文化的交融杂汇, 已成为现今文化发展的时代特征。今天, 人们对文化内涵的诠释, 变得更加繁琐复杂。大众文化和高雅文化的概念区分及其所呈现的文化状态, 似乎已把人们带入了一个全新的、既有传统文化观念又具现代文化意识的社会文化氛围之中。人们对文化状态的感悟, 对文化意识的思辨, 不同程度地影响着文化产品的创作和生产, 也影响着大众的文化价值取向和审美心理需求。从大文化的理念上看,《回家》不仅仅是一个情感类节目, 准确地讲, 它又是一个文化性节目。相对于现在较为受宠的综艺节目,《回家》蕴含着较深厚的人文关怀和文化意味, 是大众文化表象的深层体现和平民意识的具体反映。因此, 它将不容置疑地融入现今的社会文化生活之中。应该说,《回家》既是市井人生平凡生活的真实体现,又是文化之旅的探寻。它的创意缘于大众平民意识和文化精英意识的结合。

电视屏幕的丰富多彩,体现着电视文化的勃勃生机。电视文化是一种新型文化样式,是电视与文化嫁接的文化新品种。电视文化的生产与传播、电视文化的消费以及双方互动所形成的文化效应和社会效应,已使其成为当今社会文化独一无二的载体。从这个意义上讲,一档电视文化栏目的成功,取决于坚实、丰厚的文化基础和社会基础。一般来说,电视节目成功的主要因素就是观众的需求度,而观众的需求和回馈,即充分反映了现时下的文化氛围和社会背景。就电视节目策划而言,电视节目的"卖点",就是社会文化生活中的热点,就是其节目最具吸引力的个性化品质特征和独特的文化定位。换言之,成功的电视栏目,就是挖掘出了具有社会文化特征、深受观众喜爱的卖点。

综合我国电视文化类节目现状而言,深受观众普遍喜爱的莫过于三类节目:一是电视剧,二是综艺类的娱乐节目,再就是情感类的电视栏目。而情感类的电视栏目,现在较为知名的有央视的《朋友》《艺术人生》、湘视的《真情》等。这几档栏目占据了专栏节目较大的市场份额和较高的收视率,明显地反映了观众的收视走向。在这个背景下,《回家》节目的策划定位,就是顺应观众收视心理、把握电视文化栏目发展脉络的一次尝试。《回家》与其他几档情感类栏目相比,有所趋同,但却独具特色,其根本就在于主题定位及表现手段和形式上的不同。在拍摄手法上,《朋友》《艺术人生》《真情》均是在演播室摄制完成的,情感的坦露依靠的是语言的再现,而《回家》则是在实地拍摄,情感的坦露完全是真实的表现。真实就有生命力、感染力。这又使我们不得不提及《回家》所采用的纪实手法。纪实手法讲求真实自然地记录原生态的生活流程,但这并不是照相式的自然主义的反映生活,而是要经过精心提炼和打造,将偶发性的、随意性的但富于个性特征和反映生活本质的情态和细节,如实地展现在观众面前。《回家》将本着有点可控、有迹可寻、真情流露的原则,展示人物在特定个体成长背景下的心路历程。但作为一个电视艺术产品,其创作不能仅仅停留在生活流程和琐碎小事的简单堆砌、展示上,要在人物内心世界的展露、真情实感的挖掘、精神境界的讴歌、艺术意境的捕捉等方面更具深度和广度,更加细致入微。注重故事上的"原汁原味"和手法上的"艺术再现",使其更具可看性,更具收视吸引力和艺术感染力。

《回家》栏目的策划,不仅在于表现手段和形式上的突破,更主要的是题材的定位。《回家》与其他几档知名的情感栏目比较,其情感落点更为明确,情感线索更加清晰。

从 20 世纪兴起的回归概念,到人们独立自我意识越来越强的今天,关于生命终极的讨论越来越多。但殊途同归,精神家园的建立,情感的皈依都扣在回家之上。今天,高速发展的信息时代,人们在享受物质文明的同时,也在精神生活方面感受到前所未有的疏离和匮乏。亲情、爱情、乡情、友情的现实演绎都发生了微妙的变化,在社会快速发展、生活节奏加快的压力冲击下,人们的呼吸空间相对局促,渴望抚慰、呼唤真情、寻求安逸、平和心境的心理越发强烈。对于现代人来讲,家是最遥远的地方,也是最亲近的地方,有亲情的人与人之间更需要交流和沟通。2000 年春节晚会上的一首《常回家看看》一唱即火,迅速广泛传唱就是一个很好的例证。

"穷达尽为身外事,升沉不改故人情。"人什么东西都可以丢弃,只有自己所经历的人生轨迹和对家乡、对亲人的依恋及归宿感无法抛弃。有人说,故乡和家庭带给个人的影响是无法估量的,也是无处不在的。这种影响有时候更像是一种烙印,深藏在血缘的底里。这就是《回家》节目所要打造的情感卖点,也是《回家》节目力求展现人性人情的距离美、缺陷美,体现人性魅力和人情感染力的主题定位。

在众多的情感类节目中,如何能创造出自己节目的独特品质,又能满足观众的需求,这是一个节目能否成功的关键因素。《回家》节目的策划,另辟蹊径,将节目定位在"纪实手法、深度挖掘、真情实感、艺术再现"并切合世纪之交人们的怀旧和回归心理,在节目中通过人物"回家"过程中所体现出的刻骨铭心的情感经历和跌宕起伏的人生往事,充分反映生命的多彩和真情的可贵。这样的节目定位独特又易于辩识,既抛弃了因内容过多而带来的枝蔓和负荷,又找到了与其他情感类节目的区别点和观众的兴奋点,显示出节目的独特个性。

《回家》节目,还在于它为选题提供了一个取之不尽的源泉,一个游刃有余的框架,一个跨时空、跨地域的人文空间,一个职业特征各异的人物背景，一个不同个体成长背景下的情感故事。

名人效应是《回家》，节目的着眼点之一，也是注意力经济的诉求点之一。在近几年的收视节目中名人效应广为运用，也收到了一定回馈。但凡是类型化或模式化的文化产品都有保鲜期和饱和期。常变常新是市场对产品的要求。现阶段的娱乐综艺节目或文艺版块对名人的开发已达基本饱和状态，仅是对于名人或文化现象的单向铺陈已不能产生新注意力的收视效果。创意《回家》是我们坐下来思考、又站起来放眼后的结果。

以社会人群的中坚力量为我们的主要对象，使节目趋于潮流、趋于前沿。以古典的心朝向永恒的情感主题，使我们富于思索，可以沉淀。回家是人类共有的情感活动。聚光灯下的名人们需要回家，城市再喧嚣，人心再浮躁，总还有家可以让你温暖，让你安宁，让你自由。平凡生活中的人们需要回家，因为那里有爱自己和自己爱的人，那里是钢筋水泥的丛林中最安全的角落。名人们常常由于过分忙碌难得回家，凡人们常常在荧屏前揣测名人不同一般的光鲜生活。名人也是凡人，他们也要回家。名人是从凡人开始的，每一个今天的他都由过去堆积而成。当你随摄像机镜头跟随他们向来路回溯，你会知道他曾有过怎样的经历，怎样的背景，他如何成长为今日的他。如果说名人是我们的主体对象，成名就是我们选取的切入点，而"回家"所引发的系列深思就是我们的情感线，最终为你展现的是他的人生图景、成长轨迹。名人《回家》不同于明星娱乐节目的浅层交流，他在用真情实感完成节目内部角色人群和外部受众群体的双重互动，从而达到理性与感性的最佳融合。

具备注意力经济特色的着眼点、理性的结构方式、感性的编导意识将使《回家》具有新型创意思维指导下的现代话语色彩和节目亲和力，相信它将会成为电视艺术的新亮点。

2001 年 11 月 11 日于长春

大型文化纪实节目《回家》实施方案

节目定位

一、主题定位

（一）情感定位

以亲情、爱情、友情、乡情为基础定位，以"回家"为切入点，通过不同人物（个体）或事件（群体）所展现出的情感线索和故事为着眼点，记述人类情感世界的阴晴圆缺、悲欢离合，诠释人类情感世界的喜怒哀乐、苦辣酸甜。力求体现人性的魅力和人情的感染力，讴歌世间的真善美，展示人性的缺陷美和人情的距离美。

（二）文化定位

强调名人效应和文化精神，拓展节目的广度和深度。以社会广泛认同的，并做出突出贡献的社会各界知名人士为主，区分名人和明星的效应和内涵。对演艺界明星有比例地慎重选择，对老一辈名人重点关注，以抢救即将流失的文化遗产，增加历史价值和文化含量，提高节目品位和档次。力求所有选题体现其文化意味和人文关怀，使其具有坚实的、深厚的社会基础和文化基础。

（三）政治定位

节目在充分体现中华民族传统美德和社会与时代所张扬、倡导的"真善美"的同时，以台湾同胞"思乡"和"回家"的真实素材，展示两岸统一、台湾回归的"卖点"，以提高栏目的政治内涵和思想深度。通过展现海内外华人，特别是台湾同胞的骨肉之情来间接体现"一国两制、和平统一"的方针及海峡两岸共盼团圆的迫切心愿。

二、风格定位

（一）总体风格

节目追求质朴、厚重、凝练、雅致，通过整体的策划包装来塑造和统一节目形象。在统一风格的基础上，逐渐形成不同类人物的编制模式和艺术手法，使其在注重本质特征的同时，又强调内在和外在的文化品格，形成栏目自身特有的风格特征和品牌形象。

（二）架构形态

纪实手法的专题片构架，赋以栏目化包装。根据不同人物的职业特征、情感线索、心路历程、人生图景构建节目框架。强调纪实性手法、情节化结构、人物化串联和多元化表现形式，以平视名人鲜花掌声背后的至真情感、挖掘百姓生活当中的感人故事为基调，注重大众欣赏情趣和审美价值取向，贴近百姓，以百姓视角来记述名人生活及其真情实感。力求通过点（成名点）、线（情感线）、面（人生图景和心路历程）的有机结合，充分体现《回家》节目的策划理念。

（三）表现形式

以实地拍摄、现场访谈、资料运用、成就展示等为基本编制素材，通过画面的比例变化、色彩变幻、镜头角度以及活动画面、文字画面、旁白解说、同期声等多种手段和方法，辅以栏目头、宣传片、片花以及特定的艺术隔断和个体性隔断的运用及音乐、歌曲、MTV的有机结合，使节目具有较强的文化意味和现代话语色彩，成为一个历史的立体构架和现实的文献笔记。

（四）形象包装

节目使用统一的标识、栏目头、片花、宣传片、主题曲和主题歌。主题歌安排在节目尾使用，以MTV的形式（将节目固定画面和每期特有画面相结合）贯穿结尾。

三、收视定位

《回家》作为大型文化纪实节目，它的收视率"卖点"，就在其主题定位所体现的文化性和节目的纪实风格以及突出的名人效应。就其文化性来讲，取决于坚实、丰厚的文化基础和社会基础。我们认为节目收视的"卖点"，就应该是社会文化生活的热点，也就是节目最具吸引力的个性的品质特征和独特的文化定位。

就目前我国电视文化类节目现状而言，文化性和情感类的栏目，普遍倍受关注，有着较为显著的市场份额和收视率，明显地反映了观众的收视走向，如央视的《艺术人生》《朋友》等。在这个背景下，《回家》的节目定位就是顺应观众收视心理，把握电视文化发展脉络的一次尝试。

《回家》与其他几档情感类节目相比，有所趋同，但却独具特色，其根本就在于主题定位及表现手段和形式上的不同。在拍摄手法上，《朋友》《艺术人生》《真情》等均是在演播室完成的。情感的坦露依靠的是语言的再现，而《回家》则是在实地拍摄、现场访谈，情感的坦露完全是真实的表现。我们本着有点可挖、有迹可寻、自然流露、真情释放的操作原则，将偶发性的、随意性的但高于个性特征和反映生活本质情趣的情态和细节，如实地展现给观众，使其人物内心世界的展露、真情实感的挖掘、精神境界的讴歌、艺术意境的捕捉等方面更具深度和广度，更加细致入微，更具收视吸引力和艺术感染力。《回家》不同于明星娱乐节目的浅层交流，它在用真情实感完成节目内部角色和外部受众群体的双重互动，从而达到理性与感性的最佳融合。

从定位上看，《回家》节目的收视群体既有其较明显的指向性，又具有其兼顾性。从节目的情感定位来讲，其平民意识和文化意识的卖点，具有较普遍的收视吸引力和一定规模的收视群体。根据选题分类和播出频率又会形成多元化的收视格局和不同的收视群体，具有较明显的收视特征和收视流向。

从收视群体来看，具备一定文化素质的观众占收视主体，以20岁以上的中青年为主。

后续效应

具备注意力经济特色的着眼点、理性的结构方式、感性的编导意识，使《回家》具有新型创意思维指导下的现代话语色彩和节目亲和力，并具有前景可观的发展潜质和后续效应。

我们力求走在电视文化发展的前沿，把《回家》办成具有丰富内涵和高尚品位、具有历史价值和文化意味的节目。从前期拍摄到后期制作，从品牌包装到节目推介，我们力求高起点、高标准，以社会效益和经济效益双重标准来考量节目的长期效益和发展方向。从两个效益来讲,一是打造吉林卫视的品牌形象;二是积累和珍藏具有历史价值和文化价值的节目素材;三是为获奖作品积累素材和选题;四是探索和总结异地操作节目的经验和教训;五是培养人才,锻炼队伍,扩充我台业务骨干的储备;六是栏目成熟后,可尝试市场化运作,以求得后续的经济效益;七是节目作为电视产品成熟之后,可考虑副产品的开发,如书籍、VCD 的出版等。

　　总之,我们要以两个效益为宗旨,精心培育,强力打造,把节目的运作当成一个系列精品工程,把《回家》看作是一个品牌,力争通过电视、报刊、音像、图书的联动,使其所拍摄的节目形成系列化产品,成为国内电视节目的一个亮点。期望十年后我们再回首这个节目时,它同样是精品,同样蕴含着深刻的思想内涵和厚重的历史文化价值。

　　《回家》节目的实施,是一个系列文化工程,又是一次文化之旅的探寻。作为主创人员,我们对此充满信心和憧憬,这主要在于它为选题提供了一个取之不尽的源泉,一个游刃有余的框架,一个职业特征各异的人物背景,一个不同个体成长下的情感故事,一个跨时空、跨地域的人文空间,一个历史和现实交互相映的文化契合点。

　　《回家》既是一首具有文化意义和人生韵味的抒情诗,从某种意义上说,又是一部值得珍藏的历史文献档案。

2001 年 11 月 11 日于长春

大型文化纪实节目《回家》大事记

2001年11月11日,《回家》节目策划案完成。

2002年3月3日,《回家》节目吉林电视台审批立项。

2002年3月15日,《回家》节目组正式成立,从此驻扎京城。

2002年3月28日,《回家》节目组赶赴宁波,首次开机拍摄《冯骥才·故乡情结》。

2002年8月25日,《回家》节目在北京举行推介会,国家相关部委、新闻媒体、领导、专家和记者到会并对节目予以充分肯定。

2002年9月1日,《回家》节目于当日20:40分在吉林卫视首播。

2002年11月24日,《回家》独家以影像方式为文坛巨匠巴金庆贺九十九岁生日。

2003年8月28日,《人民日报》以大幅版面对《回家》节目进行了专题评介。

2003年9月15日,《回家》电视文学系列丛书(二卷本)及《激情纪实——〈回家〉节目艺术论》由生活·读书·新知三联书店在全国出版发行。

2003年9月24日,《回家》节目赴香港国际影视展参展并举行推介会,取得较大成功,引起香港各界的关注,多家媒体予以报道。

2003年10月23日,《回家》节目组作为中联办指定媒体,独家跟踪拍摄香港影视演艺界百人访京团活动,播出了特别节目《情悦北京》。

2004年6月6日,《回家》节目独家记录了常香玉在生命中的最后一段时光,在其追悼会之际,率先播出了特别节目《常香玉·木兰绝唱》。

2004年7月4日,《回家》节目为庆祝香港回归七周年独家拍摄播出十集系列节目《香港季·嘉年华》，霍英东、曾宪梓、曾志伟、陈亚琼等香港各界名流参加了节目拍摄，在香港引起较大反响。

2005年6月1日，经过两年拍摄制作，《回家》特别节目七集纪录片《常香玉》相继在吉林卫视、凤凰卫视、中央电视台播出，获得社会广泛关注。

2006年7月23日，中国电视艺术委员会、《中国电视》杂志在北京召开"打造电视精品　传播先进文化"——《回家》节目研讨会，国家有关部委领导和专家给予《回家》节目高度评价。

2006年8月10日，《回家》获中国广播电视（纪录片）大奖，至此《回家》节目实现了中国电视文艺最高奖"三连冠"。

2006年9月1日，《回家》系列丛书（四册）由中国青年出版社在全国出版发行。

2006年12月8日，《人民日报》再次以大幅版面对《回家》节目进行了专题评介。

2007年5月20日，《回家》摄制组赴香港拍摄香港回归十周年特辑。

2007年8月12日，《回家》推出纪念全民族抗战七十周年特辑《风中城》。

2007年12月1日，《回家》系列丛书（六册）由中国青年出版社在全

国出版发行。

2008 年 3 月 16 日,《回家》推出纪念改革开放三十周年特辑《春天,我的 1978》。

2009 年 10 月 1 日,《回家》推出纪念新中国成立六十周年特辑《大中国, 1949》。

2010 年 5 月 23 日,《回家》推出现代文化巨匠系列《百年面孔》之《梁思成·大匠之惑》。

2010 年 8 月 22 日,《回家》推出纪念焦菊隐先生诞辰一百〇五周年特辑《蕉菊隐·荆棘之林》。

2010 年 9 月 26 日,《回家》推出纪念吴冠中先生逝世特辑《吴冠中·不负丹青》。片子记录了吴冠中先生生命的最后一段时光。

2011 年 7 月 30 日,《回家》制作的现当代文化巨匠系列《百年面孔》之《老舍传》,在央视纪录片频道播出。

2011 年 9 月 6 日,《回家》制作的现当代文化巨匠系列《百年面孔》之《曹禺传》,在央视纪录片频道播出。

2011 年 10 月 23 日,《回家》推出纪念辛亥革命一百周年特辑《风起云涌》。

2011 年 12 月 7 日,时任中央政治局委员、中央书记处书记、中宣部部长刘云山同志在中央宣传部《文艺信息》第 79 期"吉林电视台精品节目《回家》十年传承先进文化"信息上批示:吉林电视台《回家》栏目受到各方好评,对他们的经验和做法可予总结,治理荧屏低俗之风,除了加强监管,还要总结推广表彰一批办得好的栏目,有正面典型引导,有明确的规范要求,荧屏的局面就可以大大改观。

2011 年 12 月,时任吉林省委常委、宣传部长荀凤栖同志批示:省委宣传部召集新闻单位座谈会传达学习云山同志批示精神,总结交流《回家》栏目的经验:(1)推进全省净化荧屏版面工作。(2)宣传报导《回家》栏目制作的指导思想成果和经验体会。(3)研究制定充分利用《回家》节目成果,扩大经济效益和社会效益的方案。

2012 年 2 月 26 日,《回家》推出现当代文化巨匠系列《百年面孔》之《张伯苓传》。

2012 年 7 月 8 日,《回家》推出现当代文化巨匠系列《百年面孔》之《丁玲传》。

2012 年 11 月 25 日,《回家》推出现当代文化巨匠系列《百年面孔》之《蔡元培传》。

2013 年 10 月 6 日,《回家》推出抗战南迁时期浙大文化精英特辑《湄潭旧事》。

2013 年 11 月 3 日,《回家》推出纪念东北抗战历史特辑《青春一九三零》。

2013 年 12 月,《回家》荣获中国广播影视大奖·广播电视节目奖（第二十三届电视文艺"星光奖"）"优秀栏目成就奖"。该奖项评选条件极为严格,入选对象必须是多次并且连续获得过"星光奖"大奖的电视栏目,全国符合此条件的电视栏目仅七个。

2014 年 3 月 16 日,《回家》推出现当代文化巨匠系列《百年面孔》之《林徽因传》。

2015 年 5 月 17 日,《回家》推出现当代文化巨匠系列《百年面孔》之《张爱玲传》。

2016 年 9 月 20 日,《回家》推出揭露 731 部队丑恶罪行的纪录特辑《寻找 731》,以此呼吁铭记历史、珍爱和平。

2017 年 3 月 7 日,《回家》推出庆祝妇女节"魅力"特辑《芳菲伊人》。

2017 年 8 月 7 日,《回家》陆续推出中国学者系列节目,记录了包括叶嘉莹、樊锦诗、王尧、李学勤、程毅中等学者的人生故事与心路历程。

2017 年 10 月 13 日,《回家》团队拍摄的纪录片《黄大年》在央视播出。

2018 年 2 月 3 日,《回家》推出传统文艺系列特辑《弦歌雅韵》。

大型文化纪实节目《回家》获奖名录

1.《焦波·俺爹俺娘》·2002 年度·第十七届中国电视文艺"星光奖"专题节目一等奖

2.《余光中·两岸情思》·2002 年度·"中国彩虹奖"栏目类节目二等奖

3.《回家》栏目·2002 年度·第十七届中国电视文艺"星光奖"优秀栏目奖

4.《余光中·两岸情思》·2003 年度·第二十一届中国电视"金鹰奖"专题节目优秀作品奖

5.《常香玉·木兰绝唱》·2003 年度·第十八届中国电视文艺"星光奖"专题节目一等奖

6.《回家》栏目·2003 年度·第十八届中国电视文艺"星光奖"优秀栏目奖

7.《赵季平·似水流年》·2003 年度·第十八届中国电视文艺"星光奖"专题节目二等奖

8.《常香玉·木兰绝唱》·2003 年度·第十届中国电视纪录片"学术奖"短片一等奖

9.《回家》摄制组·2004 年·中国广播电视学会授予"优秀摄制组"称号

10.《席慕蓉·追寻梦土》·2004 年度·第十届全国少数民族题材电视"骏马奖"三等奖

11.《赵季平·似水流年》·2005 年·中国电视纪录片入围作品奖

12.《陈逸飞·海上旧梦》·2005

年·中国电视纪录片入围作
品奖

13.《席慕蓉·美丽乡愁》·2005 年·第八届四川电视节《中国印象——让世界了解中国》电视节目展映活动"最受电视观众喜爱的节目"

14.《常香玉》·2006 年·中国广播影视大奖广播电视节目奖（第十九届电视文艺"星光奖"）优秀纪录片奖

15.《杨贵·愚公移山》·2006 年·中国电视纪录片短片"十佳作品"奖

16.《回家》栏目·2006 年·在全国优秀文化（文艺）栏目推选中获得优秀电视文化（文艺）栏目称号

17. 大型文化纪实栏目《回家》研发方案·2006 年·《回家》研发方案被中国广播电视协会评定为二等创优研发项目

18.《回家》栏目·2008 年·美国《哥伦比亚新闻评论》中文版及其独立评选委员会授予《回家》栏目"中国标杆品牌"荣誉称号（文化类唯一电视节目）

19.《回家》栏目·2009 年·入选"新中国 60 年有影响的 60 个广播电视栏目"

20.《回家》栏目·2009 年·第二十一届"星光奖"电视文艺栏目大奖

21.《回家》栏目·2010 年·经由 12 所中国著名大学的新闻学院联合评选，荣获首届中国电视"博雅奖"

22.《回家》栏目·2011 年·2010 年度十佳中国电视纪实栏目

23.《吴冠中·不负丹青》·2011 年·2010 年度中国电视纪录片系列片十优作品

24.《夏衍·谦谦君子》·2011 年·荣获中国广播电视协会"红旗飘飘九十年"经典中国红色纪录片精品作品

25.《贺友直·浮世白描》·2012 年·第十八届中国电视纪录片短片十佳作品

26.《张伯苓传》·2012 年·第八届"中国纪录片国际选片会"十大纪录片奖

27.《丁玲传》·2013 年·第七届"纪录·中国"创优评析文献类二等节目

28.《回家》栏目·2013 年·栏目（节目）形象宣传片三等创优荧屏导视奖

29.《回家》栏目·2013 年·中国广播影视大奖优秀栏目成就奖

30.《丁玲传》·2013 年·中国广播影视大奖电视纪录片大奖

31.《青春一九三零》·2014 年·第二十七届中国电视"金鹰奖"优秀电视纪录片奖

32.《青春一九三零》·2014 年·第二十届中国电视纪录片年度收藏作品（系列片）并捐赠中央档案馆

33.《青春一九三零》·2015 年·"让历史告诉未来"中国人民抗日战争全纪录主题活动系列片一等奖

34.《林徽因传》·2015 年·第二十一届中国电视纪录片系列片十优作品

35.《青春致敬青春》·2015 年·第十三届"金熊猫"奖国际纪录片评选活动人文类入围奖

36.《回家》栏目·2015 年度·国产纪录片及创作人才扶持项目优秀栏目

37.《青春一九三零》·2016 年·第十二届世界反法西斯共同胜利国际电影节纪念奖

2008 年美国《哥伦比亚新闻评论》中文版及其独立评选委员会授
予《回家》栏目"中国标杆品牌"荣誉称号（文化类唯一电视节目）

下卷　跋涉之途

一、广播电视论述

有声岁月

——东北亚音乐台开播五周年感怀

　　春花、夏夜、秋月、冬雪,在大自然和谐的律动中,我们感受到了岁月的流逝。五年的岁月不算长,然而对于一个五岁的孩子来讲,每一天,每一年,一千八百多个日日夜夜里的变化又是多么的不同。何况还包裹着那颗鲜活跳动的心,交融着五年的青春、泪水和欢笑。阳光下那蓬勃的热情,月光下那温柔的话语,时间空谷里那飘荡着的歌声,都已留在了记忆的深处……

　　有人说,盯住一个浪头,便盯住了一段遥远的路程。我们也曾在时空里为我们自己的路程设定了坐标经纬:"一九九四年元月一日——一九九九年元月一日。"从无到有,在这座城市繁星灿烂的上空,我们从有限中创造了无限。

　　过去,我们曾感叹岁月的无声、无痕,而这忧欢交织的五年,这梵音不去、雅乐长相伴的五年,这早已被岁月铭刻成永恒的五年,却让岁月不再无声,只为那一声温暖、响亮的呼号:东北亚音乐台。

昨日之歌

　　昨日,我们曾为了希望去播种;昨日,我们曾为了理想去耕耘。五年前的那个仲夏,几个踌躇满志的年轻人在聊侃的意兴阑珊中撩拨着梦想,同样做广播这一行,南方经济文化发达城市的音乐广播已经把都市装点上浓浓的色彩,而北方却仍囿困于传统生活模式之中。自诩是文化城市却空守着一片寂寞的夜空……几个星期后,令我们兴奋的是,这悄然孕育中的构想,却引发了同行们极大关注，领导们也为之赞叹不已。一个月以后，第一张二十四小时全天播出的节目时间表诞生了；六个月以后，时针指向了一九九四年一月一日9时27分，第一个旨在覆盖东北亚地区的专业性电台——东北亚音乐台的呼号响彻在广袤大地的上空。一道亮丽的彩虹照亮了沉沉夜色，春城的夜空从此不再寂寞。

有人说往事不堪回首，可我们在回眸之间却充满了欣慰与喜悦。短短五年之间，我们已从稚嫩走向了成熟。三次成功的节目改版，使我们节目的架构日益完善；"雅、新、全、活"的节目特色得以全面贯彻；二十余项大型社会文化活动的策划和主办，让我们有了更大的施展空间；影响波及全省乃至全国。

留连于往昔的岁月，我们感怀不已。曾记否，首播时电台门前那人头攒动的激动时刻；曾记否，歌咏比赛文化广场上那人如海、歌如潮的热烈场面。还记得那位登上我们《百首歌曲唱中华》舞台的双鬓斑白、手拄拐杖的老人么？还记得那个走上《华丹音乐未来之星》赛场的三岁娃娃么？我们不曾忘记《精神文明之光》歌曲征集的那上千首名家作品；我们不曾忘记《文艺精品工程》展播后听众们那热情的反馈……

当我们获得了"十佳"的荣誉证书；当我们接过了长白山"文艺奖"的奖牌；当我们迎来"五个一工程"的大奖；当我们接受"国际广播音乐节"对我们的表彰……我们的眼里饱含着泪水，我们的心底涌动着激情，因为我们懂得肩上的担子还很重、很重，我们知道今后的道路还很长、很长。

五年之间，我们大胆求新、求变，我们艰难探索、借鉴。我们坚持"强化民族音乐、活化古典音乐、净化通俗音乐"的编播指导思想，树立精品意识，塑造

东北亚广播电台开播五周年音乐会

主持人的个性化风格,提高了节目的整体水平,打响了东北亚音乐台的知名度。我们还通过与世界一些国家和地区的节目交流及演出活动打开了听众的外部空间,拓宽了听众的视野,扩展了我们的市场。

五年之间,东北亚音乐台经历了潮起潮落。有过辉煌之时,也捱过淡漠时刻,最使我们自豪的是,它始终如一的雅致内涵和文化品位,使我们有了立足之地和发展空间。它使我们跻身于全国音乐广播支柱台的行列,成为了东北地区的音乐传播基地。也正是这一切,构成了东北亚上空一道又一道的风景,谱写了我们的昨日之歌。

心灵的鸣唱

黑格尔说:音乐应从男人的心里烧出火来,从女人的眼里带出泪来。对于我们这一群随音乐台一起成长、成熟起来的广播"新生代"来说,音乐带给我们的实在是太多、太多。音乐的泪滋润着我们的心田,音乐的火燃烧着我们的热情。我们怀念五年前那段充实而又艰苦的日子,没有人埋怨过那嘈杂凌乱的办公环境,没有人计较那微不足道的报酬。拥挤的办公室就是我们的乐园,温馨的直播间就是我们的天堂。在那里,我们度过了一个又一个不眠之夜,在那里,我们迎来了一次又一次黎明的曙光。一摞摞方便面见证了我们消瘦的面庞,一盏盏不熄的台灯映照着我们疲惫的身躯。

我们曾创造出由十三个主持人支撑 24 小时播出长达半年的历史,我们曾创下了两个主持人连续直播 10 小时的记录。一封封听众的来信,让我们心跳不已;一个个热线电话,让我们激动万分;一束束美丽的鲜花,让我们热泪盈眶;一群群热情的听众,让我们欢欣鼓舞。每一人、每一颗心都像孩子般纯真。我们每天在电波中传达着音乐的深情,在音乐的怀抱中体味着美好的人生。

我常常暗自揣想:每个人的心底是不是都埋藏着一份美丽、迢遥、充满诱惑的传说呢? 或许只是为了那些爱我们和我们所爱的人,或许那只是一个梦,奢望着人们的心灵不再有杂草的荒芜;奢望着给所有漂泊的心一个栖息的家园。

我们欣慰,我们成为音乐的使者;我们欣慰,我们成为广大听众的朋友。感谢生活的赐予:我们播下一粒种子,期待的只是一颗树,却得到了一片茂密的森林。

未来的交响

　　有声的岁月，有梦的旋律，有情的歌声，联奏出一曲未来新世纪的交响。五年的风雨历程，将永久载入吉林广播的史册。我们回顾昨天，昨天已成为历史，历史作为昨天只是一个过程，这个过程或辉煌灿烂，或趋于平淡，对于我们来说，只能拥有而不能重复。我们更多的向往是明天，是未来，一如鸟儿向往蓝天，江河向往大海。

　　未来音乐广播的天地将更加广阔，未来音乐广播将向形态多元化、节目专业化、编播自动化、制作数码化大踏步的迈进！我们负载着昨日的光荣与梦想，我们憧憬着未来的美好与希望。一切的荣耀绚烂都将复归平静，岁月疾驰，我们只能匆匆前进。

（本文刊于《风景这边独好》，吉林美术出版社1999年）

东北亚音乐台工作人员合影

对音乐广播发展的思考与展望

　　改革开放的 20 年,是我国有中国特色的社会主义现代化建设承前启后、继往开来的重要历史时期,是我国各项事业得到突飞猛进发展的重要阶段。从音乐广播事业来看,90 年代初,国内首家专业性音乐广播电台的开播,标志着音乐广播概念的独立存在。音乐广播几年来的发展(粗略统计目前全国已有十几家音乐广播电台),得到了广大人民群众的肯定和赞赏,也得到了决策层领导和专家的高度重视和认同。在社会效益和经济效益两方面,均取得了一定的成果,为两个文明的建设,做出了较大的贡献。

　　音乐广播是一项方兴未艾的事业,其发展空间和发展前景,是广阔的,是令人振奋的。然而,音乐广播在我国毕竟是一项新兴的事业,其形式、规模、经营模式和管理经验等,还有待于进一步认识和探讨,不断地总结和完善。音乐广播的发展面临着机遇和希望,也面临着困难和挑战。对于音乐广播的现状和发展前景,我们必须进行冷静的思考与分析,要找准着眼点和侧重点;要开拓思路,挖掘潜力。这样,我们才能自信地面对变化莫测的市场竞争和日新月异的社会文化需求,才能扩展其生存和发展空间,使其立于不败之地,把音乐广播的发展纳入良性发展的正确轨道。

一、对音乐广播生存空间的理性分析

　　音乐广播的兴起和发展,是改革开放的产物,是历史和社会发展的必然,是广播人进取努力的结果。换言之,正是由于历史的原因,政策、机遇、环境及诸多的人为因素,构成了音乐广播的生存空间。生存是基本条件,有了生存,才说得上发展。在这里,生存的概念,正是针对音乐广播的客观存在和它所面临的市场竞争而言。音乐广播的存在是客观现实，而客观存在和生存环境又是两个截然不同的概念。

激烈的竞争，使音乐广播面临着更为庞杂的市场。有人曾把我国目前的文化市场状态定位为大文化意识下的大市场，这话不无道理。正是由于改革开放政策的宏观调控，文化的相互排斥与融合，以及媒体间激烈的竞争和人们日益变化的文化需求，才形成了如今庞大的文化市场。广播同属文化的范畴，音乐广播就其特性和功能而言，有着更加丰富的文化内涵。从这个意义上讲，音乐广播面临的是大文化意识下的大市场，它所面临的市场更为庞杂。它面临着电视、电影、报纸、杂志、多媒体电脑等传媒间的挑战，以及来自广播行业内部的新闻、交通、经济、商业等诸多广播频道的竞争。而从音乐文化市场的角度来看，唱片、卡带、CD、影碟、MTV 等同样又给音乐广播带来了一定的生存危机。诸多的竞争对手，竞争形式、竞争手段，无疑使广播的生存空间，受到了一定程度的挤压。

人们审美观念和文化需求的变化，使音乐广播面对着更为挑剔的受众群。听众，是广播生存意义上的上帝，是生命力所在。计划经济时期，人们的观念比较保守封闭等原因，曾经使广播辉煌了几十年。而今天，随着改革开放的逐步深入，科技的迅猛发展和人们审美观念的不断变化，以及文化市场的激烈竞争，使人们对文化的需求，更为多样性，更加复杂化，选择性更强，挑剔的成分更大。对于现代社会受众心理的变化，有专家分析道："目前受众的心理更注重利益动机。以个人利益为主，以满足个人心态为目的，追求感性的平和、自然心态（平常心态），并注重社会价值的评价（价值取向的多元化）。另外，随着文化理性氛围的加强，受众的理性化程度也得以提高。"从现实的文化消费习惯来看，不同年龄、不同职业、不同文化素质、不同爱好的受众，也有着不同的文化消费观念。仅就年龄段来看，青年人朝气蓬勃、追逐时尚流行；中年人成熟稳重、目的性强且又精明；老年人传统单一、对民族文化有着特有的思维定势。音乐广播的受众心理与人们的文化消费观念大同小异。不同年龄、职业、文化素养、爱好的听众对不同品类的节目（甚至是不同风格的同类音乐作品）也都有着不同的选择。因此，人们收听音乐广播的随意性就显得更加突出。

地域环境与经济收益的局限，使音乐广播面临着严峻的生存挑战。几年来,音乐广播的兴起和发展,宏观上讲是社会效益和经济效益双丰收。但是,不可回避的事实是,也有一部分音乐台,由于受地域环境、地域经济的影响,音乐广播的软、硬件质量的升级提高受到了制约。出现了设备老化、人才缺乏、音源短缺等难以解决的问题,使其发展处于停滞不前的状态。另外,受地域环境和经济基础的影响,人们的文化价值取向也不尽相同。这样,有些地方又出现音乐台的节目架构得不到听众和商家的认可,无法融入商业行为的现象,导致经济实力薄弱,并极易陷入生存危机。

音乐广播有了生存的空间,就证明了它有存在和发展的必要。上面对音乐广播发展过程中所遇到的问题的简要分析,尽管没有完全的普遍性意义,但是,我们还是应该正视这样的现实。我们并不否认音乐广播的特色和优势(因篇幅所限,未加详尽分析)及其广阔市场和发展前景,我们对音乐广播的发展充满足够的信心。知识经济时代的呼唤、现代人审美情趣提高为音乐广播带来的生机、音乐广播特性(人文关怀)所带来的长远效应,以及科学技术迅猛发展的强力推动等,都为音乐广播的进一步发展提供了机遇,营造了良好的外部环境。当然,音乐广播人的自信心和拼搏精神,以及对未来音乐广播的感知程度,将是推动音乐广播健康发展的内在动力。

二、对音乐广播特性和内涵的再认识

广播与音乐的结合,除共同的物理属性之外,也是社会文化发展和社会风尚的有机结合,又是其社会功能及文化相互融合作用的结果。音乐有其社会功能,而音乐广播的社会功能更具内涵。它既是音乐艺术的延伸和特殊载体,又因其自身的性质及音乐广播人的价值取向,使音乐作品得以升华,使音乐艺术被赋予新的文化魅力,提升为传媒文化的范畴。这就是音乐广播节目与单一音乐作品的差别,也是音乐广播电台不同于音乐传声机的本质区别。

我们还要充分认识到音乐广播不是单一的艺术作品再现,也不是纯粹意义上的商品,它是一种特殊的精神产品。它的生产过程,不可能脱离艺术的范畴,也不可能完全脱离市场的轨道,必然带有某些商品的特征和受到市场行为的影响和制约。

对音乐广播的社会功能(认识作用、审美作用、教化作用、娱乐作用等),

我们还应该有更新、更深刻的认识。过去我们在强调意识形态的作用时,往往过分强调其教化作用。而今天,随着现代人审美心理和审美观念的变化,在坚持教化作用的同时,更应注重其审美作用,使音乐广播节目更具艺术性、娱乐性和可听性。

艺术作品的产生与时代的脉搏息息相关,与社会生活密不可分。音乐广播也是如此。它的社会功能、它的两重性(政治属性、商业属性),决定着它特殊的地位和作用。在长期的实践中,音乐广播整体上确立了自身的审美价值和社会机能,使其逐渐形成了它自身的生存和发展规律。

三、对音乐广播经营理念的探讨

音乐广播发展的最基本问题,就是经营理念的确立。"经营"的概念是广义的,并不单指它的商业属性。经营理念包含着产业体制、节目架构、生产方式、市场运行等具体操作的指导思想、政策和方针。

经营指导思想,是音乐广播发展的关键。首先,观念的转变是决策者立台定位的基础。我们在明晰了现代音乐广播的属性、特征、内涵和市场的前提下,应深知艺术规律和市场规律的平衡在音乐广播发展过程中的重要性。前面,本文曾谈到音乐广播的双重性(政治属性和商业属性),而与其相适应的是,它既有喉舌功能也有产业功能(审美娱乐功能暂且不谈)。在现代商品经济社会,面对市场,广播应该是理智的。广播必须为包括音乐在内的社会文化的健康发展肩负起自己应负的社会责任和历史责任,又要在遵循艺术规律的同时,从自身生存发展的角度去适应和把握市场经济的运行规律。几年来,人们曾对社会效益和经济效益的关系有着不同的理解。现在,我们应该清醒地认识到,把握好社会效益和经济效益的关系至关重要。有了好的社会效益,不等于一定就会有好的经济效益,没有好的社会效益,就更不会有好的经济效益。要坚持社会效益第一的方针,确立以节目为本的立台宗旨。以办好节目、扩大市场、服务群众为主,通过良好的社会效益带动经济效益的增长,力求达到两者之间的统一。与此同时,还要摆正眼前利益和长远利益的关系,在经营思想上,要树立自我保护意识和忧患意识,提高经营意识,避免因经济收益问题而导致的恶性循环。要建立一整套系统的管理保障机制,以顺应社会主义市场经济的需要,并逐渐形成音乐广播市场商业化的运行体系。

四、音乐广播节目架构的定位

节目是立台之本。节目架构的定位，是经营理念和经营指导思想的具体体现。节目架构的定位，既要适应时代和社会的发展需要，又要适应人们审美观念的变化和审美情趣的提高及市场经济体制的要求。其一是音乐广播应根据自身的特性来设置节目和定位。要面向大众，雅俗共享，通过广播使音乐成为大众的音乐，而不是纯市场的和纯学院的音乐。以此确立音乐广播自身的价值，形成鲜明的节目个性特征。其二是节目架构的定位，要突出音乐艺术专业化的特色。要考虑到不同风格、不同品类音乐的比例。也就是说，节目的架构应以专业化特色节目为主，兼顾综艺类、情感谈话类等其他品类的节目。节目设定既要考虑听众的不同口味、习惯及社会流行时尚，又不能过分迎合。要避免因与其他专业广播电台的节目雷同而导致的特色不足。当然，过分强调其专业化色彩，也会脱离市场。其三是节目的定位，要在保证其自身特色的基础上，树立产业意识和市场意识。要兼顾收听率和经济收益，也就是市场占有率，并力争做到心中有数和有效操作。众所周知，经济的主要来源是广告的收入，而广告又依附于高覆盖面、高收听率的节目。节目的设定在考虑收听率这一重要环节的同时，要注重商业色彩融入的可能性，并在节目时间的比例、时段和内容等方面给以明确的倾斜和重视。

五、音乐广播的经营战略和走向

人们常说：创业难，守业更难。可发展不是创业，更不是守业，而是在此基础上的进步和提高。用战略发展的视角去看待音乐广播，首先要更新管理观念，使管理现代化、具体化。好的管理机制将会带动管理上水平，也将会促进事业的发展。人才兴台是事业发展的重要战略。"文化的核心是价值观，文化建构的主体是人的建设，当代广播音乐文化建构的任务，归根结底就是要为造就跨世纪的人才服务，为培养新世纪的市场服务"。如何发现人才、培养人才、储备人才，最大限度地调动人的主观能动性，是管理机制和管理水平的真实体现。加强素质培养和队伍建设，实行有效的奖惩机制，是人才兴台最根本的措施。

　　加速高新技术在音乐广播中的应用，是提高生产力和竞争力水平的前瞻性战略。如何在多元化、多媒体、信息网络高速发展的社会进程中占据有力空间，是我们所面临的新世纪的挑战。构想多媒体时代音乐广播的新型服务体系，建立形态多元化、编播自动化、制作网络化、管理现代化的适应社会发展需要的系统，将是新世纪现代化音乐广播的象征。

　　未来音乐广播还将形成一套社会化的广播体系，即节目制作的市场化趋势、广告经营的社会化方式。坚持多元化、立体化的发展之路，力争实现音乐广播内涵的拓展和延伸，扩大社会影响，增强生命力，寻找新的经济增长点，将会使音乐广播充满新的生机和活力。

　　从音乐广播发展的进程来看，音乐广播的发展趋势将越来越丰富、越来越成熟、越来越多样、越来越明晰，其音乐特性、广播特性以及现代性和民族性特征，最终体现的是多元共生的显著特征。伴随着社会文化的普遍发展和时代的进步，音乐广播必将得以长足发展，逐渐走向成熟，走向明天的辉煌。

　　　　　　　　　　　（本文系 1999 年上海国际音乐节"全球
　　　　　　　　音乐节目研讨会"主题演讲稿，刊载于《东北
　　　　　　　　三省音乐论文集》，人民音乐出版社 2000 年）

王俊杰在广播电台录音间

五十年来的吉林广播文艺

新中国成立以来,吉林省广播文艺已走过了五十年的发展历程,由广播剧、专题文艺、综合文艺以及广播音乐、文学、戏曲、曲艺、小说连播和电影录音剪辑等诸种广播文艺样式所构成的吉林广播文艺,其发展成果理所当然地成为吉林文艺五十年发展史的重要组成部分。

一、广播剧的制作与发展

吉林省广播剧的历史较早,制作和播出的数量也比较多,在全国和广大听众中有一定影响。早在 1946 年,吉林台就开始探索和运用广播剧这一艺术手段。当时条件很差,主要是采用直播的形式,第一个广播剧《黎明前的黑暗》就是这样播出的。《黎明前的黑暗》是根据发表在《吉林日报》上的一个拥军小故事编写的,这个广播剧歌颂了解放区和游击区的群众不怕艰难,支援八路军打败蒋介石、解放全中国的革命精神,同时也揭露了敌人凶暴残忍和垂死挣扎的丑态。这以后,吉林台还播出了《田炮手》《归采》《除夕之夜》等广播剧。1948 年播出的《海上风暴》《刘胡兰》《李闯王》《文天祥》等,都深受听众欢迎。1950 年 4 月,吉林台以编播人员为基础建立了"文工组"以后,广播剧这种艺术形式,在吉林广播中就经常出现了。仅从 1950 年 6 月下旬到 7 月下旬不到 30 天的时间,以"吉林台文工组"的名义,就播出了《生产长一寸》《要虚心》《试炼》《人民英雄》《铲趟机》《一张通行证》《王祥顺苦心教徒弟》7 个广播剧。其后,为配合党的各项中心任务,吉林台也经常运用广播剧这种形式,如在"镇反"运动中播出的《血海深仇》、抗美援朝时期播出的

《金宝娘》《第一列火车》、"三反五反"运动中播出的《糖衣炮弹》《警钟》等，都起到了团结人民、打击敌人的作用。

1953 年 1 月，吉林台的"文工组"扩大为"业余文工队"，1953 年 11 月由原长春台组织建立的长春业余广播剧团，对吉林台广播剧的发展起了很好的作用。如长春业余广播剧团演播的《朝鲜丹娘》《永不掉队》《老水怪》《结婚的礼物》等广播剧，在剧本的选择、广播特点的发挥以及演播水平上，都比过去有所提高。50 年代后期及 60 年代前期，我省创编和录制了许多广播剧。当时的广播剧是以改编为主，也有部分创作剧目，改编广播剧取材简便，省时省力，能迅速配合形势，发挥广播文艺"快"的优势。同时，还对广播剧的形式进行过积极探索，为发挥听觉艺术的特点做了一些有益的尝试。这时期的代表作品如《女投递员》《矿工三部曲》《电工之歌》《森林凯歌》《火烧赵家楼》《小雁的故事》《老交通的故事》《人民的胜利》等。这些广播剧反映了我国城乡各条战线的新人新事，表现了革命乐观主义精神和革命战斗精神，向广大群众进行了社会主义和爱国主义教育。

在"文化大革命"前的十几年时间里，我省的大多数广播剧都参加了全国交换（当时没有全国性评奖活动），在全国各地电台播出。比较有影响的作品有《郑成功》《辛弃疾》《达吉和她的父亲》《接关系》等。

在"文化大革命"期间，广播剧没有什么发展。粉碎"四人帮"以后，广播剧创作开始复苏，很快就涌现了一批深受群众欢迎的作品，像《欢乐与痛苦》《七月洪峰》《伟大的战士》等。在这之后录制的《第二次握手》《伤痕》《张志新》《彩云归》《响铃公主》等都取得了很好的效果，受到了听众的欢迎。

党的十一届三中全会以后，广播剧也同其他艺术形式一样，得到了长足的发展。以吉林省台为主，吉林市台、长春市台为辅的吉林省三大广播剧创作生产基地，初步形成了"一条龙"专业化创作生产格局。这一时期的广播剧，无论在数量上，还是从质量上，都有明显的提高。从题材上讲，这个时期的广播剧从不同的角度再现了新时期改革开放和现代化建设的火热生活。在反映实行改革开放政策后农村巨变的广播剧中，有重操旧业、迅速发家的《瓜把式看戏》；解除积怨、共同致富的《和气生财》；落实生产责任制，克服"吃大锅饭"弊端的《山村里的笑声》《风雨之前》；党的领导干部帮助群众解决困难、走上幸福之路的《春雨》；一心为公，建设社会主义新农村的《光棍李守全》《二嫂挡车》；发家不忘国家的《梁满囤出访》；树立新的恋爱观的《草帽歌》；以史传的笔调概括了农村几十年变化的《张铁匠的罗曼史》《黑娃的新闻》等。

反映工业战线的广播剧也占有一定的比重，像连续剧《改革者》、单本戏《突围》《你在想什么》《啊，星星》等。而表现社会新风貌、歌颂新人新事的作品也很丰富，如歌颂美好心灵的《明姑娘》《抢救生命的二十四小时》《小站上的小事》《中年夫妇，你们在哪里》等。表现青年一代奋发图强、献身四化的《燃烧吧，生命》《彩虹升起的地方》，讴歌共产主义战士的《蒋筑英》等给人的印象也较深刻。此外，表现文化教育战线的《三张通知书》表现部队生活的《高山下的花环》《兵级副连长》等，表现民族团结的《白山深情》，歌颂新的道德风尚与家庭关系的《后娘》《孩子啊，你可知道》，表现向往国家统一的《归根》等作品，都从不同的侧面，刻画了不同的人物，表现了新时期丰富多彩的社会风貌。

这个时期的作品，历史题材和民间故事、民间传说一类的题材也占有一定的位置，如《宝镜湖》《百花公主》《唐太宗与魏征》《锁龙漳》《秦王李世民》《范蠡与西施》《主考官》《睡美人之泪》等；而表现近代、现代革命斗争生活和民间风俗的作品，有《轩辕赤子》《啊，高高的板栗树》《一幅寒食图》《寡妇门前》《运河滩传奇》等，也具有一定的特色；为儿童创作、改编的作品，如《大将和美妞》《黑天鹅》《绿色瓜园》《小罗克》《希望》《让那燕子归来》《旷野中的回声》《神秘的湖心岛》《带翅膀的情报》等，受到了小听众的喜爱；表现国际题材的作品，有《艺术家的婚事》《一份海底手稿的秘密》《珍珠舞鞋》《小罗克》《鲜花的葬礼》等。

这个时期的许多作品在广播剧的艺术性上做了一些有益的尝试，也取得了一定的成绩。像《三个孩子去蛇岛》《瓜把式看戏》《让那燕子归来》等，在使用语言、场景转换、解说词的设计等方面都形成了自己的风格和特点。

这段时期，我省创作生产的广播剧，数量之多、质量之好、获奖之多，堪称吉林广播剧发展史上的兴盛时期，如全国获奖作品《三个孩子去蛇岛》《瓜把式看戏》《花园春》《杭州路十号》《大地回声》《独辟蹊径》《游春图传奇》《心灵深处》《赤爱的心》《秒针历险记》《小金鱼和荧火虫》《女帅无双》《汉江，记住这个夜晚》《牧鹿姑娘》《崎岖山路》《女人不是月亮》《早·晚·小女孩》《小竹板》《春游》《廉石记》《五爷和老范》等，还有像《勿忘我》《响铃公主》等，均属我省广播剧中的上乘之作。

进入 90 年代以后，特别是随着中宣部精神文明建设"五个一工程"奖将广播剧纳入评选项目并设立中国广播文艺奖广播剧奖，吉林广播剧有了新的发展机遇和更广阔的发展空间。这时期的作品，创作者们更注重时代脉搏的把握、对生活本质的挖掘和对现实生活的关注。如《葡萄丰收的故事》《生命之重》《风雪除夕夜》《洪水前后》《"海选"纪事》等，均是采用纪实手法，以小角度、大题材来透视时代的变迁、社会的变革以及人们精神世界所发生的巨大变化，其中广播剧《洪水前后》和《"海选"纪事》荣获中宣部精神文明建设"五个一工程"入选作品奖。

二、丰富多样的广播文艺

广播文艺是科学技术与诸种艺术的结合，它涵盖着艺术范畴的诸多门类及其文化内容，承载着文化传播的功能。换言之，所有的艺术门类及其文化内容，都是广播文艺的内涵，而广播则是载体，就其性质和生产流程来讲，广播文艺又是艺术作品的再创作产品。众所周知，在过去相当长的一段时期，广播作为大众文化的主要传媒和人们普遍接受、推崇的主要娱乐工具，为诸多艺术形式、品类的发展及丰富广大人民群众的精神生活，起到了不可替代的积极作用。

吉林广播文艺的开创与起步，是在建国以前，也就是吉林广播的建立初期。1945 年，为动员人民支持解放战争，配合后方土地改革运动和满足人民文化娱乐的要求，吉林台想方设法地组织演播了一些秧歌剧、表演唱和歌曲等。这也是吉林广播文艺最早的文艺节目和艺术样式。从1949 年开始，吉林台逐渐有了固定的文艺节目，从此，吉林广播文艺走上了发展之路。

从 1949 年至今，五十年的历程，在党和政府的高度重视及广大听众的推崇和支持下，吉林广播文艺得以迅猛发展，形成了自己独特的生存发展空间。仅从文艺节目的播出总量上看,建国初期是一家广播电台的每天 2 小时,到目前已达到全省十几家广播电台(频道)的每天一百余小时。吉林广播文艺的发展,不仅体现在节目播出总量上的变化,而更主要的是其内涵逐渐丰富,功能不断拓展,广播文艺从最初的综合电台的文艺类节目,已发展为现在的专业性的独立广播频道。如 90 年代开播的东北亚音乐台、吉林交通文艺台等,已成为广大人民群众文化生活的主要工具,为我省的精神文明建设起到了促进作用。

吉林广播文艺的五十年,不仅设置和播出了大量的文艺节目,还采录、生产了文艺原版节目五千余小时,推荐、出版了近百种音像产品,并涌现出一批深受广大听众喜爱的固定文艺节目和名牌栏目,如久听不衰的评书、电影剪辑、二人转等。较有影响的名牌栏目有 50 年代的《新歌学习》《工人俱乐部》、60 年代的《文艺信箱》《在我省戏曲舞台上》《周日广播文化宫》、70 年代的《每周一歌》《为农村社员编排的文艺节目》《文艺广播小辞典》、80 年代的《听众约播》《多彩 60 分》《请您录音》《广播剧场》等。进入 90 年代,随着吉林广播的进一步深化改革,又推出了一批名牌节目,如《空中大舞台》《738 文艺列车》《幽幽夜来香》《华夏风景线》《东北亚金曲排行榜》《流行音乐隧道》《国乐大观》等。

五十年来,吉林广播文艺在保证日常播出节目的基础上,注重抓精品、树名牌,同时策划、举办了多项大型广播社会文化活动,取得了较丰硕的成果,并提高了在全国的影响力和知名度。如收听率较高的《东北亚金曲排行榜》,不仅受到省内音乐爱好者的广泛喜爱,还成为国内音乐界和演艺圈较为知名的、全国屈指可数的几大权威排行榜之一。全国获奖作品如戏曲节目《空中大舞台》、综艺节目《738 文艺列车》、电影剪辑《大撒把》、话剧剪辑《人民公仆孔繁森》、文学节目《幽幽夜来香》、综艺节目《空中度假村》、专题音乐节目《摇篮的颂歌》《党的光辉照边疆》《生命最后的眷恋》,以及荣获"五个一工程奖"的歌曲《大漠之夜》《把心交给祖国》和荣获上海国际广播音乐节国内十佳节目奖的专题音乐节目《关东乐韵·冰雪风情》等,均代表了吉林广播文艺发展的整体水平,也标志着吉林广播文艺的策划、编辑、制作水准达到了一个新的高度。值得一提的是,近年来我省的广播文艺得到了长足的发展,从日常节目的编制到文化活动的举办;从获奖作品的数量到奖项的层次,均达到吉林广播文艺五十年来发展的较高水平,从而进一步丰富了广播文艺的样式、体裁和题材,拓展了广播文艺的文化内涵,提升了吉林广播文艺的整体水平和品位,使之成为全国的广播文艺强项省份之一。

　　吉林广播剧和广播文艺五十年的发展史,凝聚着我省广播人的智慧和汗水,也饱含着全省广大文艺工作者的心血和结晶。五十年的匆匆岁月,吉林广播文艺从无到有,从稚嫩走向成熟。五十年后的今天,我们有理由相信,吉林广播文艺伴随着吉林省各项事业的蓬勃发展,必将走向更加辉煌的明天。

(本文刊于 2000 年《吉林省五十年
文艺作品选·广播电视卷》,吉林美术出版社)

广播电视深度融合的困惑与思考

　　近年来,广播电视的改革成绩斐然,特别是两台的机构合并,为广播电视进一步深化改革奠定了基础,对未来广播电视发展模式、改革走向都将产生重大和深远的影响,具有里程碑的意义。但是,面对今天媒体整合的大趋势,特别是新媒体的全方位介入,我们应该清醒地认识到,广播电视台合并并未深入根本,融合进程还浮于表象。

　　当前媒体的竞争异常激烈,广播电视台合并后的自身发展成为改革过程中亟待解决的问题。专业性与差异化的深度整合已迫在眉睫,而在此基础上与新媒体兼顾融合更是时不我待,其困惑、路径、前景,需要及时认真地思考与研究、探索和实践。

　　我们应该适时从媒体特质、内容模式、生产流程、技术对接、播放终端等方面进行专业性的业务考量与改造,并通过资源共享、优势互补、平台构建、双向扩张、多维联动来推进差异化的整合,以此形成综合性的运营机制并建构与之配套的主导管控格局。

　　作为一名从业人员,我一直关注着广电的改革进度和方向,两台的机构合并,在业界引起了广泛的关注。而我这次随团前往德国研修,受益匪浅,对这个问题进行了更为深入的交流与思考,更加明确地认识到,这是一个全球性的、广播电视媒体必须经历、研究、探索、解决的问题,并且是一个谁先准备好、谁先找到路径、谁先受益的突破性的深度改革关口。

一、合并的优势

广播电视台的合并,是改革开放以后广电系统的重大改革举措,以其合并为契机,优势互补、资源共享,进而实现一体化运营,统一管理、统筹经营。在理论上是对广播电视性质认识的进一步深化,在实践上为广播电视的改革发展积累了可贵的经验。

十年前,广电部门相关权威人士曾撰文阐述:广播电视台的合并,其改革的核心和实质是要建立一个广播电视事业科学发展运行机制,即产业统筹协调、分开运行、分类管理、整体发展。其最初基本思路是事业与产业分开、宣传与经营分管、制作与播出分离,资源整合和结构优化。

虽然当初广电部门的官方口径为:省级广播电视台合并改革不持一刀切,不搞强迫命令,不搞时间限定。但十年过去了,在县市级台合并的基础上,省级广电媒体绝大多数已经完成了机构合并。

应该说,此举措为今天广播电视的改革发展创造了条件,营造了机遇,特别是在宣传管理、产业布局、广告经营、网络整合等方面收效明显,催生了新的发展平台,拓宽了改革的思路,形成了与时俱进的发展理念。在宣传管理上体现了统一把关、统一部署、统一协调的良好机制,进一步集中体现了党管媒体、政治家办台的理念和方针;在行政体制上形成了统一指挥、统一规划、统一调度、统筹兼顾、协调发展的运营模式;在机构和人事制度改革上,体现了机构和人员的优化组合;在业务操作上对广播电视协调联动、优势互补以及视听双向共振、资源配置共享进行了有益的尝试。

从理论上来讲,两个媒体合并后,资源更加丰富,覆盖面更加广阔,影响力也在不断加强,其信息传播的容量、流量均呈现丰富快捷的态势。这一举措创新了管理思维及管理体制和机制,是广电系统阶段性的重要改革成果。

二、现实的困惑

纵观十多年来广播电视台合并的总体情况,现实与期待存在较大差距,其现状不容乐观。合并的形式大于内容,概念大于内涵。明确地说,简单的机构合并,并没有实现广播电视机构合并与业务深度融合同步进行的良好发展态势,从理念和作为上更没有充分做好与新媒体衔接融合的准备。

从运作过程来看,除有些台在机构改革与业务整合的机制和手段上做了一些有益的尝试外,较多台还简单地满足于机构合并的现状,在深度业务融合上停滞不前,更出现个别台在机构上或内部管理机制上分分合合、反反复复的现象。目前，广电业务系统性融合的进程在地域上呈现出不同的节奏和路径，整体来看，大致处于裹足不前、业务研讨、探索实践三种不同的状态或阶段。

较多台合并的一般状况是注重人、权、事以及内部机构的安排调整。在合并后，继续分类管理，分别操作（当然，有些台在宣传统筹管理、产业经营整合上有益的尝试也取得了初步的效果），对进一步深化改革、探索实践、媒体融合缺乏意识、缺少作为。这样的状态，不仅不能行之有效地推进改革发展，很可能还会给已有的改革基础和成果带来新的问题、新的负担。

广播电视机构的合并，不应该是形式代替形态，更不能放大概念弱化内涵，应该是有意识、有计划、有步骤、有目标，循序渐进、逐步深化的。不能把合并当成是改革的终极目标，不能简单看成是机构升格、干部安置、部门合并、职能转换的行政体制规划，更不是两套班子简单合一、又各行其是的固有管理体制的翻新。它应该是客观、务实、科学、合理的，行政与业务同步的，力度相应的，可持续发展的媒体整合，更应该是路径明确的一个动态过程。

广播电视均属于典型的传统媒体，专业性强，操作模式早已固化。从技术层面看，其手段的单一和规范也形成了它固有的本质和属性。多年来，以"内容取胜"一直是从业者唯一追求的目标，而机构合并所面临的差异化深度融合和专业性再造重构，就必然成为我们亟待破解的新命题。

目前，广播电视的深度融合，世界上还没有足够参照的成熟模式，西方虽有一些经验，但因其所有制形式及管理体制与我们都存在较大的差异，无从效仿。国外的一些私人广播（电视）公司（台），虽早有一些类似的准运营模式，但由于其规模较小、覆盖有限以及区域性和投入上的差距，我们还无法获取太多值得借鉴的经验。作为具有几十年历史并且规模和影响力较大的"德国之声"在这方面的尝试也刚刚开始，并且规划以十年的工程来进行探索和实践。

广电机构的合并改革，是广电改革发展过程中的一个步骤，是体制和机制上的基础性保障。我们坚信这种改革的举措是正确的，现在存在的情况，应该是顶层设计与基层操作脱节所造成的、是执行者解读落实过程中显现出的问题。

广播电视是历史悠久、影响力深远的传统主流媒体,其改革发展备受瞩目。从改革方向到改革力度,都将成为传媒业改革发展的导向和标识。广播电视的改革从宏观规划到微观设计,既要重视当下,又要兼顾长远;既需要政策层面的决策把关,又需要业务理论层面专家团队的集思广益、探讨论证。而操作层面应该牢牢把握方向、路径、难点,做到操作有序,行之有效地按步骤去落实,在创新过程中开展工作,在总结过程中推进改革。

我们在迎接新媒体挑战,力求融入"全媒体时代"发展的同时,应强化基础性的广播电视业务深度融合,将其看成是突围、攻坚、交融,寻求化学反应,以聚变形成合力,这是真正意义上的整合发展,是核心竞争力的打造。

纵观整个媒体白热化的竞争态势,我们无从选择,改革是必然的。有专家指出,公共传播部分作为大众媒体属性的中间地带,必须并且不得不交由包括互联网媒体平台在内的新生传播实体去经营。这或许是未来传统媒体发展的方向。

置身于新媒体时代,我们拓宽了眼界以及发展的空间。作为传统媒体,我们必须及时转变观念,更新思维,必须放弃传统理念意识、传统经营模式、传统管理体制的束缚,用创新的理念、前沿的科技、全媒体的视角,去探索实践、寻找路径。

三、路径的探索

今天,传统媒体坚守的固有壁垒正在被打破,市场环境发生改变,传统媒体的传播方式、产业格局、运行特质乃至竞争手段都在悄无声息地发生着复杂而深刻的变化。我们只有敏锐地捕捉市场版图和游戏规则的骤变,才能准确地把握媒体演变的本质化、规律化特征。

从媒介需求的现状分析,受众的媒体消费行为日趋碎片化,收听收视的驱动力呈现出分散、随机的特征,媒介品牌维系的忠诚度和约会力的变数增多,成本更高。从媒介经营的角度看,对用户终端、内容版权和通路资源的控制变得日益重要;从媒介传播的格局与方式看,已从单一渠道向多元化渠道、由分立向融合转化,市场结构从高度垄断市场向竞争性垄断市场转化。媒体融合已从粗放型融合进入到了集约型融合阶段。

从媒介融合进程的角度,业内已经形成了三个阶段和层次的共识:媒体互动,即媒体松散状态下的战术性融合;媒介整合,即媒体组织结构性融合与业务、产品融合;媒介大融合,即用一个多媒体数字平台统合不同的媒介形态。然而十年间,广播电视的整合依然处在机构合并、业务初步融合的尝试阶段。我们应该应时而变、顺势而动,及时调整战略布局、强化战略思维,进一步明确战略目标,从顶层设计到基层操作达成共识,抓住时机,重点突破,积极探索切实有效的模式,从多方面加大力度推进有益的实践。

（一）传播通路整合与节目框架重构

以国家广电总局规划的"NGB"（下一代广播电视网）为业务导向,以"CMMB"（有线电视数字化和移动多媒体广播电视）为操作基础,利用新媒体技术手段,打造广播、电视传播渠道的互通节点,实现广电传播通路的全程全网、互联互通、可管可控。

一直以来,广播和电视像两条并行的河流,缺少交集和融汇。而互联网新技术的应用和不断增长的移动终端数量,为两种传播渠道提供了交接点,让这种交汇成为可能。以互联网节目为传播载体的新形态,通过打造"视频门户网站"等方式,为网民提供互联网、通信网和电视网的三网融合,无缝衔接的新媒体优质服务,实现两种播出方式由平行结构向网状结构的进化,有效提升其融合度和聚合力。

在频道频率的定位上,把现有的以媒体人为主导的内容分类融合受众消费需求的分类导向,以新的节目形态类别和内容生产模式为基础,打造集成化媒体品牌。在把握导向和迎合媒体市场消费需求的基础上,立足于传统媒体的内容制作优势,对现有节目形态和运营模式进行检视与整合,确立新形势下,广播和电视统一的节目架构,建立大新闻、大娱乐、大服务等节目创制体系,并据此进行节目的研发和制作。

（二）生产流程改造与播出平台重组

在生产上实现"五位一体"的平台改造,搭建一体化的创意研发平台、素材信息共享平台、节目制作平台、传播效果监测平台以及广告客户服务平台。比如素材信息（新闻资源）共享平台,就需要打造一个偌大的信息分享中心,汇聚各类媒体的自采节目素材、收录节目素材、网络节目素材（图片和视频）等,经过简单编目后,上传到信息中心供不同媒体使用,推行资源自取模式。这样,可使内容生产从标准生产走向按需生产、从传统生产体系走向共享式生产体系。

广播和电视的节目以统一平台、品牌下不同产品线的形式实现运行。同时，大力开拓手机电视等移动终端业务，通过融合新的媒体平台为受众提供新的收听、收视途径，集中碎片化需求，形成新的体验渠道。以基础平台捆绑核心应用平台的方式，升级广电媒体的播出平台。

通过专业化、系统化的深度融合，广播电视在机制和业务领域完成综合性新型平台的创设和建构；在内容与节目资源上达成无缝链接和共享；在受众与客户资源上实现双向移植和价值提升，创造新的客户价值和盈利模式，进而取得广电资源的优化配置和结构升级，推动广播电视台向媒体平台运营商和媒体内容（服务）集成商的转变，重塑广电价值链和产业链。

我们应该面对现实去反省，面对机遇去改进，及时将压力转化为动力，以路径和前景为进一步深化改革的突破点，以全新的世界观、科学的方法论去逐步摸索实践，使广播电视的改革在良性循环的发展过程中取得实效。

（本文刊载于《思德漫记》，浙江教育出版社2015年。系作者于2015年5月6日随同中宣部举办的文化名家暨"四个一批"人才赴德国"文化产业创新与发展"研修班考察学习所作的汇报文稿）

新时期电视民生新闻的转型与守望

电视民生新闻诞生十余年来,在经济、社会、文化、民生等方面的发展起到了较好的推动和促进作用。从电视新闻角度看,其节目内容形态的创新实践,为业界提供了可贵的经验,更为地方媒体在媒介激烈竞争中,创造了难得的发展机遇。

近年来,党和政府对"民生问题"的高度重视,为民生新闻提供了良好的舆论氛围和传播空间,其发展速度之快、影响力之大,超出预期。特别是党的十八大召开以来,党中央新的领导集体,在战略高度和政策层面对"社会民生"进一步强化,一系列新举措、新规划也应运而生。"公平""共享"成为了新时期的高频词。这是我们党"以人为本"理念的进一步升华,也是党将以更大力度改善民生的明确信号。正是在这样的大背景下,电视民生新闻处在了变革的转型期,这也是创新观念、把握未来的关键时机。

在民生新闻十多年的发展历程中,虽然是贡献卓著,但目前也不得不面临着尴尬和压力。伴随着全媒体时代的来临,"信息污染"日益严重,人们对于民生新闻的态度,逐渐的从最初的爱不释"眼",变成现在的似乎是"食之无味,弃之可惜"。与此同时,传媒业自身也正在经历着重新洗牌的残酷现实。不断裂变的竞争格局使电视民生新闻面临的困境显而易见,更前所未有。作为新闻从业者,此时我们应该审时度势,重新审视自身的角色职能和责任担当,重新考量电视民生新闻的价值定位和选题视角,以顺应时代的发展和新媒体的强势来袭,求新求变,以变应变。

我们应该以更广阔的视角去思考和实践,从意见领袖到角色解构,从强势媒体到聚合平台,从负面选题到正面报道,从公益活动到公共事业,从聚焦小民生到服务大民生，来探索电视民生新闻转型发展的进程和方向。

一、电视民生新闻发展现状的梳理

随着建设社会主义和谐社会的逐步推进，党和政府对"民生问题"高度重视。电视民生新闻的发展呈风生水起、遍地开花之势。自电视民生新闻节目活跃于电视荧屏，学界便有了民生新闻理论的探讨及不断深入的研究。虽然早期的民生新闻在品相、品质、品位上都存在诸多问题，但学者们因其在受众中迅速飚升及良性成长的关注度，一直在为民生新闻的发展把脉，从业者们也一直在努力探索和实践着新时代的民生新闻之路。

电视民生新闻之所以会迅速受到社会的广泛关注，是因为它立足国情、顺应民意，具有题材社会化、视角平民化、受众地域化的总体特征。民生新闻在价值取向与传播理念上体现出了以民为本的基础定位，将新闻价值建立在民众最感兴趣的内容上，使得信息传播的参与性与广泛性更为直接便捷，从根本上奠定了电视民生新闻的核心竞争力。

不可否认的是，对于改善民生方面，电视民生新闻的作用功不可没。作为受众颇为普及的一种大众传播方式，电视民生新闻似乎也成为了百姓说话及获得信息的一个主要窗口，其关注民生、服务百姓的定位，彰显了独特的节目特征。同时，在舆论监督和维护社会稳定方面也起到了积极的作用。

电视民生新闻的重要性决定了它近年来发展的速度。十多年来，电视民生新闻从起步到成熟的发展过程中，除了受到广大受众的关注之外，也存在一些不可回避的问题，也正是这些问题让我们在挫折中成长，在成长中进步。这就要求我们去及时总结和反思，进而再去寻找转型的路径。

当然，民生新闻本身在选题、立意、深度上暴露出来的问题不容忽视，其琐碎化难点、低俗化倾向、同质化现象越来越突出。虽然从业人员在为节目升级、转型发展做各种积极的尝试，比如强化直播、主题性系列化报道、开发活动打造公益形象以及引入评论员等等，有很多比较成功的经验。但一些日常操作中的业务难题，比如节目资源整合挖掘的问题、节目形态创新的问题、个性主持人打造以及节目风格的问题等，亟需破解。

中宣部要求全国新闻战线开展的"走转改"活动，是适应社会变化、媒体发展提出的原则性策略。通过开展"走转改"活动,民生新闻也实实在在地尝到了甜头。记者在基层、在群众身边,发现了很多好选题、好创意。但这里,我们要说明的是,"走基层"其实一直是民生新闻安身立命的本质特征,是民生新闻的强项。"走转改"似乎是民生新闻具有的天然优势,但事实上,"走转改"给民生新闻带来更多的是挑战。试想,当中央台《新闻联播》都开始走基层、接地气、转语态,那么作为地方台,曾经以扎根基层、为百姓代言为定位的民生新闻,其优势自然被弱化,符号被同化。

政府和宣传主管部门从支持引导到如今的日常管控,使得新闻选题的行政管理尺度与业务实践尺度之间的矛盾也日益显现。当管控力度越来越严、地方保护意识越来越强,民生新闻原有的以本土化为特色、以突发事件抓眼球、以监督报道博收视的优势,已经逐渐削弱,出路也越来越窄。为此,我们要把生存发展的环境及其变革纳入思考范围内,对现有资源加以客观考量,对观众的架构进行冷静的思考。

（一）环境的变革

社会的变革和转型,使电视民生新闻所处的生态环境发生着深刻变化。一方面,媒体的关注度被放大。人们不仅要通过媒体获取知识,得到精神愉悦和满足,更迫切的需要获知社会公共信息的权威发布,了解自己真实的生存环境和生存状况。另一方面,社会深层结构的改变。伴随着社会认知的转型与传播格局的更新,传统社会建立在信息资源垄断基础上的固有的社会治理模式逐渐被瓦解。人们不再一味聆听管理者与媒体的声音,如今博客、微博、播客、QQ聊天等自媒体日益成为年轻受众表达多元解读意见的首选,他们开始在新媒体的平台上"交头接耳",随意发表着个性化的观点,甚至是偏见。面对这样的客观现实,不仅使得政府的执政能力在经受考验,媒体的权威声音以及传播能力同样接受着考验。

根据中国互联网络信息中心（CNNIC）2014年1月16日在北京发布的第33次《中国互联网络发展状况统计报告》中显示,截至2013年12月,中国网民规模达6.18亿,互联网普及率为45.8%。其中,手机网民规模达5亿,继续保持稳定增长。手机网民规模的持续增长促进了手机端各类应用的发展,成为2013年中国互联网发展的一大亮点。当互联网发展到今天,每个个体都具备了信息接收者与信息传播者的双重身份。微信、博客、论坛留言等"类新闻"产品,以其快捷、敏锐、互动、主观及个性张扬的表达风格迅速传播,成为一股风潮,形成对传统媒体的挑战。过去的高收视率已不复存在,真正意义上的独家新闻也少之甚少,资源在被瓜分,而且这种趋势还在不断加剧。

（二）资源的考量

信息传播碎片化。微博、微信的普及,使网络传播的碎片化特征显得愈加明显。碎片化传播体现在两个层面上:第一个层面是事实性信息传播的碎片化。这里的碎片,更多的是指信息来源的多元化、观察视角的分散化、信息文本的零散性和信息要素的不完整性;第二个层面是意见性信息传播的碎片化。这个意义上的碎片,不仅指零散性,更指意见的异质性、分裂性。过去媒体所反映出来的社会意见的一致性,在网络等新媒体平台上被大大削弱。

新媒体平台上的意见形成,是各种碎片意见碰撞、冲突的过程。而事实性信息传播的碎片化常常是人们传播时关注的重点,它是由新媒体传播平台的特点导致的。但如果从长远来看,新媒体传播的影响,我们还应当注意意见信息的碎片化及其传播效应,因为它反映的是整个社会生态的变化。

传播渠道的多元化、个体化,让主流媒体占有独家资源的可能性极大降低,更多的是各种信息从四面八方海量涌来,这种传播"碎片化"让媒介资源有限的传统媒体面临着前所未有的尴尬。无法提供海量信息,就无法提供观众新闻消费更大的选择权。而这种"信息超载",杂而不精,华而不实,每天大时段民生新闻的需求,使得记者们对某一新闻进行深入报道变得不再现实,致使不在少数的新闻价值含量较低的报道被用来填充节目时段。这样的结果是在消解着传统媒体权威,同时,也在无形中制造着公众的心理压力,重塑着公众的"价值取向"。

"坏消息"在减少。它反映出的是民生节目在信息来源和新闻价值判断上出了问题。社会在转型发展,经济建设、法制建设、道德建设、公民素养等方面,都在朝着好的方向发展。民生新闻开播之初"坏消息就是好新闻"的报道倾向,早已被颠覆。突发事件、舆论监督类报道,曾经一直是民生节目收视的高点。一线记者们可能都有这样的体会,过去突发事件多,暴力事件多,安全生产事故多,雷人雷事也多。火灾、酒驾、超载、车祸时有发生;一些行管部门不作为、乱作为的事件经常会成为群众投诉的热点。如今,这样的事情越来越少了。曾有人说:这是社会的进步,但却是民生新闻资源的衰减。其实,这是社会发展的必然,也是从业者需要认真反思和重新审视的问题。为此,民生新闻的选题方向和节目体系必须进行重新调整和构建。

收视市场被瓜分。据相关调查显示,虽然当初许多地方台凭借民生新闻突围,占据了较大的收视份额,但近些年来电视多元类型节目的冲击和媒体的激烈竞争,使市场的收视份额,持续被激烈地瓜分。在经历了多年的市场化培育后,仅就电视行业而言,收视率已经成为评价一个电视节目成功与否的重要标准。新媒体在传播手段上的优势,不仅分流了电视受众,而且瓜分了相当部分的广告市场。各地的民生新闻基本上都遭遇了收视率、收视份额以及创收额度的下滑。同时,电视受众的大龄化趋势也十分明显,忠诚度也有所下降。种种迹象表明,民生新闻的传播效果在新的传播环境下遭遇了瓶颈。传播环境的改变,给民生新闻的发展带来了巨大的挑战。

(三)观众的变化

新世纪之初,电视民生新闻能够取得巨大成功,客观上讲,与当时电视观众的收视心理密不可分。现在的问题是,经过近十年的社会发展,中国电视观众更为理性,其心理需求已然发生了新的变化——其中最重要的变化就是公民社会的初步建设、社会文化的多元化、观众媒体素养的提高,以及新的、变化了的收视期待。也就是说,电视观众希望通过电视获得关于社会更真实、更丰富、更深刻的新闻信息,他们希望电视能够更具有公信力和引导力,通过电视能够满足更多的社会表达和社会参与。明确地说,随着观众公民意识的成长,他们更愿意把电视看作是实现公民权利、参与社会建构的利器。因此,电视新闻的受众在数量上、结构上和角色上都悄无声息地发生着变化。

首先,观众数量在变化。当下的中国,"信息时代"的涵义早已经从单一或少数几种媒体供给信息转换为全媒体供给信息。对于现代人来说,能够接触和使用的媒体已经很多,甚至已经产生"选择的焦虑"。这就是说,民生新闻一枝独秀的局面已经一去不复返了,它将在更为激烈、更为多元的媒体环境中,重新为自己争得一席之地。

　　全媒体时代的来临，对电视新闻产生了下面两个方面的巨大影响：一是直接减少或分流了电视新闻观众；二是强制性地把电视置于全媒体语境中，把民生新闻强制性地置于全媒体新闻供给体系中。新媒体的强势掠夺和节目同质化的竞争，必然使得观众的数量急剧分化。

　　2005年之后，各地出现了民生新闻节目遍地开花的局面。一个城市，省台加市台往往有五六个甚至十来个民生新闻栏目，节目形态相互克隆，竞争日趋激烈，民生资源严重枯竭，变成另一种形式的千台一面。民生新闻曾经触及"天花板"的收视率一直在回落，其节目的忠实度和约会力明显降低。面对这严峻的收视考验，我们不得不思考这究竟是理性回归，还是优势削减。

　　其次，观众结构在变化。媒体多元化发展，使得受众的选择范围愈加宽泛，电视受众数量在减少的同时，观众结构从年龄、职业、文化程度等方面也在发生着变化。

　　据相关调查显示，民生新闻的受众结构具有以下特点：性别构成上，女性观众多于男性；观众年龄结构整体偏老；观众学历的受教育程度偏低。观众职业上，个体私营企业人员占比重最大。而更应该引起我们足够关注的是，民生新闻的受众结构，已从最初的社会中坚群体（中青年为主，老年为辅）逐渐向离退休群体（老年为主，中年为辅）过渡。而这一群体恰恰是消费力不足、社交圈过窄、主导反馈力差的非目标人群。

　　观众结构的多层次特点，决定了电视节目的多层次性、多元化状态。观众结构的变化使得从业者必须探索研究如何重新聚拢忠实的、多层次的观众群。

　　最后，观众角色在变化。报纸、广播、电视、互联网是当今四种主要的大众传播媒介。广播、电视有声有色，就家庭而言，是目前最具优势的大众传播媒体。而互联网则是伴随着计算机技术的发展而兴起的新媒体，发展速度快，功能强大，覆盖面广，它充分做到了信息交流的双向性，对单一个体而言，其普及率是超乎想象的。因为，他在网络上既可以做信息的接收者又可以做信息的发布者。

　　而这里我要强调的是，如今发布新闻已经不再是媒体从业者的"专利"。有研究表明，现阶段有超过40%的新闻首发者，不是专业的新闻媒体和媒体从业者,而是作为普通人的"博客""微民""播客""拍客"们,并且这一数字还在不断变化,只增不减。这一事实在明确地告诉我们,全媒体时代的到来,对于传统媒体的冲击日益凸显,不可逆转。

今天,观众已经不再满足于听媒体说,他们也要提供自己发现的信息,掌握话语权,表达个人意见。一个不争的事实是,当"权威"独家信息越来越少,当新闻报道成为一种每一个人都可以具有的"通用技能"时,专业媒体由于时间上和数量上的差异,必然在发现事实、捕捉事实方面,时常处于"劣势"。这理所当然地使观众的角色转换有了充分的理由。

二、电视民生新闻发展态势的演进

面对不断变化着的社会生态、时代背景,民生新闻的发展困境和机遇是并存的,关键是要善于发现新的环境下传播领域新的需求空间,同时,媒体的角色和责任也必然随之发生深刻的转变。

（一）从意见领袖到角色解构

传统意义上,媒体从业者一向是新闻事实的提供者、社会议程的设置者,拥有一整套保持客观、及时、权威的信息采集源头及加工制作流程。但在新媒体面前,这种理念已经受到了根本性的颠覆,从单向传播到多元传播,媒体已然从意见表达者转变为意见平衡者。过去,媒体有时候过分急于扮演"代言人"的角色,渴望在社会事件面前,发出自己的声音,成为意见领袖。而面对社会多元化的今天,公众真正需要的是权威信息和社会意见,以及社会情绪的统合梳理。而媒体在这个梳理的过程中,只能力求掌握一种主动权,掌控一种平衡力,而非"意见领袖"和"权威代言人"。

媒体生态圈日益复杂化,电视与新媒体已然成为了伴随关系。有学者曾撰文指出,没有电视的播出,就没有了统一的时间节点,就不会出现上千万人同时关注一件事的状态。而没有互联网,相关话题就不会发酵、再发酵,最终成为一个"现象"、一个"社会问题"。以微博为例,在微博的公共平台上,网民的话语权更加平等、泛化,适时地成为了媒体新闻和公众观点的来源。

当然,微博也极易引发失实失真的话语表达。作为传统电视媒体,在充分利用新媒体带来观点资源的同时,如何规避失实的风险,将无限量的观点资源处于可控状态？在将新媒体作为一种新的节目手段、节目资源引入的同时，如何做好集众家之长，恰如其分地取长补短？这些都成为电视媒体需要探索的新课题。

怎样从简单地、一厢情愿地发表见解、实施评论，到组织社会对话，提供表达的平台，满足受众的选择权、参与权，形成温和而有力量的舆论引导呢？正常的、有活力的舆论生态，应该有利于培育理性，把握平衡，而这一份理性的平衡应该是从媒体自身开始的。因为只有这样的舆论环境才能为社会提供冷静的参考和选择的空间，而不是运用一种"强权语言"，单向地输送观点，强加结论。

（二）从强势媒体到分享平台

电视民生新闻节目都拥有一定程度的高收视率及广泛影响力。据不完全统计，目前省级电视台地面频道及城市频道，有民生新闻类栏目300余个，占电视新闻类栏目的60%以上。其中省级地面频道约有40余个，这些栏目均是各省创办较早、实力较强、在当地影响最大、最具代表性的民生新闻栏目。在播出时长上，省级地面频道日播出量约为200多分钟，其中黄金时段播出时长为60分钟以上。无论从自办节目的时长比例，还是黄金时段的重点打造，民生新闻栏目在各省级地面频道的开发投入和节目编排考量中都占有绝对优势。同时，民生新闻所具有的社会影响力及功能性不容忽视，如发布一条失物招领，直播没结束就可能找到主人；发布一个求助信息，一周内就可能挽救一个生命。因此，民生新闻节目被视为强势媒体，但一个强势媒体，真的只能做这么多吗？还能为社会、为公众带来什么？这是一个深刻的问题，关乎媒体责任。

有专家认为，传统媒体应当从"社会守望"的引导者转变为"社会对话"的建设者，媒体的责任不只是传统意义上"保姆式"的信息服务，而是要充分调动社会全体成员的智慧和力量，潜移默化地建立规则和机制，让他们在传播领域享有更多的自主权和控制权，充分实现社会的自我关照和自我治理。也就是说，媒介力求通过聚合各种社会资源平台搭建、打造更加开放的媒介运作模式，保证受众的选择权、表达权和参与权。

在一个崭新的由传统媒体搭建的聚合平台上，印刷的、音频的、视频的、互动性数字媒体之间，可以寻求建立一种文化的、战略的、可操作性的有机联盟、资源共享、媒介融合,形成共赢发展之势。在这样一个聚合的理念下,传统媒体的重要性不会改变,改变的只是传统的、单向的新闻生产流程以及受众的被动性。

为了应对受众不断变化的需求,媒体从业者需要思考如何重新组织和聚合新闻生产流程。通过高度开放的内容管理系统,让节目生产过程中的"素材原料"有机会成为被无限次利用的"内容产品",创新设置更开放的工作流程;新闻机构如果能将作品系统地提供给其他重新利用的机构,无论是通过分享数据还是分享工具和技术,都为自身发展创造了新的空间,加强了媒体网络化分享与合作;社交媒体上的对话、大型数据库、草根记者的现场报道等大量涌现,通过一种公众和记者的混合报道,主流新闻机构付出很小的成本就整合了公众的多元素材。

(三)从媒介冲击到融合发展

新媒体的出现对电视民生新闻而言是一把双刃剑,既为电视民生新闻带来了挑战,也带来了机遇。为了应对新媒体的冲击,传统电视行业纷纷采取相应措施,通过媒介融合策略来增强自身竞争力。在媒介融合大背景下,利用新媒体优势,改变以往的传播方式,增强节目互动性,及时听取受众反馈意见,努力构建一个更加开放自由的传播平台是电视民生新闻转变的方向。

新媒体时代媒介的可持续发展日益依赖彼此的优长,传统媒体与新兴媒体在应对数字化冲击与市场竞争时,纷纷选择竞合策略走上融合道路。民生新闻肇始于报纸,兴盛于电视,急速发展于网络,而新媒体将民生新闻传播带入了一片新的天地。新媒体给传统电视媒体虽然带来了巨大的冲击,但电视民生新闻在媒介融合的大环境下,并不甘示弱,使出浑身解数寻找融合策略。在这样一个聚合的理念下,媒介融合策略从渠道和内容上,为电视民生新闻在新媒体环境下的生存和发展,开辟了广阔的天地。我们深知传统媒体的重要性不会改变,改变的只是传统的、单向的新闻生产流程以及受众的被动性。

"新"媒体传播,"新"民生内容,成为新媒介竞争环境下电视民生新闻有力的媒介融合策略。新媒体可以丰富电视民生新闻的信息来源,打破原有的话语权结构。很多网民可以将自己的所见所闻传到网络平台上,新闻记者通过网络上的图片文字视频筛选有价值、相对可靠的新闻信息,因此,网络平台上的资源极大地丰富了新闻信息的选择性。记者还可以通过网络对事件的参与者进行采访,提高新闻传播的时效性、广泛性。同时,新媒体也为电视民生新闻的传播扩展了平台。目前各大电视台均建立了网站,电视民生新闻也通过网站实现了直播、点播业务。通过传统电视与网络结合,打破了线性传播的模式,使得错过直播的受众可以在网络平台上点播收看,通过网络平台的直播也吸引了更多受众的关注,增强了网民对节目的关注度。

互联网发展突飞猛进,民生新闻的 3.0 时代,就要求实现电视与电视观众的全方位交流与互动。这正是把传统的电视和网络进行有效结合的"新"媒体平台,也是复杂的媒体环境中电视民生新闻融合发展的必然选择。

三、电视民生新闻发展走向的探索

媒体,作为党和政府的"喉舌",作为百姓声音的"发声器",如何结合国家的大政方针找准定位担当起责任,这是我们要不断认真思考的问题。作为新闻从业人员,我们应该以更广阔的视角去思考和实践,从精神指引到努力践行,从负面选题到正面报道,从公益活动到公共事业,从聚焦小民生到服务大民生,探索电视民生新闻转型发展的前进方向。

（一）从精神指引到具体践行

民生问题,事关广大人民群众的切身利益。结合时代大背景,"以人为本"被全社会深入贯彻,"群众利益无小事"已被提上日程,"建成社会主义和谐社会"已成为党的执政理念。

党的"十八大"报告中,关于保障和改善民生的重要论述坚定而明确,指出:"提高人民物质文化生活水平,是改革开放和社会主义现代化建设的根本目的。"并具体论述了教育、就业、收入、社保、医疗这五个与人民群众关系最直接、最密切的现实问题,强调要"努力办好人民满意的教育""推动实现更高质量的就业""千方百计增加居民收入""统筹推进城乡社会保障体系建设""提高人民健康水平"。这些令人鼓舞而又实实在在的举措,彰显出执政党"权为民所用、情为民所系、利为民所谋"的执政理念,以实现"学有所教、劳有所得、病有所医、老有所养、住有所居"的民生诉求。党的"十八大"报告中,"在改善民生和创新社会管理中加强社会建设"作为一个部分被单独提了出来,这显示了党中央对民生问题的重视。而对于我们新闻传播业中与此息息相关的一个概念——民生新闻,也需要我们在"十八大"精神的指导下,重新审视。在"十八大"新思想的指导下,重新讨论民生新闻的发展方向,让电视民生新闻之路越走越宽,越走越远。

因此,电视民生新闻要站在政治的高度,以党的政策和政府的主导为前提,从时政、经济等"大新闻"中寻找与老百姓相关的内容,"百姓小事中见社会大意义,社会大事中寻百姓焦点",聚焦平民百姓的生活、生计、生存、生命,解读落实好党和政府的方针政策,真正使其成为双向意义上的桥梁、纽带、窗口、平台。

(二)从负面选题到正面报道

现时的民生新闻,并不缺少舆论监督的意识,但缺少理性思考的能力和舆论引导的准确性、权威性。在各种社会思潮蜂拥而至、社会文化和价值日益多元的今天,电视观众尤其希望通过主流媒体的声音来辨识各种旗号的社会主张,进行价值观的自我选择。

随着自媒体时代的到来,负面新闻的发布渠道之广、速度之快超乎想象,甚至难以控制。在这样的大背景下,更需要传统主流媒体保持和发挥自身的影响力、公信力,正面引导舆论,积极发声,力争及时发布权威、准确的信息,让公众了解"问题"的妥善解决过程和有效处理办法,使民众的不良情绪得以纾解,在一定程度上起到调和、化解社会矛盾的积极作用。

当然,民生新闻的舆论导向仍有模糊和灰色地带。"坏消息"不应该是电视民生新闻报道的宗旨内容,舆论监督更不应该大篇幅的成为其主导架构。如何将"坏消息"变成好消息,将负面选题转化为正面报道,是电视民生新闻健康发展进程中必须及时探索实践的课题,是传达正能量的必然要求,是时代赋予媒体人的责任与使命。

过去的民生新闻主要依靠负面消息吸引眼球,而今天对于负面选题,我们既不能拒绝,也不能回避,应该积极地敢于触及、敢于报道,但报道的诉求点应较之前有本质的区别。在进行正常舆论监督报道的同时,又要跟踪事态的进展与结果。从事件的发生,到妥善处理的过程,都要以体现党和政府的积极态度、满足社会及公众的关注和期待为基本着眼点,在选题定位、报道倾向、态势把握、价值取向等方面入手,真正让问题的发生变成问题的解决,让事件的发酵有利于提升公众的认知和信心。

　　对待突发的、引起一定社会反响的公共事件，及发生在个体之间或个体与单位之间、有一定典型性或特殊性的社会事件及其问题，坚持使用第一手材料，坚持传达党和政府的权威声音，做到个体事件不放大、不联想、不引申；典型事件有引导、有评论、有落点。本着就事论事、正面引导、客观采访、推动解决的原则，形成良性的报道模式和机制，努力使负面选题正面报道，负面新闻正面立意。

　　对待民生新闻中的监督类选题，针对个别行业、个别部门、个别从业人员的不良作风、不当言论、不规范行为，应该继续发挥媒体舆论监督的作用，但要把握好导向，把握好分寸。新闻调查过程中媒体要始终以客观记录为手段，保证基本事实的真实性，确保媒体立场的客观性，不预设观点，不做媒体审判。同时，此类报道播发后，往往会引起社会关注，但是我们要知道，相对于媒体曝光，公众更关心的是不良风气的整治、相关责任人的惩戒，因此，事后的追踪报道也更受关注，更应起到正面引导舆论的积极作用。

　　（三）从公益活动到公共事业

　　过去的一些民生新闻主要以"个体救助""点对点帮扶"为主要呈现形式，这固然帮助一些人解决了实际困难，改善了生活状况。媒体这样的做法，在现阶段也有其存在的合理性和必要性。然而从长远来看，无论是从记者的职业角色回归以及媒体职责的角度考量，还是从促进社会发展的大局着眼，都应该实现从现有的"小救助"向"大公益"升级。民生新闻栏目应立足于利用自身平台的资源优势，为更大范围的民众提供和创造参与性、实用性更强的公益活动。更进一步说，媒体应该力求创新实践、以点带面，诉求规模效应，使公益活动逐渐向公共事业升级。

　　面对庞大复杂、不同层次、不同需求的受助群体，仅仅依靠民生新闻栏目的善行亦是杯水车薪，要真正促进公益事业的发展还需调动全社会之力，形成"人人公益"的格局。所以，民生新闻栏目应把握好自身角色，充分发挥优势，参与到构建社会公益文化的实践中。在党和政府高度重视社会公共事业的今天，我们应该以践行公益活动、弘扬公益文化作为着眼点和突破口，努力做公共事业的宣传者、引领者、推动者，从而营造全民公益的氛围，为公共事业发展的社会化、全民化、常态化做出贡献。而这也应该是民生新闻发展的方向性定位和宗旨。

（四）从聚焦小民生到服务大民生

在经济迅速转型的大环境下，电视民生新闻的责任与意义受到了空前的挑战，电视民生新闻拓展和创新要实现从"小民生"向"大民生"的转变。

过去的民生新闻习惯于个案的报道，往往把报道的重心过度集中在一个人或一件事上，而报道的问题往往较为边缘或属于特例，很难代表更多受众的公共诉求。这种习以为常的报道方式，今天已经很难成为社会焦点，也很难适应现实环境的变化及主流媒体的发展走向。当曾经的新闻已经不再是新闻，当曾经的新鲜事被反复报道已经不再新鲜，民生新闻栏目必然要把视角从单一的个体转移到更广大的群体上。只有进一步打造理念、突出定位、张扬特色、提升价值，从选题主导、操作方式等方面入手，才能逐步实现从聚焦小民生到服务大民生的转变。新闻工作者应站在民生角度，更加关注"大民生"，用群众的语言、鲜活的事例，诠释国家关于"民生"的重要政策方针的内涵，以及对百姓民生可能带来的直接或者间接的影响和益处，明确解读政策以及决策出台的意义和目的。

在节目选题的取材上，以关注度和涉及人群的广度为标准，报道形式不应仅限于简单的消息报道，而是要从更加立体的角度，吸纳声音，权威解读，增强观众亲近感和社会共鸣；在节目编排的设置上，要以选题的关注度和影响力为诉求点，着力把原本看似枯燥空洞的公共消息，做的鲜活生动，具有可看性。这样，不仅可以突破客观条件的诸多束缚，同时还可以吸引更多的收视人群。

综上所述，电视民生新闻要从报道领域上尝试拓宽，重点开发正面选题的收视价值，传递正能量，坚守媒体的责任与品格。

坦率地讲，电视民生新闻所遭遇的挑战远不止社会思潮、媒体环境和消费习惯的动态变化，但仅仅是上述这些外部因素或他律因素的存在，已经形成了足够强大的变革压力，当然也是巨大的动力。转型之路任重而道远，但是这种转变也将赋予媒体和受众更神圣的使命。

民生新闻多年来的探索实践，从最初的节目视角平民化、定位本土化，到如今节目实现跨区域、跨媒介、跨文化的发展，是一种走在路上的探索。作为从业者，我们应该更加清楚自己的角色定位，把自己置身于人民大众之中，置身于社会变革之中，置身于历史发展之中。

站在今天的起点,回头看曾经走过的路,现实发展的要求让我们不得不及时去总结、去反思、去寻找正确的转型路径,虽然转型艰难,但是已经起步。我们要顺势有为,乘势而上。

我们要保持民生新闻的本质,提高民生新闻的品质。聚焦社会和谐,促进健康发展,充分彰显"以人为本"的民生新闻理念,体现浓厚的人文关怀,让民生新闻给人以信心,给人以阳光,给人以力量,给人以温暖。

（本文为"2013年中国民生新闻论坛"演讲文稿,刊于《吉林文艺发展文集·广播电视艺术卷》,时代文艺出版社2014年）

国际视野 中国风格 地方特色

——中国广播电视大奖纪录片作品一览

中国广播电视大奖（第二十三届电视文艺"星光奖"）纪录片评奖，是对近两年来全国纪录片创作生产的一次集中检阅。纵观参评作品，题材多样、类型丰富、个性鲜明、制作精良，涌现出一批具有代表性或里程碑意义的优秀作品，构成了当下中国电视纪录片独特的视听景观。

本届参评作品共计 195 部，入选终评作品 51 部，最终 13 部作品获得大奖，10 部作品获得提名荣誉奖。参评作品和获奖作品的数量均多于往届。从申报参评作品的单位层级来看，国家级单位 23 部，省级单位 96 部，地市级单位 70 部，县市级单位 6 部。与往届相比，地市级单位与县市级单位的参评数量明显增加。这说明了全国纪录片创作繁荣的局面初见端倪，也充分展示了纪录片创作的良好发展态势，更得益于国家相关部门以及各级行业主管机构对纪录片创作发展的高度重视。

本届纪录片获奖作品立意新颖、视角独特、各具特色，不乏大主题、大文化、大制作、大气派的宏篇巨作，更有小角度大视野、小故事大题材的优秀作品。从具有国家形象建构意义的《中国之路》《超级工程》《金砖之国》，到展现红色历史题材的《从悲壮走向豪迈》《百年辛亥》《大鲁艺》；从体现文化价值及其内涵的《春晚》《人民的艺术》《体育的力量》，到留下历史影像档案、填补纪录片空白的人物篇《丁玲传》，都体现了目前我国纪录片题材的丰富性、内容的生动性。《农民工局长》是央视记者走基层的典型成功案例，记录了基层党员干部陈家顺默默奉献，践行为人民服务宗旨的先进事迹;《克里特大撤离——浙商参与利比亚撤侨记》,以其即时记录的纪录片典型特征,也进入了大奖的行列。

获得提名荣誉奖的作品,也是特色鲜明、形态多样。《雨花台》《红星照耀中国》留下了难忘的历史记忆;《龙之江》《看佛山》展示了地域文化魅力的再塑;《木匠潘》《我要活到一百岁》以普通人的生活实录及精神追求,展现了当下基层百姓的生活现状;《本色》及《杨善洲》以早期共产党人的群体及今天共产党员的优秀代表,再现了不同时代、不同环境下基层共产党员的光辉形象;《教育怎么了?》以探索性、争议性的话题,深度并广泛地展现着社会发展过程中的热点问题;《苍狼》以纯手绘的原创画面及前沿的数字技术为手段,尝试着历史故事的演绎及制作品质的提升。

获奖作品呈现出的风格与形态是多元的,而共同的特点就是制作水准均达到了一定的高度。最为突出的亮点是相当一部分作品,不仅有收视、有品质、有市场,也有收益,更有影响。这是多年来业界企盼、市场呼唤的一个可喜现象。获奖单位大多是具有一定纪录片创作生产能力的电视台及相关机构,并且拥有一支专业化或准专业化的团队。他们或有传统,或有品牌,或有技术,或有人才。这里,需要强调的是央视创作团队的作品,标志着中国纪录片制作发展的水准和风向。相对于地方良莠不齐的团队和人才而言,央视团队将在今后继续成为中国纪录片制作发展的领军团队。

在获奖作品中,主流文化内涵的纪录片数量多、品质高,凸显地域文化特色与魅力的作品引人关注,体现中国风格、民族精神的作品占据主导地位。而以国际化创作理念为标准的作品,在数量上也占有一定比例。

一、国际化发展走向的探索

国际化的视野,首要的是把握好纪录片国际化的发展趋势。仅从纪录片的制作水准、创作理念、传播渠道来看,与国际接轨是纪录片快速发展及决定未来走向的关键。对国际化发展趋势的把握,为纪录片的创作生产打造了新的展示平台、发展机遇和成长空间。

在这届的获奖作品中,以央视纪录片频道为基础的创作团队制作的作品让我们为之振奋。《舌尖上的中国》《春晚》《超级工程》等作品,不仅在国内赢得了观众和口碑,还以"国际化品质"打入了国际市场,并在全球60多个国家和地区进行销售与播出。他们遵循"中国故事、国际表达、人类情怀"的核心创作理念,以及国际化视野所涵盖的纪录片题材角度、表达方式、剪辑手法、传播渠道、运营模式等,进行了成功的尝试。

国际化的选题。国际化的选题,应当具有人类共通,不受语言、国家、环境和文化差异的限制,与人们的生活有关联、心理有交融、情感有共鸣的特征。

例如饮食文化,就是人类共通的话题。《舌尖上的中国》就是切中了"饮食文化,饮食传统"这个国际化选题,讲述美食与人、美食与生活的故事。大家透过片子,看到了美食,也看到了中国人和中国。它从具象的角度出发,以国际通用的视听语言,讲述了一个关于中国饮食文化题材的经典故事。

《春晚》在国外的大受欢迎,正是因为他契合了外国观众的文化心理。他们通过这部作品,了解到春晚在中国人心中的价值和地位,懂得了是什么让中国人几十年来以同样的方式度过这个传统节日,是因为该片讲述了春晚这一文化现象背后巨大的文化认同感和民族凝聚力。

同样,体育是世界性的语言。纳尔逊·曼德拉曾说:"体育,拥有改变世界的力量。"纪录片《体育的力量》力图用一个个鲜活的实例作为切入点和载体来表达观点,从平民百姓到体育明星,从偏僻山村到繁华都市,从体坛老将到新秀,他们希望通过他们的人生故事,来彰显"体育的力量"。作品在阐释中国体育力量和精神的同时,也在"体育"这一世界性的共同语境下,阐释了奥林匹克精神。

正是这种国际化的选题视角、人类共通的情感诉求、中国故事、民族特色,体现着纪录片创作者的思想深度和维度。

国际化的表达。关于纪录片的国际化表达,并无明晰界限或定论。我们理解为叙事方式、制作手段应力求贴近和达到国际化标准;个性风格、审美特征则应形成国际认同的纪录片样态,从而实现富有创造性的架构和表达。

关于纪录片的国际化表达,纪录片《茶,一片树叶的故事》总导演王冲霄在一次接受采访时曾说:"不管中国观众还是世界其他国家的观众,这一代人都是在影视剧和广告的熏陶下成长起来的,整个审美系统大多建立在这种影像特点的基础上。所以，像过去那样用新闻语言进行影像创作的方法，对于今天的观众，尤其是其他国家的观众来说已经很难奏效了。因此，在本片中大量碎片式的叙事策略和高速摄影技术得到了广泛应用。"

综观几年来，不断涌现的优秀纪录片和本届的参评作品，在语言、语态的表述上实现了叙事策略的全新结构，颠覆了以往纪录片单向性、宣教性的表达形态。

纪录片的国际化表达与新技术的更新也密不可分。近几年来，随着科技的发展，高清拍摄、电脑特技、三维动画等技术的普及运用增加了纪录片的传播效果。例如《舌尖上的中国》，是国内第一次使用高清设备拍摄的类型化纪录片，并且首度使用索尼 f3、佳能 5D2 单反相机等先进设备。《人民的艺术》除了全片采用高清数字设备拍摄外，后期制作采用了 3D 特效技术，将戏剧化空间场景复原，运用大量的"情景再现"手法，还原历史的真实瞬间。

除拍摄技术显现的国际化特征，在剪辑手法上，我国的纪录片制作也有创新。欧阳宏生先生曾在《纪录片概论》中指出：任何纪录片不管它标举什么样的创作旗帜，都需要对冗长的素材进行精心的剪辑处理，剪辑就意味着挑选那些符合编导思维、意图以及该片风格特点或主题立意的声画素材。《舌尖上的中国》就是以平均每集近千个镜头的高剪辑速率，形成视觉上的冲击和风格特点，具有了一种审美张力。第二季《舌尖上的中国》更是动用了包括航拍、水下、红外、显微、窥镜等技术，以 150∶1 的比例剪辑成片。这一改我国早期纪录片在拍摄、剪辑方面与国际水准存在的差距，契合了海外观众的视听心理。正是这种有益的创新实践，使纪录片受到了更为广泛的关注，使"中国形象""中国文化"在国际中的影响力得到了新的提升。

在国际化创作理念的驱动下，央视纪录片频道以其专业化的制作态度、人文化的表现手法、立体化的讲述方式，实现了纪录片作品收视率的突破。《舌尖上的中国》在 2012 年平均收视率达到 0.59，平均收视份额达到 3.03，最高收视份额达到 5.77，超过央视综合频道同时段播出电视剧的 30%。而《春晚》的收视率达到 0.26，平均收视份额为 0.86。《体育的力量》收视率为 0.29，平均收视份额为 0.89。《金砖之国》的收视率超过了 0.20，《超级工程》在非黄金时段播出，但其收视份额也达到了 1.08。这些作品的相继推出，提升了纪录片在全社会的影响力，个别作品更是成为"全民关注"的社会热点话题。

国际化的传播。纪录片的国际化传播，不仅体现在传播途径和传播手段的国际化，还体现在纪录片传播平台的国际化、纪录片市场的国际性。仅从本届几部获奖作品来看，他们成功探索并实践了一种符合国内、国际双向传播的创新思路。他们坚守中国特色的历史观、价值观和世界观，以中国风格的视角和语态，以跨地域、跨文化、跨时空、跨种族的表达方式，以国际化的选题标准、品质标准、营销路径去接近和适应国际市场，为推动中国纪录片作品走向世界，为"让世界了解中国"进行了成功的尝试。

近年来，《超级工程》在被德国 RTL 电视台引进后，一播成名，《舌尖上的中国》第二季，在去年新加坡举办的国际影视节目展上，以单片 35 万美元的价格被 70 多个国家购买，播出信号覆盖超过了一百多个国家和地区。这些现象都凸显了以"国际化选题""国际化表达"为基础的优秀电视纪录片拥有较强的商业价值，并正在与国际化的市场接轨。

实践证明，国际化的视野、国际化的创作理念、国际化的制作水准是中国纪录片产业创新发展的关键所在。为此，我们的走向应更加坚定，胸襟应更加开放，姿态应更加自信。

二、中国化风格内涵的彰显

中国故事诠释中国风格，中国精神成就中国梦想。纪录片创作的思想基础和创意主旨，来源于社会生态环境的滋养和影响。从参评作品以及获奖作品来看，创作者们以中国核心价值观为精神依托，对主流文化的形象解读，特别是党的"十八大"以来对"中国梦"这一主题的深刻剖析及高度阐释，形成了今天纪录片创作的主导潮流和多元共生的纪录时空。更重要的是，广大创作者以中国风格特有的话语文风，以中国美学独特的气质意蕴，展示了中华文化的传承价值，凝聚成了中国精神的符号记忆。

中国精神的提炼表达。中国精神是中国梦的现实源头和内在动力，是主流核心价值观的具体体现。中国精神的电视化提炼和表达，是纪录片应呈现的文化特质，而中国精神的表达需要唤起对民族精神记忆的传承和对文化基因的探寻，在坚持文化自觉的同时，进一步强化文化的自信。具体说，要将中国精神中的道德之魂、仁爱之心、浩然之气、自强之力、和谐之韵,通过不同的题材和方式,在作品中得以展现。

在获奖作品中,中国精神的一脉贯通,中国元素的无处不在,如八面来风,沁人心脾,动人魂魄。例如,为纪念"5·12"汶川特大地震三周年而制作的大型纪录片《从悲壮走向豪迈》,从三年后已获新生的北川切入,回溯了2008年5月12日的一场地震给汶川、四川乃至整个中国带来的伤痛,讲述了面对灾难,中国人坚韧的品格和无私的大爱;展现了灾后重生的人们真实的心理状态;记录了三年时间,一片疮痍变成新城的奇迹。这部8集的纪录片,记录了历史,更记录了中国人的勇气和精神。

《人民的艺术》——这是一部献给北京人民艺术剧院60岁生日的贺礼。通过《龙须沟》《茶馆》《雷雨》《蔡文姬》等人艺的经典剧目创作演出的幕后故事,展现了人艺的发展历程、中国几代戏剧人对艺术执著的追求和对理想的薪火相传,是一部对中国戏剧和中国戏剧人充盈着挚诚敬仰的纪录片佳作。

另外,《春晚》的文化记忆、《中国之路》的国家话语、《丁玲传》的历史沉思,以及《克里特大撤离——浙商参与利比亚撤侨记》的民族情结等,都通过不同角度、不同手段、不同形态,铸就着中国精神,融汇着中华文化,演绎着中国之"美"。

中国韵味的审美特征。中国韵味审美特征的至高境界是"中和之美",其意蕴刚柔兼备,情感力度适中,杂多或对立的审美因素和谐统一,具有含蓄、典雅、圆融等特性。而"中和之美"定义所传达的,也是中国特有的"人文美"。当代美学理论认为,人文美是介于自然美与艺术美之间,且在某种程度上涵盖了自然美与艺术美的一种外延、内涵更为宽泛的美。纪录片美学的基本立足点处在纪实性与艺术性交互作用的"临界点"上,完成着对现实的创造性处理。德国电影理论家克劳斯·克莱梅尔曾说:"纪录的质量首先取决于美学的质量。"综观参评的纪录片,其中不乏对中国文化的审美特点及艺术价值大胆演绎和拓展的佳作佳片。

从美学特征角度上看,本届参评作品突出了纪录片的视听效果和影像品质,将中国风格的美学元素融入视听语言,使中国传统美学的意蕴得以用现代手法展示。多部作品在主题、手法、内容、情感等方面,都彰显了中国特色的"人文之美""中和之美"。

从审美意蕴的效果呈现上看,纪录片将写实与写意成功嫁接,既以写实的力量震撼人,又用写意的美感浸染人,动静结合,张弛有度,是纪录片立意定位之源、审美特征之本。诸多作品在展示人物内心世界和艺术意境的同时,也使节目赏心悦目,怡情悦性,极大地提高了电视纪录片的观赏性和可视性。

例如《舌尖上的中国》,以水墨渲染开篇,贯穿始终的是中国画风格的构图,徐徐道来的讲述节奏,渗透着浓郁的中国韵味,对食物朴素细腻的描述,对人和食材的关系的精妙理解,悄然传达出几千年来中国人在劳动中所产生的思考以及味觉审美。

《丁玲传》则在人物内心世界的展露、真情实感的挖掘、精神境界的讴歌、历史背景的还原、审美意蕴的捕捉等方面都具有深度和广度,画面的温婉平静与人物情感的跌宕,形成了极为鲜明的反差,人物的立体刻画更加细致入微。张红军先生曾在《纪录片美学随想》中指出:纪录片最根本的美学特征是纪录真实。纪录片的真实是见证的真实、过程的真实、历史的真实,是具有历史文献价值和社会价值的真实,它随时牵动着人们的心灵,给人以真实的震撼。作为一部具有历史厚重感的人物纪录片,《丁玲传》多侧面、多视角地展现出了真实美、过程美、人文美和思辨美。

通过广阔的视域聚焦一个人物、一个故事、一段历史,着力开掘隐藏在镜头背后的意蕴,形成内在张力,使其在形式与内容上达到"美"的中和之境,这种实践完全超出了技术层面和故事本身。

三、本土化纪录片创作的展望

本届评选,表现地方特色的作品虽然获奖数量较少,但参评的数量较大。客观来说,此类参评作品的质量高低不齐,差距明显,趋同性、模式化现象较为突出。大多数作品是承载着宣传职能的形象片或风光片,这类作品兼具地方文化的影像记录、地方形象推介的媒介载体、助推地方社会经济发展及城市电视台品牌塑造的功能。毋庸置疑,这是地方政府和纪录片人不能忘却的本土意识和选题范畴。从选题和选材上看,地方台的纪录片创作,扎根本土正是最佳的应对策略。

本土化应是纪录片遵循的重要原则，是地方台的一个独特立足点。我们讲本土化，从大的范畴而言，首先是中国化，有中国独特的文化意识在里面，才能与中国观众的深层心理积淀相契合。如吉林台获得本届优秀栏目成就奖的《回家》，就是立意于中国几千年的"家文化"传统，而这种传统既体现在现实层面又体现在精神层面，联系着中国人深深的"血缘"意识，使纪录片栏目与本土之间具有了亲情般的关系。

另外，本土化也烙印着鲜明的地域特征。地域，是文化的标识，文化，是地域的特征。无论是历史名城，还是现代都市，无论是民俗风情，还是自然景观，都展示了多民族多地域的文化特征，是中国文化的组成部分，成就了中华文明的色彩斑斓。例如获得本届提名荣誉奖的《看佛山》和《龙之江》在这方面较为突出。《看佛山》的细腻雅致、酌古参今，让人对这座城市有了新的认识，充满遐思和向往；《龙之江》的雄浑壮阔、涤荡心扉，彻底颠覆了人们心中昔日"北大荒"的印记。两部作品一南一北，一张一弛，呈现了风格迥异的本土文化特质。正是这种接地气的鲜明表达，让我们对这种类型的作品充满了信心和期待。

可以预见，今后这类作品还将是地方台纪录片创作的主要题材，并占据较大的比例。我们认为，从大的趋势来看，纪录片的春天已经到来，但大多地方台的纪录片创作因为受到节目源、收视率、频道经营、资金投入、人才队伍乃至创作思维的困扰和制约，还陷于尴尬的生存困境，短时间内还不能摆脱。这就要求我们地方台纪录片创作必须在挖掘地方特色、再塑地方形象、张扬地域文化、展现人文精神等方面加大力度，痛下苦功，以全新的视角观照时代变迁，观照人的基本思想，以最新的纪录片创作理念把"人文精神"贯穿于节目生产的全过程，彰显作品、节目的历史感和现实感，以此不断提升创作品质。

本土意识的拓展。"电视纪录片作为文化含量最高的电视艺术形态，是外界了解一个社会、民族、历史、政治、经济、文化的最好途径和最佳方式"（李杨：《新世纪历史文化电视纪录片研究》）。

在多元文化融合下的纪录片发展格局中，作为地方台，在题材选择和创作思维上，应持续挖掘自己的资源优势，多角度地去发现本土文化魅力，以与时俱进的意识和眼光，去记录"这方水土这方人"。创作者们应将目光从古老的历史及边远的山林移开，将镜头对准当下的普通大众，去讲述"老百姓自己的故事"，在这背后潜藏着的是一种文化观念的转型。

地方台纪录片创作的优势主要体现于地缘上、心理上、文化上与本土观众的接近性。应充分考虑当地受众对纪实类节目的实际需求，发挥贴近性、亲和力。观众的收视习惯和需求一方面需要培养和引导，另一方面也确实需要我们在创作中不断探索更有表现力的艺术形态。创作者必须凭自己的经验和敏感去把握眼前鲜活的生活，从中挖掘新题材，并从中发现故事、抓住故事、讲好故事。一部好的纪录片的画面及语言应是完整的、流畅的，并有一个人人都能看得懂的"故事"。故事应在题材选择和表现内容上偏向对人性的深度挖掘，透过人物言行探究其内心，透过故事观其本质，站在平民的立场上，坚持平民视角，关怀现实人生，从凡人小事中窥见社会变迁，从百姓生活变动中反映城市变革，让观众的收视陷入"欲罢不能"的境地，才能叫好又叫座。

品牌战略的强化。2010年广电总局出台了《关于加快纪录片产业发展的若干意见》，文件明确提出了促进纪录片产业繁荣发展的主要任务和政策举措，为近年来地方台纪录片的发展提供了机遇。根据国家广电总局的有关要求，中央电视台开设了专门的纪录片频道，随之而来的是其他卫视频道也纷纷仿效。作为地方电视台，如何按照纪录片产业的要求、按照观众的收视特点来选准突破口，充分发挥区域、文化、民俗等特色优势，以独特的视角、全新的观念，加强电视纪录片的精品创作，从而创出品牌，创出效应，实现最大化的社会传播价值和商业价值，是广大地方电视台纪录片从业者认真思考的一个课题。

时至今日，一方面，我们深化纪录片的功能性作用，赞成其为地方经济社会发展贡献力量。另一方面，我们也寄希望于地方政府和基层行业管理部门，对纪录片的创新发展给予足够的关注并提供有力的支持和保障，强化地方台纪录片品牌战略的实施，实现栏目化、频道化和个性化制播。本届获得优秀纪录片栏目成就奖的《天下父母》《梨园春》《回家》等几个地方台品牌栏目，不但在当地家喻户晓，在全国电视栏目中也具有广泛号召力和影响力，应该算是实施和强化品牌战略的先行者和受益者。

从强化品牌战略角度而言，提高地方台纪录片整体品质的要求日益迫切,我们的纪录片从业者在创作中应坚守纪录片的本质属性、风格品质。而提升品质的关键,则应该从纪录片创作的专业化着手。纪录片专业化是一项系统工程,包括从业人员的专业化、创作流程的专业化、创作手法的专业化、技术设备的专业化等诸多方面。综合来看,目前地方团队相较于中央台纪录片创作团队,还有相当的距离,尚需较长的时间去努力提升。

市场化进程的推进。纪录片创作的品质和规模,标志着一个团队或一个电视台的形象及内涵。而纪录片市场价值的实现,应当是地方台纪录片创作管理者和从业者追求的终极目标。目前,各地方台的娱乐节目、选秀节目、揭秘探索等类型节目进入市场化运作的成功范例屡见不鲜,而纪录片的市场化进程与之相比较为滞后。地方台纪录片中,虽有市场化运作模式最为成熟的上海纪实频道的成功个案,但整体实力仍显薄弱。我们认为,地方台纪录片推进市场化进程的出路,一是应根据自身拥有的节目资源、物质资源、人力资源、环境资源等方面的优势与弱势,扬长避短,精准定位,注重打造能体现地域政治经济文化的品牌栏目、特色栏目,塑造整体风格,体现个性,提升本地区的市场竞争力。二是完善发行和销售市场,将优秀纪录片节目委托给专业公司进行整理、打包,销往国内外电视市场,最大限度地回收节目的制作成本,获得经济利益。三是在保证舆论导向正确的前提下,寻求多样化生产方式、构建品牌形象、完善盈利模式。例如通过商业购买、联合制作、委托制作、项目合作、举办有影响力的活动、吸纳社会力量等多元化的生产模式扩大生产渠道,改善纪录片频道因人力、财力资源不足难以应对高频播出的状态,保证频道节目片源。四是延展播出平台,充分利用新媒体,通过新的媒体平台扩大覆盖面,吸引更多受众群。例如以微纪录、频道网站、视频点播、车载电视、手机电视等形式实现多次传播和宣传。

据统计,目前,我国每年的纪录片产量达到 5 万小时左右,但是优秀的具有商业价值的纪录片生产,还是较多的集中在中央电视台创作团队。这些作品可以代表我国纪录片发展的高品质高水准,但是却不能代表我国纪录片发展的整体状况。只有地方纪录片的品质规模进入良性成长之后,中国纪录片的"黄金时代"才会真正到来。

纪录片的创作生产是系统工程。纪录片为我们提供了一个取之不尽的源泉,一个游刃有余的框架,一个跨时空、跨地域的人文空间,一个心灵碰撞的情感诉求，一个历史与现实交互相应的文化契合点。

　　文化，是人格的操守，也应该是纪录片人的职业操守。我们不仅要坚持纪录片专业化、品牌化、产业化、国际化的发展路径，我们也要坚守纪录片的真实性、艺术性、故事性、文化性的本质特征。这是纪录片人的责任，亦是使命。

　　一部好的纪录片，对于创作者，只是一部作品；对于观众，也许只是一个故事。而对于国家，对于民族，它既是一段历史，更是一种情怀。

　　　　　　　　　　　　　　　　　　（本文刊于《中国电视》2014 年第 7 期）

二、获奖作品文本

《创业潮》红色经典演唱会

〇荣获中国广播影视大奖广播电视节目奖（第十九届电视文艺"星光奖"）优秀音乐节目奖。

创作阐述

解放思想、二次创业承载着吉林人民强省富民的梦想与追求,正在成为吉林人民的伟大实践。为了激发人们的创业热情,营造全民创业的氛围,2004 年 5 月,中共吉林省委宣传部、中国音乐家协会、吉林省广播电影电视局、中央电视台西部频道、吉林电视台倾力合作,精心打造了《创业潮》红色经典演唱会。创业潮动的震撼、红色经典的演绎,唱响了吉林大地恢弘跌宕、大气磅礴的创业篇章。

《创业潮》红色经典演唱会以"主题性策划、艺术性结构、情节化串联、精益化操作"为创作理念,既突出了振兴东北、二次创业的主题,又充分体现了"红色经典"历史与艺术的双重内涵。演唱会对"红色经典"的重新诠释,赋予了其时代特征和新的人文精神。红色经典——点燃了人们往昔澎湃的创业热情,弘扬了艰苦奋斗、勇往直前的革命传统,奏响了与时俱进、创新图强的时代强音。历史与现实、优秀文化与艺术时尚,红色经典成就了时代和艺术的强劲动感和高远博大的时空记忆。怀旧与憧憬、追忆与企盼,《创业潮》红色经典演唱会如同奋进的号角,响彻在吉林大地的上空,回荡在吉林人民的心中。

《创业潮》红色经典演唱会巧妙利用现场巨型投影,实现了电视手段和影视资料在节目串联和情节过渡上的"造境"效果;遥相呼应的船帆造型使500 平方米的舞台既具有扬帆远航的艺术寓意又产生了撼人心魄的视觉效果;所有晚会曲目均为原版原唱的社会主义建设时期的经典之作,使观众产生了情感与心灵的深度共鸣。思想内涵与文化意蕴的融会贯通,现场演唱与历史影像的交互相应,名家演唱与群众参与的双向互动,现场演出与电视节目的相得益彰,使演唱会突破了一般电视晚会和现场演唱会的模式,完善了凝练大气、新颖别致的晚会风格。

《创业潮》红色经典演唱会,汇聚了内地、香港、海外三方面艺术家以及千余名群众演员。吴雁泽、马玉涛、郭颂、刘秉义、邓玉华、黄婉秋、贾琦(长春籍旅法歌唱家)、张明敏(香港艺人)、郑绪岚、崔钦、金善玉、陈俊杰、边桂荣珍藏的经典曲目和乔榛、丁建华、瞿弦和的诗歌朗诵,表达了对吉林振兴的激越之情。

晚会呈现

《创业潮》序曲
演奏:长影乐团
指挥:尹升山

主持人(乔榛　丁建华):

今夜的月色格外迷人,清风吹拂着杨柳,空气中飘着淡淡的花香。

今夜的灯光格外明亮,像熊熊燃烧的火炬,点燃了激情,点燃了希望。

这里曾经是一片丰饶的土地,一代又一代的庄稼汉,用勤劳的双手,搭起了共和国的粮仓。

这里曾经是一片沸腾的土地,数不尽的开拓者,以血肉之躯,铸造了共和国的脊梁。

人参姑娘的传说,已经流传了

上千年，那沧海巨变，就是人参姑娘跨越时空的梦想。

第一个闯关东的汉子，被脚下肥沃的黑土熏醉了，这是一个今年插上一根扁担，明年就能长成参天大树的地方。

人人都是创业者，人人都有开天辟地的梦想。

人人都是耕耘者，人人都有创造的力量。

自有它的淳朴，更有它的豪爽，望不尽白雪皑皑，气象万千；看不够群山逶迤，林海苍茫。

奔流不息的松花江啊，自有它的柔情，更有它的奔放，看不尽千帆竞发，百舸争流，听不够江水涛涛，奔涌歌唱。

这是创业者的图腾。

这是开拓者的雕像。

谁也不会放弃千载难逢的机遇。

谁也不会错过一个生命的闪光。

让我们在春天里播下秋天的希望。

主持人（翟弦和　李冬冬）：

我们曾经有过无数个，共和国第一的记录，我们曾经有过无数个，共和国的强项。

让我们把他夹在历史的书页里，悄悄珍藏，让我们把他尘封在过往的记忆中，慢慢回想，再重温一遍，老师傅掏心窝子的话，再看一看，那曾经简陋的车间和厂房。

还记得，那大会战的一个又一个的通宵吗？

还记得，我们为了解决一个个的技术难题，面红耳赤的互不相让吗？

最难忘，先进班组的红旗悬挂在墙上。

最难忘，那厚重的奖励，是至今还揣在怀里的，印有国旗的奖章。

最难忘，那激动人心的时刻，是我们，护送着第一批国产车走出工厂，像看着自己的孩子，第一次远渡重洋。

一个时代有一个时代的风流。

一个时代有一个时代的时尚。

我们的创业者呀，来自祖国的四面八方。

割舍了多少亲人的牵挂，笑慰中耕耘理想。

夜色中眷恋这片热土，从不后悔当初的志向。

有人问，你是哪里人？你总是自豪地回答，吉林是我的故乡。

主持人（乔榛　丁建华　翟弦和　李冬冬）：

今天的吉林大地，涌起了创业春潮。

今天的吉林大地，摆开了振兴的战场。

第二代开拓者，已经握紧了接力棒。

他们走进车间,走向田野,走进实验室,走向振兴东北最需要的地方。

看,出征的大船,已经整装待发。今天的创业者,正在释放着蓄积已久的能量,向着现代文明的彼岸,扬帆起航。

听,振兴东北的号角,在吉林大地吹响,今天的创业者,那跃跃欲试的冲动,如同积蓄在地下,即将爆发的岩浆。

让我们伸出第二次创业的手臂。

让我们打点起出发的行囊。

让我们踏着前辈的足迹。

让我们共同托起,明天的太阳。

歌曲:《满怀深情望北京》

演唱:边桂荣

《大屏幕短片》解说:

1953 年 7 月 15 日,新中国的第一个汽车工业基地在长春奠基,毛泽东同志亲笔题词:第一汽车制造厂奠基纪念。仅仅过去三年的时间,1956 年 7 月 15 日,中国第一辆解放牌汽车诞生,老司机马国范亲自驾驶它走下了生产线。这标志着,中国人不能制造汽车的历史,永远结束了。而新中国的第一辆轿车,几乎完全采用手工工艺,根据图纸要求敲打成型。这些珍贵的历史镜头成为我们的记录,1958 年,毛泽东等老一辈领导人,乘坐着第一辆轿车的情形。

红色的轿车,环绕怀仁堂后花园绿色草坪,行驶了两圈后稳稳地停了下来。毛泽东满面春风地跨出车门,高兴地说,好啊,坐上我们自己的小轿车了。

我们在现场看到的这辆红旗轿车,就是第一汽车制造厂生产的最早的国产车中保留下来的为数不多的一辆。

崔钦(歌唱家):

各位观众朋友们,我给大家介绍一下,我们第一汽车制造厂,1956 年第一台解放车,就是由我们于丰年老师傅开出厂门。他才是地地道道的老司机,下面请他为我们说几句话。

于丰年：

作为中国生产的第一批解放牌汽车的司机，感到非常的荣幸，我荣幸一辈子！我不管在世界各地，都希望能看到我们中国生产的解放车和红旗车！我曾经在使馆工作过，在使馆开车，向大使推荐过我们生产的红旗牌轿车。

崔钦：

好，下面我为大家演唱一首，我已经唱了40多年的老歌，《老司机》。

歌曲：《老司机》
演唱：崔钦

歌曲：《乌苏里船歌》
演唱：郭颂

郭颂：

亲爱的乡亲们，晚上好！改革开放政策使我们国家的农村发生了很大的变化，农民逐渐富裕起来了，这是天大的好事啊！于是我和我的朋友，共同创作了这首歌曲,叫《农家乐》。下面,我就为大家演唱这首《农家乐》!

歌曲:《农家乐》
演唱:郭颂

主持人（李冬冬）:

有一首歌我从小听到大,总也听不够。小时候我曾经问过爸爸,为什么说,让马儿啊,你慢些走。爸爸的话让我明白了,那是人们对美的依恋,对来之不易的和平环境和建设成果的赞美,那是人们对美好生活的向往,因此人们说这首歌,是永远不老的红色经典。

歌曲:《马儿啊 你慢些走》《众手浇开幸福花》
演唱:马玉涛

主持人（李冬冬）:

党中央发出的振兴东北老工业基地的号召,牵动了海外赤子的心。今天从长春走出的法国巴黎歌剧院终身歌唱家贾琦先生,万里迢迢回到了故乡。

这位曾经在世界各类声乐大赛中多次获得大奖的歌唱家,升沉不改故乡情。今夜贾琦先生要在长春五环体育馆参加《创业潮》红色经典演唱会,以表达这位吉林人对故乡的感激和眷恋。

歌曲:《共和国之恋》《长春啊 我的故乡》

演唱:贾琦

歌曲:《情深谊长》《毛主席的话儿记心上》

演唱:邓玉华

短片采访　黄婉秋

（字幕:40年来　她一直有个未了的心愿）

（字幕:又见刘三姐　再续当年情）

歌曲:《山歌好比春江水》
演唱:黄婉秋

歌曲:《只有山歌敬亲人》
演唱:黄婉秋

黄婉秋：

那么最后呢，我想请出我生活中的阿牛哥何有才，和我一起为大家演唱，还是电影《刘三姐》选曲——《盘歌》!

歌曲：《盘歌》
演唱：黄婉秋　何有才

主持人（翟弦和）：

朋友们，今天这场《创业潮》演唱会，得到了中国音乐家协会的大力支持。今晚，中国文联副主席、中国音乐家协会常务副主席、著名男高音歌唱家吴雁泽亲临晚会现场，他将把最美妙的歌声，献给吉林的父老乡亲!

歌曲：《在那遥远的地方》
演唱：吴雁泽

歌曲：《牧羊曲》
演唱：郑绪岚

歌曲：《大海啊 故乡》
演唱：郑绪岚

采访　郝水（东北师范大学博士生导师、教授，中国科学院院士）：

振兴东北老工业基地和吉林省第二次创业，我想这是科技工作者发挥自己作用的大好良机。我们一定尽自己的全力投入这个大潮当中，为国家、为我们省的发展，做自己的贡献。

采访　陈云莲（吉林省双联经贸有限公司总经理、全国十大农民女状元）：

东北这片辽阔肥沃的土地，是实现东北老工业基地振兴和吉林省经济腾飞的坚实基础。在振兴东北老工业基地第二次创业的征途上，不能没有我们农民的身影。我们愿意做广大农民兄弟脱贫致富的带头人，用自己勤劳的双手,在这片黑土地上,收获金疙瘩银疙瘩,在致富奔小康的道路上,踏踏实实走好每一步。

采访　李黄玺(一汽铸造公司一级操作师、全国劳动模范):

我们已经步入了21世纪,历史进入了新的千年。在这火热的二次创业进程当中,我们新世纪的产业工人,除了要继续保持和发扬苦干实干的优良传统,同时还要更加努力地学习和掌握先进的科学技术,成为力量型和知识型并重的企业中坚力量,为老工业基地的振兴和吉林省的经济腾飞贡献更大的力量。

主持人(乔榛　丁建华):

巍巍长白山,滔天松花江。

春回大地惊雷响,北国一派好风光。

丰韵千古,华夏一方。

美丽的吉林,是我们可爱的家乡。

亲爱的朋友们,今天长春籍的著名青年京剧表演艺术家陈俊杰从北京回到长春,他要为家乡喝彩,为我吉林写辉煌。

歌曲:《为我吉林写辉煌》

演唱:陈俊杰

(短片)

主持人(乔榛):

三十年前有一首

歌曲,唱遍了白山松水,也唱响了祖国的大江南北。延边,那块饱含深情的土地,养育了能歌善舞的朝鲜族人民,也成就了一代著名歌唱家金善玉。现在,让我们共同打开尘封的记忆,再一次聆听那久违的、表达我们共同情感的歌声。

歌曲:《延边人民热爱毛主席》
演唱:金善玉

歌曲:《我的中国心》
演唱:张明敏

张明敏:
非常高兴能到吉林,到长春为大家唱歌。我没有什么好的礼物送给大家,前天,我参与了《回家》节目的拍摄,非常喜欢《回家》这首主题歌,所以我学唱了,希望在这个晚会上送给大家,好不好?

歌曲:《回家》
演唱:张明敏

歌曲:《龙的传人》
演唱:张明敏

采访 陶玉玲(著名表演艺术家):
亲爱的吉林省的观众同志们,父老乡亲兄弟姐妹们,今天能在《创业潮》这个晚会和大家见面,我感

到非常地高兴! 长春电影制片厂是中国电影的摇篮,我们都说摇出了很多明星,拍出了很多优秀的影片,曾经是我非常向往的地方。吉林是我们国家的重工业基地,对中国做出了巨大贡献,希望她的经济能够更加繁荣!

（短片）
采访 吕远（著名作曲家）:
东北在中国的历史当中起到了很重要的、很闪光的作用。现在提出振兴东北工业基地,我相信一定会做到这一点,东北人的性格决定了这一点。

采访 于蓝（著名电影表演艺术家）:
现在重整旗鼓,第二次再兴建我们的大东北,我想我们东北人民一向能吃苦,而且勇敢,有热情,一定会做出惊人的成绩。

采访 阎肃（著名词作家）:
第一次创业的高潮给我留下了极深刻的印象,我觉得来势非常凶猛,一下子使得我们跨上了一大步。而今天,第二次创业高潮,我相信吉林人,吉林的父老乡亲们,那个劲头要一焕发出来,再加上中央的政策、全国各地的支援,我想我们吉林一定会登上一个更新的台阶,能创出第二次更新的更大的高潮。

歌曲:《我为祖国献石油》
演唱:刘秉义

刘秉义:
朋友们,有一首歌在共和国的历史上,曾经激励着我们战胜了无数艰难险阻,奋发图强,一往无前。这首歌就是《我们走在大路上》,下面把它献给大家,衷心祝愿我们的吉林,在振兴东北老工业基地的光辉大路上,重振雄风,再创辉煌!

歌曲:《我们走在大路上》

歌曲:《春天的交响》

主持人（乔榛　丁建华　翟弦和　李冬冬）:
又是一个春天,我们重新讲述一个春天的故事。
又是一个夜晚,我们重新孕育一个腾飞的梦想。
今晚的月色格外迷人。
今晚的灯光分外明亮。
今晚的歌声婉转动听。
今晚的笑脸神采飞扬。
让我们在这里相约,一起触摸长白山的律动,一起感受松花江的潮落潮涨。
让我们一起在这里相约,一起等待一个历史时刻的降临,一起倾听新生活的交响。
让我们从这里出发,去接受挑战、迎接未来,去成就民主、文明、富强。
五月,我们播种信念,让科学为我们插上理想的翅膀。
五月,我们播种智慧,让刀耕火种成为历史记忆中的过往。
五月,我们播种激情,让全世界都感受到吉林崛起的震荡。

五月，我们播种太阳，让炽热的能量融化每一处贫穷、每一处荒凉。

今夜的月色可以作证，这是振兴吉林掷地有声的誓言！

今夜的灯光可以作证，这是历史和未来的一次激情碰撞！

今夜的歌声可以作证，这是振兴吉林交响乐曲中的第一乐章！

今夜的掌声可以作证，这是振兴的号角吹过后，两千七百万人的合唱！

让我们从这里出发，走向辉煌！

让我们从地球出发，奔向太阳！

艺术顾问：吴雁泽

总　策　划：邓　凯　陈　蔷　任凤霞

总　导　演：王俊杰

导　　　演：王明政

电视导演：孙玉辉　海　天

节目统筹：陈广平　马　群

撰　　　稿：陈广平

艺术总监：童　宁　王俊杰

技术总监：刘月秋　张　华

总　监　制：冯　晨　吴明训　顾春雨　迟秀才

长白山之春

——吉林电视台 2008 年元宵联欢晚会

○ 2008 年度全国春节文艺晚会暨春节特别节目好作品。

○ 2009 年第九届百家电视文艺节目评选创优三等奖。

○ 2009 年中国广播影视大奖·广播电视节目奖（第二十一届"星光奖"）提名荣誉奖。

创作阐述

这是一台专题文艺晚会。晚会以团聚、荣耀、寻根、憧憬为四个主题章节，"回家"是贯穿这四个章节的主线。

文艺节目是其中重要的手段和表现形式，在保持传统晚会热烈、喜庆的风格基础上，打破晚会固有模式，采用故事化结构，以发生在吉林大地上的感人故事为晚会内核，例如名人与吉林的故事、优秀文艺作品与吉林的故事、异国他乡的人与吉林的故事等。

一个人，永远留着他的乡土痕迹。祖国山南海北、世界四面八方的吉林人回家，是一种荣归；曾经在吉林这片土地上工作过并为吉林做出过贡献的外乡人旧地重游，是一种寻找；而对于在吉林这片沃土上汲取了力量，最后成名、成才的人来说，重回吉林，是一种感恩。荣归、寻找、感恩的动人画面，将纷呈于整台晚会的四个章节当中。通过这样一个"回家"的过程，最终完成一个关于吉林省的未来、关于吉林人精神的深度文化思考。

整台晚会以"情"为主：乡情、亲情、友情、爱情、师生情、家国情以及对党和政府的感恩情；以宣传吉林省形象为辅：建设与发展、回顾与展望、歌颂与祝福。

晚会呈现

序曲：

（瑞雪飘飘、追光、提着红灯笼的儿童）

背景歌谣：

正月里、正月正、正月十五挂花灯。

挂花灯、吃元宵、敲锣打鼓放鞭炮。

放鞭炮、好运来、千家万户乐开怀！

乐开怀、吉星照、长白山下春来到！

大屏幕《长白山之春·序曲》

第一章：乡情·团聚

节目一　《长白闹春》

（冷焰火、起红樱束音乐、红樱束鼓队表演、绸吊、威亚、武行、声、光、电，动用所有的效果，现场气氛由热烈到高潮）

刘芳菲：尊敬的各位领导、各位来宾

张政：亲爱的观众朋友们

合：晚上好！

刘芳菲：当吉祥的雪，晶莹了北方的原野。

张政：当喜庆的夜，璀璨着今晚的星光。

张凯丽：当回家的路，沸腾了游子的思念。

栾海：当团圆的歌，辉煌了乡情的乐章。

刘芳菲：山也多情，水也多娇，白山松水，涌动滚滚春潮！

张政：正月十五，佳节良宵，脉脉乡情，穿越千里迢遥！

张凯丽：渴望团聚，漂泊的心，永远朝着家的方向。

栾海：故园难舍，血脉里的歌，一直在天地间回荡。

刘芳菲：所以，这个夜晚群星闪耀、遍奏华章。

张政：所以，这个夜晚深情款款、意味悠长。

张凯丽：不仅有久别重逢的喜悦，不仅有喜极而泣的泪光。

栾海：还有灵魂深处的牵挂，还有心与心的碰撞。

刘芳菲：不仅有欢声笑语的祝愿，不仅有花好月圆的畅想。

张政：还有拥抱家乡的激情，还有建设家乡的力量。

张凯丽：让我们聆听

栾海：让我们铭记

刘芳菲：聆听长白山深情的召唤

张政：铭记吉林人——

全体合：永远的荣光！

节目二　歌舞《长白山　我心中的山》
　　　　演唱者：贾琦

节目三　独舞《扇舞丹青》
　　　　表演者：王亚彬

张凯丽：一支扇舞丹青，动静传神，飘然若仙。

张政：一曲高山流水，空灵飘渺，宛如天籁。

张凯丽：雄奇的长白山，是歌的意境；秀美的松花江，是舞的精灵。吉林人对于故乡的爱，就在这高山流水间。

张政："我歌月徘徊，我舞影凌乱"，在这元宵佳节的团聚时刻，放歌、起舞、咏山、赞水，都是一种对乡愁的慰藉，对乡情的倾诉和表达。

张凯丽：也许，只有这样的灵山秀水，才能滋养出吉林人豪放不失细腻的性情。

张政：或者说，正是这样的山水，滋养着东北的文化根脉。

张凯丽：说到文化根脉，吉林省的电视剧应该是这根脉上结出的丰硕果实。近年来，随着一批优秀电视剧在中央电视台的热播，优秀的东北文化被传向了四面八方。许多专家还把吉林电视剧作为一种现象进行研究。

张政：我还听说啊，随着吉林电视剧的影响越来越大，吉林省还涌现出一批地产的、土生土长的、特色特点都十分突出的"大腕儿"呢！

张凯丽：真的吗？

张政：不信你瞧……

节目四　小品《向阳屯大腕》

节目五　独唱《乡情浓似酒》
　　　　演唱：闫学晶

张政：凯丽呀，听过刚才这首《乡情浓似酒》，你有什么感觉？

张凯丽：我醉了，不过是幸福的陶醉。我为我是一名吉林人感到自豪，尤其是作为一名演员，我为家乡的电视剧和电视人取得的成就自豪。

张政：我也醉了，因为幸福是会传染的。但是文化是需要传播的。我想啊,吉林电视剧之所以会引起这么大的反响,主要就是她所传播的优秀东北文化,引起了全国观众的共鸣。

张凯丽:没错,优秀的文化产品,本来就是没有界限的。地域的差别,并不影响文化的交流、融合。

张政:看来你是颇有心得啊。好,再让我们听一听专家怎么说,请看大屏幕——

节目六　歌舞《乡音乡情》

张凯丽:关于故乡,有人曾告诉我:就是在那里,祖先停止了漂泊。关于乡音与乡情,有人这样说:那是一首首无题的诗、动人的歌。

张政:那么,乡愁呢? 乡愁则是模糊的怅惘,是美丽的期待。是对生命迁徙,充满忧思的注解。

张凯丽:揽镜照、鬓成霜、故园月、空相待。

张政:寻根梦、应犹在,感恩心、终不改。

第二章:寻根·感恩
节目七　歌曲《回家》
　　　　　演唱者:蚂蚁组合

节目八　歌曲《只有山歌敬亲人》

节目九　舞蹈《正月十五闹花灯》

栾海:今天我们的晚会现场真是其乐融融、春意浓浓。

刘芳菲:置身其中,我们是最幸福的人。

栾海:我想,这春意主要是来自我们请回来的这么多吉林籍演艺界名人,当然也包括你。这是晚会的一大特色,而你们更成为晚会的一大亮点。

刘芳菲:可千万别这么说,我们只是一颗颗种子,是故乡给了我们春光,帮助我们成长。

栾海:每一颗种子都开出了美丽的花,这是对故乡最好的报答。

刘芳菲:如果这样说,那故乡就是指引这些花儿开放的花神。

节目十　歌舞《花神》

张政:以寻根的目光去关注,我们发现了感动。

张凯丽:以感恩的心灵去倾听,我们听到了春天。

张政:因为春天,这片希望的原野充满生机,无限华美。

张凯丽:因为感动,这片多情的土地洋溢着和谐,散发着芬芳。

张政:寻根之旅,慰藉了我们久远的思念。

张凯丽:感恩之情,鼓舞着我们未来的时光。

张政:于是,这团聚的主题分外深刻。

张凯丽:于是,这春天的内容无限宽广!

节目十一　小提琴独奏《梁祝》
　　　　　演奏:刘云智

节目十二　京剧《贵妃醉酒》
　　　　　表演者:李玉刚

第三章:圆梦·和谐

栾海:刚才,我们在大屏幕上看到的几位,是为吉林体育事业发展做出了突出贡献的人。感谢他们!(鼓掌)为了圆吉林省的奥运金牌梦,许多吉林体育健儿还跋涉在路上。

刘芳菲:是啊,圆梦之路有时显得过于漫长。2008年,我们的祖国圆了奥运梦,为了圆这个梦,足足跨越了百年时光。

栾海:但是美梦成真的时候,又会感觉圆梦的过程十分短暂。比如去年长春亚泰足球队问鼎中超冠军,吉林人多少年的梦想,像是一瞬间就变成了幸福的现实。

刘芳菲:应该说,是许多优秀的吉林体育健儿们不懈的努力,才让我们对未来充满美丽的期待。

栾海:遗憾的是,亚泰足球队现在正在海口集训,不能来到晚会现场,不过,我给大家带来了另一个惊喜。

刘芳菲:噢?

栾海:有请我们吉林的骄傲、冰雪奇花——叶乔波!(鼓掌)

栾海:乔波你好!

刘芳菲采访叶乔波:乔波你好!和家乡人说说你现在的情况好吗?

刘芳菲:让我们感谢叶乔波,感谢已经退役的她,还在为我们的体育事业做着贡献!

栾海:叶乔波现在是北京奥组委的特聘专家。我有个问题想请教她。

叶乔波:不客气,您请问。

栾海:我们都知道,你为了实现吉林的奥运金牌梦,可以说奉献出了自己的一切,也留下了巨大的遗憾。那我现在特别想知道,你认为,谁最有可能为吉林省在奥运会上实现金牌的零突破?

原来是乒乓球运动员

叶乔波:作为一名吉林人,我想,无论是哪位吉林运动员为家乡实现这个梦想,我都会为他感到骄傲。

栾海:可我还是想知道,你心目中排在第一位的候选人是哪一位。

还是非常有信心的去参加奥运会

叶乔波:这真是个难题。如果一定要排出次序的话,我选择王皓。

栾海:幸亏早有准备,我们的记者专程赶到了正在深圳进行全封闭训练,备战北京奥运会的国家乒乓球队,请看大屏幕!

刘芳菲:如果给梦想插上一双翅膀,那翅膀应该叫作坚强。

栾海:如果在这个春天播下一颗种子,那种子应该叫作希望。

刘芳菲:用耐心呵护坚强的翅膀,用梦想给予它力量。

栾海:用汗水浇灌希望的种子,用爱做它成长的土壤。

刘芳菲:凭着坚强,我们的祖国圆了百年奥运梦。

栾海:凭着坚强,我们的吉林充满圆梦的希望!

节目十三　联唱:《九州月圆》
　　　　　表演者:韩彦婷等

节目十四　独唱:《千年等一回》
　　　　　表演者:赵雅芝

独唱:《上海滩》
表演者:赵雅芝

栾海:一曲《上海滩》主题歌,听过之后让人感慨万千。真的是初闻上海滩,年幼不知愁;再闻上海滩,白了少年头。

刘芳菲:电视剧《上海滩》,诞生于上个世纪八十年代初的香港,到现在整整过去了 28 年。难怪你有这么深沉的感慨。不过,你有你这 28 年来的感慨,我有我这 30 年来的感叹。

栾海:你的感叹是……

刘芳菲:时光飞逝,山河巨变!

栾海:能解释一下吗?

刘芳菲:好。1978 年,我们中国开始改革开放,到今年整整是 30 年。在这改革开放的三十年里,我们国家强盛了、人民富裕了、香港澳门回归了、宇宙飞船发射了、北京申奥成功了、我们齐心奔向小康了。

栾海:真的是山河巨变啊! 跟你的感叹比起来,我的感慨倒显得小家子气了。不过我也有感叹。

刘芳菲:说来听听。

栾海:远的不说,就说说咱们吉林省的 2007 年吧,这一年里,我们工业发展了、农业高产了、外贸赚钱了、财政增收了、民生实事兑现了、大庄两口子金婚了。

刘芳菲:哎等等等等,大庄两口子是怎么回事呀?

栾海:还是让他们说吧。你看,他们来了…….

节目十五　小品《金婚》

刘芳菲:你可真是有备而来呀!

栾海:噢?

刘芳菲:你刚才一口气说出了那么多我们吉林省取得的好成绩,又担心我因为不常回来,怕我不相信,所以请来了大庄夫妇做证明。

栾海:被你猜对了,这的确是我有意安排的,不过呀,我的准备要比你想象的还要充分。

刘芳菲:噢? 你还有什么准备?

栾海:我不但请了像大庄夫妇这样的百姓给我助威,我还请来专家给我鼓劲儿。

刘芳菲:是吗?

栾海:请看大屏幕——

节目十六　歌曲《为了谁》
　　　　　　演唱:佟铁鑫

节目十七　歌舞《望月》
　　　　　　演唱者:宋祖英
　　　　　　歌舞《和谐乐章》
　　　　　　演唱者:宋祖英

四位主持人出场:

刘芳菲:长白山下,松花江畔,载歌载舞,同庆上元。

张凯丽:良辰美景,如梦如幻,今夕何夕? 天上人间。

栾海:珍存美好,憧憬明天,盛世吉林,好运相伴!

张政:今夜,就让这元宵节的明月,把我们的祝愿,洒向辽阔吉林的秀水灵山。

刘芳菲:今夜,就让这和谐的音律,把春天的信息,传遍生机盎然的北方

大地。

　　栾海：明天，以豪迈的前进步伐，把美好的希望，化作务实进取的动力。

　　张凯丽：明天，以火热的赤子情怀，把真诚的感恩，融入建设故乡的壮举！

　　栾海：元宵节联欢晚会——

　　合（高声地）：到此结束，祝大家晚安！

　　总　策　划：冯　晨　　吕钦文

　　总　导　演：王俊杰

　　节目统筹：李冬冬

　　现场导演：王明政

　　电视导演：海　天　　吴　祥

　　撰　　　稿：葛维国

　　技术协调：李志明

　　技术监制：刘月秋　　李天罡

　　总　监　制：谭铁鹰　　迟秀才

最美的歌唱给妈妈

——吉林省喜迎党的"十八大"暨"五个一工程"
获奖作品展演电视文艺晚会

○ 2013 年国家广播电影电视总局党的"十八大"广播电视宣传优秀
文艺节目。

○ 2013 年第二十五届吉林省电视文艺"丹顶鹤奖"综合电视文艺
类一等奖。

○ 2013 年第十一届吉林省长白山"文艺奖"作品奖。

创作阐述

2012 年 9 月，在第十二届中宣部精神文明"五个一工程"评选中，吉林
省共有 7 项作品获优秀作品奖，获奖作品覆盖所有 6 大评选门类，省委宣传
部荣获"组织工作奖"，我省获奖作品总量进入全国前十名，进一步提升了
吉林文艺工作在全国的地位，为吉林赢得了荣誉。"盛世和鸣 华章溢彩"，在
党的"十八大"即将召开的祥和与喜庆围绕、欢欣与振奋激扬的美好氛围中，
吉林省委宣传部、吉林省广播电影电视局、吉林电视台精心策划打造了《最
美的歌唱给妈妈——吉林省喜迎党的"十八大"暨"五个一工程"获奖作
品展演电视文艺晚会》。

晚会气度恢弘、风格高雅、动静相宜、层次分明，融政治性、思想性、艺
术性于一体。通过吉林本土演员展演的获奖作品和文艺节目，展示吉林文艺
的精品佳作。通过脍炙人口的经典作品，歌颂党、歌颂祖国、歌颂伟大时代。

晚会首次采用了 200m² 超大高清弧形幕和灯光矩阵等前沿技术手段，
同时，还采用了双层舞台及舞台与观众席整体涵盖设计。无论在理念上还是

设计上都实现了新的突破。

晚会在"百花齐放""美好吉林""唱响未来"三个篇章中，以熠熠生辉的吉林特色、流光溢彩的演员阵容、推陈出新的舞美设计、赏心悦目的视频效果、行云流水的节目串联，完美呈现了深刻的主题内涵和豪迈高雅的艺术诉求。

描绘伟大时代的瑰丽画卷，尽展美好吉林的无限魅力。《最美的歌唱给妈妈——吉林省喜迎党的"十八大"暨"五个一工程"获奖作品展演电视文艺晚会》，折射的是吉林文艺的崭新气象和辉煌成果，唱响的是一曲曲波澜壮阔的心灵颂歌，记载的是吉林文艺一段豪迈跋涉的坚实足印，激荡的是属于吉林文艺不变的光荣与梦想！

晚会呈现

晚会片头：

吉林文艺综述性短片

开篇：歌舞《欢庆》

周峰：金风荡漾，硕果飘香，漫步白山松水，喜闻笑语欢畅！

周涛：盛世和鸣，华章溢彩，徜徉美好吉林，笑看百花齐放！

张泽群：以澎湃的激情和灵感，刻画流光溢彩的生活！

薛倩：用无愧于伟大时代的作品，向党和人民献礼！

周峰：尊敬的各位领导，各位来宾！现场以及电视机前的观众朋友们！大家——（合）晚上好！

周涛：您正在收看的是《最美的歌唱给妈妈——吉林省喜迎党的"十八大"暨"五个一工程"获奖作品展演电视文艺晚会》。

张泽群：在刚刚结束的中宣部第十二届"五个一工程"作品评选中，吉林省共有 7 项作品荣获优秀作品奖，获奖作品覆盖所有 6 大评选门类，省委宣传部荣获"组织工作奖"。吉林省的获奖大丰收，极大提升了吉林文艺工作在全国的地位，为吉林文艺赢得了崇高的荣誉。

薛倩：这优异的成绩不仅体现了吉林文艺工作者的聪明才智和积极投身伟大时代的热情，更呈现出吉林文艺繁荣发展的万千气象。

周峰：这也满载着吉林人民的深情厚意和美好愿景，向党的十八大激情献礼。

周涛：今夜，让我们追寻光荣与梦想，饱览美好吉林的无限风光！

张泽群：今夜，让我们走进荣誉的殿堂，分享收获时节的喜悦舒畅！

薛倩：今夜，让我们交织幸福的音律，奏响献礼党的十八大的华美乐章！

1. 歌曲《最美的歌儿唱给妈妈》《在那桃花盛开的地方》
   表演者：蒋大为

2. 京剧《百花争艳》

周涛：刚才几位青年京剧演员的精彩表演，让我想起，吉林省京剧团凭借一出大戏《牛子厚》荣获了中宣部第十二届"五个一工程"奖之外，就在不久前落幕的文化部"全国京剧优秀青年演员展演"和央视"全国青年京剧演员电视大赛"中，吉林省京剧团还获得了 1 项金奖 5 项银奖，真是成绩骄人、可喜可贺！

周峰：多谢、多谢！其实近几年来，我们吉林省戏剧可以说呈现出全面复苏的良好态势，二人转、吉剧、评剧、京剧、话剧、满族新城戏，接连获得国家级大奖，不断刷新历史、创造记录、填补空白。跟您说句实话，作为一个吉林人，一名文艺工作者，我很为他们感到自豪。

周涛：你的心情我能理解。正是你们全省广大文艺工作者这份共同的自信和自强，吉林文艺创作才能在短短的几年间不断形成"现象"、迸发"亮点"、树立"品牌"、扩大"影响"、收获"荣誉"，为美好吉林增添了丰富多彩的内涵。

周峰：您总结得真好，向您致敬！

3. 女声独唱《大美长白山》
　　演唱者：金美儿

周涛：我们知道，每届中宣部"五个一工程"奖的评选，是对全国优秀文艺作品创作生产的一次集中检阅和展示。而一部优秀的文艺作品，要有刻画美好、启迪思想、荡涤灵魂、记录时代的价值和作用，能够回答"为了谁、依靠谁、我是谁"的问题。

周峰：的确是这样。近年来，具有光荣传统的"长影集团"，在振奋人心的吉林省文化体制改革中，拍出一部部精彩的影片，荣获"五个一工程奖"的获奖影片《辛亥革命》《大太阳》《信义兄弟》，还有近日刚刚上线的新片《铜雀台》均获得良好的效益，新拍摄的向党的"十八大"献礼影片《索道医生》也得到国家广电总局领导和各位专家的一致好评，使长影呈现出崭新的面貌和勃勃的生机。下面，我们请出由"长影集团"出品，获得中宣部第十二届"五个一工程"电影奖的《大太阳》中的几位演员，听一听他们的创作感受。有请——

4. 电影《大太阳》剧组主创人员讲述拍摄故事
  演员：刘佩琦　林浩　许文广

周涛：通过几位演员的介绍，我们能够理解，当一部记载历史、触及灵魂、无愧于伟大时代的优秀作品诞生时，置身其中的文艺工作者们，需要承受和要付出的代价，往往超出常人的想象。

周峰：是啊，这也是广大文艺工作者们赢得尊重的充分理由。让我们用掌声向他们表示敬意！

周涛：不但要向他们表达敬意，更应该表示感谢。因为一部优秀的文艺作品，往往会以其旺盛的生命力流传久远，带给更多人震撼和感动，从而影响人、教育人。

周峰：的确是这样。这部《大太阳》不禁让我感慨经典的力量。在长影的发展历程中，可以说有许多经典之作给几代中国人都留下了深刻印象。比如说，上世纪50年代，有一部名为《上甘岭》的电影。

周涛：那可的确是经典啊！尤其是《上甘岭》电影的主题歌《我的祖国》，到现在虽然已经过去了半个多世纪却依然传唱不衰。

周峰：而且经过几代歌手的演绎，这首歌可以说越来越年轻。下面就请玖月奇迹为我们带来这首《我的祖国》！

5. 联唱《我的祖国·中国美》
  演唱者：玖月奇迹组合

张泽群：应该说，我们今夜的相聚，是基于吉林文艺近几年来取得的丰硕成果。而这成果，在中宣部第十二届"五个一工程"评比中得到了集中的展示。

薛倩：没错，这也标志着吉林省文艺精品创作生产的新跨越，是近年来吉林文艺走向全国的重要突破。在党的"十八大"即将召开之际，吉林文学艺术战线向党和人民交出了一份合格的答卷。

张泽群：独具魅力的白山松水，滋养灌溉特色鲜明的艺术之树；慷慨丰饶的文艺土壤，必然盛产甘美的果实。

薛倩：您说得对极了。几年来，在吉林省委、省政府的正确领导和大力扶持下，吉林文艺风生水起，广播、影视、图书、戏剧、歌曲在全国屡获殊荣。

张泽群：全国的广大人民群众也从优秀的吉林文艺作品中更加了解了吉林这方热土，喜爱这方热土上勤奋善良的人们。

薛倩："五个一工程"评比举办了十二届，吉林省的电影和电视剧收获了十二届获奖的殊荣，那么接下来，就让我们重温我省曾获"五个一工程"奖的优秀影视剧中的插曲，让那珍藏在我们心底、回荡在往日时光中的经典旋律，再次唤起我们的记忆！

6.小提琴演奏《吉林省"五个一工程"获奖影视剧主题曲联奏》
表演者：张少博

7.女声独唱《血脉》《在希望的田野上》
演唱者：殷秀梅

周涛：一年好景君须记，最是橙黄橘绿时！金秋时节，这片希望的原野上到处充满了欢歌笑语。

周峰：是啊，你可能还不知道，进入九月以来，我们吉林省的文艺创作生产捷报频传。除了在中宣部"五个一工程"评选中获

得好成绩外，长影出品的《辛亥革命》荣获金鸡百花3项大奖；由通化市政府参与制作的电视剧《远去的飞鹰》获得"金鹰奖"优秀电视剧奖；由我省制作的电视剧《长白山下我的家》在央视一套黄金时段播出，我省作家获得全国少数民族文学"骏马奖"，省曲艺团摘取了全国曲艺类最高奖"牡丹奖"！

周涛：我想，这一项又一项荣誉、一座又一座奖杯，映衬出的是吉林文艺工作者追逐梦想的激情、创造辉煌的豪迈。我仿佛听到，他们以崭新气象和辉煌成果奏响了一曲曲波澜壮阔的心灵颂歌！

周峰：说得好！不过，获奖不是最终目的，最终目的是创作生产既让老百姓喜闻乐见，又能获得市场效益的文艺精品。在这片生机盎然的原野，在笼罩着幸福之光的吉林大地上，荣誉，标志的是一段历程，而他带来的，是文化大发展大繁荣的美好景象。

8. 杂技《荷塘月色》
表演者：广州军区战士杂技团

张泽群：纵观吉林省在十二届"五个一工程"评选中走过的 20 余载历程，取得的 70 多个奖项，作为一名置身于伟大时代的文艺工作者，我深深感受到，推动文化大发展大繁荣是时代的呼唤、人民的期待，也是我们的使命和责任。

薛倩：是的，几年来，吉林省的文艺工作者一直坚持发扬以现实题材为主的创作传统和优势，把握时代脉搏、紧跟时代步伐、反映时代精神，热情歌颂吉林人民振兴老工业基地波澜壮阔的伟大实践，描写和展示改革的吉林、开放的吉林、活力的吉林，他们赢得了人民给予的荣誉和尊重。

张泽群：春华秋实，岁月如歌。一份耕耘，一份收获。我能想象，吉林文艺实现的每一次跨越、取得的每一份成就，都凝结着广大文艺工作者艰辛的努力和珍贵的付出。就像一首歌中唱的那样："幸福，是风霜雨雪都经过，才把阳光收获。"

薛倩：于是，我们深刻理解了幸福的真谛：幸福，是物质丰足后的感恩；幸福，是精神满足后的舒畅；幸福，是经过辛勤的耕耘后，收获的那捧最迷人的芬芳。

9. 女声独唱《幸福》《还看今朝》
　　表演者：毛阿敏

10. 舞蹈《火辣辣的爱》
　　　表演者：王晓燕（吉林市歌舞团）

周峰:一支火辣辣的舞蹈,跳出来的是幸福、是喜悦、是温暖、是豪迈!踏歌起舞,动静传神;伴舞放歌,情韵悠长。

薛倩:春天的生机、夏天的火热、秋天的丰饶、冬天的清爽,是吉林人歌的意境、舞的精髓。吉林人对故乡火辣辣的爱,滋润着每一个日子,汇成绚丽缤纷的四季。

周峰:而绚丽缤纷的四季,汇聚成了我们美好的生活!丰衣足食,振奋的是力量。精神愉悦,温暖的是人心。是"努力让城乡居民生活得更加美好"的承诺与信念,描绘出吉林今天的五光十色;是心系民生的不变情怀,赋予了每一个日子的多姿多彩!

薛倩:于是,"舞低杨柳楼心月,歌尽桃花扇底风"的喜悦欢畅,构成了今晚和谐美好的画面。可以想象,生活在这片热土上的吉林人,必然会以幸福、和睦谱写出更加壮美的诗篇。

周峰:"晴空一鹤排云上,便引诗情到碧霄",深深爱着这片大地的吉林人,必将以无限豪情创造更多建设美好家乡的动人的佳话!

11. 歌曲《美好吉林》《潮涌东方》
    演唱者：韩磊

12. 舞蹈诗歌《红旗颂·放声歌唱》
    表演者：温玉娟　鲍国安

周峰：各位领导、各位来宾，现场以及电视机前的观众朋友们，今宵难忘，我们沐浴盛世阳光，喜迎党的"十八大"，向党的"十八大"赤诚献礼！

周涛：金秋十月，我们分享累累硕果，感受美好吉林，激情唱响未来！

张泽群：让激越的心跳汇成山高水长，让梦想的光芒，照耀前方！

薛倩：永葆对党和人民的深深爱恋，去谱写吉林文艺的新华章！

全体：晚会到此结束，再见！

总 策 划：庄　严
策　　划：许云鹏
总 导 演：王俊杰
导　　演：李冬冬
撰　　稿：葛维国
导　　播：吴　翔
技术统筹：李志明
技术监制：李天罡
统　　筹：周　刚　刘　威
总 制 片：任广伟
总 监 制：冯　晨　张志伟

回家过年

——2016 年吉林电视台春节特别节目

○在 2016 春节节目、文艺栏目讲评中，荣获中国电视艺术家协会和电视文艺委员会春节特别节目评选优秀视觉效果奖和最佳作品奖。

创作阐述

吉林电视台 2016 年春晚《回家过年》，首次以春节特别节目形式呈现。突破了大多数春节节目固有的喜庆热闹风格，独辟蹊径，从文化的高度和角度解读民族传统。透过形式新颖、富有艺术感染力的节目，演绎和诠释"家国情·故乡情""中国梦·我的梦"，表达和刻画了"回家过年"所蕴含的"释放亲情 抚慰心灵 整理航标 放飞梦想"的珍贵价值和意义。大气从容地打造了一台高品质的艺术盛宴，让"共筑中国梦"的浓郁情感成为天下华人回归家园的精神动力。

《回家过年》舞美采用圆环形设计，灵感来自团圆的"圆"字和回家的"回"字，寓意"圆融·美满"。在形式上采取纪实手法、情感串联、文化表达、艺术化呈现。著名主持人刘芳菲和表演艺术家濮存昕担纲特别设置的讲述人的角色。创作团队远赴港、台等全国各地，精心摄制了六部短片，短片拍摄对象均为华人领域的优秀代表。例如，著名画家黄永玉，诺贝尔文学奖获得者莫言，奥斯卡金像奖获得者叶锦添，台湾诗人余光中、席慕蓉，香港著名企业家曾宪梓、霍震霆等。通过他们完成了关于"家""国""年""梦想""青春"等情怀的抒发和升华，与现场形成情感互动，使《回家过年》更亲切、更温暖、更动人。《回家过年》没有搞笑、热闹的语言类节目，没有真正意义上的明星或大腕，歌曲、舞蹈、器乐、诗歌是《回家过年》的主旋律，以"家国之情、团圆之愉、春节之悦、中和之美"成为当年全国春节节目中一道亮丽而独特的风景。

晚会呈现

开篇记录短片：《回家路上》

新媒体演绎：《春晓》

1. 歌曲《回家》
　　演唱：美声四季

濮存昕：回家了，过年啦！过年真好！过年要回家，还没回到家就开始想了，有工作有事儿回不了家的，那就更想了！中国年是咱们民族的文化传统，家，凝聚着多少中华儿女的情怀！

刘芳菲：是啊，回家真好！年少时想离家，长大后想回家。对于海外游子来说，祖国就是家，对于像我这样离开故乡在外地工作的人来说，故乡也是家。而对于在故乡生活的人来说，回到父母双亲的身边才是家。但是无论如何，对于天下游子而言，"回家"是一声召唤,是一种温暖;是对家园渴盼的滋润,更是对乡愁的慰藉。

　　濮存昕:的确是这样。我也曾经是个游子,远离故乡北京,在他乡度过了将近8年的知青生活。每次的探亲路上,无论是去还是回,总是带着乡愁。我觉得,乡愁是思念,乡愁是不舍。冯骥才先生说:乡愁这个词汇好像有一点浪漫,有一点诗意,但其实那的确是一种实实在在的情感。真切时,脑海里充盈的只有两个字:回家。

　　刘芳菲:在我的脑海中,离家的画面和回家的画面总是一致的。离家时,记住的是父亲牵挂的目光和母亲慈祥的叮咛;回家时,满心扑奔的也是父母双亲给我的那份浓得化不开的温暖和牵挂。我想,"回家过年"这四个字道出的是天下华人共同的心声和渴望。

2. 儿童歌舞合唱《盼》

短片【一】流年印象

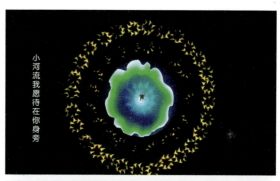

小河流我愿待在你身旁

小河流我愿待在你身旁

洋溢着欢笑

让我在回忆中寻找往日

3. 女声独唱《往事》
　　演唱：孟庭苇

　　濮存昕：人生如同画卷，往事则像一帧帧画面，让人难以忘记。我们吉林电视台有一档文化纪实节目就叫《回家》，很多前辈和当代文化大家、艺术家都是其中的嘉宾。巴金先生在节目中回忆自己的家时，曾饱含深情地说：我的家庭很幸福，我的母亲很爱我，我是在母亲慈祥的目光中、温柔的呵护里长大的。那一刻，已经年逾百岁的巴金先生对"家"的倾慕，对母亲的怀念感人肺腑。还有台湾诗人余光中先生，在《回家》节目中，白发苍苍的他乘一叶故乡的小舟，吟咏着他的诗作《乡愁》时，一名年近八旬的游子，依恋家园的情怀动人心魄。

　　家，是生命的起点，又是乡愁的终点。乡愁，仿佛是中华民族所独具的文化表情，这表情因为无数游子对家园的挚爱和依恋而隽永、生动。

4. 男中音独唱《那就是我》
　　演唱：张大伟

短片【二】故土情深

濮存昕：在我小的时候，家里生活条件不好。每到年根儿就盼着过春节，就像莫言先生在他的散文《过去的年》中写的那样：往往是一进了腊月，就开始掰着指头数日子……其实在那个年代，孩子对于过年的期盼，主要就是为了能吃到些平时吃不到的好东西，这与当时物质条件的贫乏有关。有人说，现在的物质生活富足了，咱中国人对"年"的概念也逐渐淡漠了。我想，其实是现代中国人对于"年"的盼望已经逐渐从物质层面更多地上升到精神层面了。

刘芳菲：是啊，家，牵引着天下华人精神和情感皈依的朝向。年，联结着我们血脉深处最美好的那一点。每年春节，奔波在回家路上的中国人有几十亿人次，"回家"已经成为中国人的一种精神共识，甚至成为一种集体信念。回家：释放亲情，抚慰心灵，整理航标，放飞梦想。我觉得这样的"回家"，是中华美德的传承，是一种中国传统美学的呈现，这种美源远流长未曾

断，山高水长不可阻。

5. 音乐剧《好想回家》
　演唱：么多多

濮存昕：我曾经读过一篇大画家黄永玉先生的散文，他这样描述自己的家乡："我那个城，在湘西靠近贵州省的山洼里，城的一半在起伏的小山坡

上，用一道精致的石头城墙，上上下下地修起一个圈儿来圈住。"你看他的语气，就像是小孩子怕有人和她抢心爱的玩具似的，九十岁的老先生把家乡称为"我那个城"。是啊，无论是离家千万里还是四海为家，生养我们的故乡只有一个，当然是要称为"我的"，如同珍宝一样。

刘芳菲：我也总是向朋友赞美家乡，即使你去过很多地方，但是一定没见过我的家乡长白山那样雄奇瑰丽，仿若来自宇宙洪荒的高山，一定没见过在最冷的时节依然昼夜奔流，雾气氤氲，为两岸垂柳披上银装的松花江，一定没见过欢声如潮的冬捕，一定没见过望不到头，走不到边，高高的青纱帐和闪着金光的稻田。每个人对自己家乡的热爱都是铭心刻骨的。

6. 男女声二重唱《长白山，我故乡的山》
　演唱：张建一　方琼

7. 芭蕾舞《鹤舞》
　表演：中央芭蕾舞团

刘芳菲：我是土生土长的吉林人，年少的时候一直想离开家，因为"世界那么大，我要去看看"。记得大学毕业的那年春节，我去日本看望在那里定居的姑姑，到达日本的当天，恰好是我们中国的大年三十，因为是第一次出国，去往姑姑家的路上非常不顺利，几经辗转耗费了七个多小时才饥肠辘辘地赶到姑姑家里。让我难以置信的是，姑姑给我端出的第一样食物竟然是一盘热气腾腾的东北酸菜馅饺子！那一刻，我也是醉了。

姑姑身在异国他乡也依然保持有腌制东北酸菜的习惯，因为她把那当作故乡的证明、中国人的证明。而我也在那一刻明白，故乡的基因深入了我们的血脉，无论我们身在何方，总有一天的某一时刻，因为某一个场景、某一种味道、某一个声音、某一种理由，就会突然想起她。

8. 女声独唱《难忘那一天》
　演唱：朴银花

短片【三】家国一脉

9. 男女声二重唱《感谢你中国》

演唱:金小鱼　吉米

10. 歌舞《转动幸福》《看》
　　演唱:金美儿

　　濮存昕:我跟大伙儿说说我的一次过年经历。16 岁那年,我响应国家号召,保卫边疆、支援边疆建设,到了黑龙江边儿上的生产建设兵团当了将近 8 年的知青。有一年雪下得特别早,秋粮都收不回来了,秋菜也全冻烂在了地里,白菜、土豆、萝卜全没了,连队就号召知青回家过年。但是我们养马班得喂马,所以不能回家。年三十儿那天,我特别想家,就拿出了一封家信念给我们养马班的同志听。因为我牵着自己喂养的大种马,照了一张相片寄回了家里,我父亲欣然赋诗一首。

　　刘芳菲:您还记得那首诗吗?

　　濮存昕:我记得他是这样写的:目穷碧野尽,胸横白云轻。挽辔思远志,寄影慰豪情。秣马壮秋草,厉兵迎朔风。神骏腾汗血,战士炼心红。

　　刘芳菲:从这首诗里,能感受到父亲对您报效国家充满自豪和期待。

濮存昕：别提了，在那封信的结尾，我父亲就严厉地批评了我。因为我想让父母了解我的边疆生活，就画了一张我们连队的平面图，在图上标明了宿舍、食堂、马舍、连部等地方。然后父亲就在回信里说：你身处边疆保家卫国，怎么能暴露连队的方位图呢？大伙儿听了全都笑了。

刘芳菲：我们的先人其实早就在"家"的概念中注入了丰富的社会内涵和人生理想，"修身、齐家、治国、平天下"注解出了小家和大家的关系；"埋骨何须桑梓地，人生处处有青山"更是"家文化"中的黄钟大吕之声；"漂泊万里，叶落归根"，化人生的沧桑与悲凉为一杯浓浓的思乡之酒；而"葬我于高山之上兮，望我大陆，大陆不可见兮，只有痛哭"，这首现代的国殇，更是让海峡两岸的每一个中国人"读之双泪流"。

濮存昕：是啊，"家"，是人生最小的生存单位；但家，又何尝不是人生最大的精神空间。我们的祖先在汉字中发明了"国家"这个词，这就注定了中华子孙千秋万代在家和国的概念里，永远都有挥之不去的情愫，它流淌在我们的血脉里，书写在我们的历史中。

11.器乐三重奏《我和我的祖国》

表演：刘云志（小提琴） 陈萨（钢琴） 朱义兵（大提琴）

短片【四】梦的起源

12.男声独唱《微时代》

演唱：浩天

13.男声独唱《美丽的生活》

演唱：金志文

濮存昕：记得在我学艺的时候，老师就经常对我说"宝剑锋从磨砺出，梅花香自苦寒来"，提醒和督促我刻苦、勤奋。我们戏剧领域中的最高奖"梅花奖"就是这个寓意。每一名戏剧演员，从儿童时代艰苦练功的那一刻起，就以获得"梅花奖"为目标，以梅花的品格激励自己。

我们中国人自古以来就爱梅花，爱她"俏也不争春，只把春来报"的情怀，爱她"零落成泥碾作尘，只有香如故"的品格，爱她"凌霜傲雪独自开"的气节。淡雅是她积蓄力量的谦逊，孤寂是她在低谷时的反思，艳丽是她注定绽放的智慧，骄傲是她笑到最后的自信。梅花的风骨激励着一代又一代中华儿女不畏艰险、百折不挠、奋勇前进。它的品格与气节成为我们中华民族精神的写照。

14. 舞蹈《傲雪迎春》
　　表演者:吉林市歌舞团

　　刘芳菲:红梅傲雪,实现了一个美丽绽放的梦;夸父追日,追求的是一个光明的梦;嫦娥奔月,是为了成就一个飞天的梦;愚公移山,源自一个人定胜天的梦。有梦就有希望,有梦就有力量,有梦就有追求,有梦就有奋斗。一个梦字,诠释了生命的意义。梦,是雨后的彩虹;梦,是绚丽的畅想;梦,是蓬勃的渴望。你的梦,我的梦,汇聚成了十三亿中华儿女的中国梦。

　　濮存昕:中国梦里有我们古代前贤的追寻,有祖祖辈辈的求索。今天,中国梦为我们的祖国铸就了腾飞的翅膀,这个梦是富民强国之梦,更是民主、和谐、文明之梦,是山河壮美之梦,是中华民族的伟大复兴之梦。

15. 歌曲《我们拥有一个名字叫中国》
　　演唱:张明敏　黑鸭子组合

短片【五】放飞梦想

濮存昕:在我们平常的生活中,有这样一群人,他们平凡质朴,如同夜空中的繁星,汇聚成照耀我们内心深处的那束温暖的光。在这个飞速发展的时代,总有一种不变的精神根植于我们每个人的内心,那就是我们传承至今的中华民族传统美德。社会的多元化,让人们有了更多的选择,但我们不曾犹豫和改变的,是内心对真、对善、对美的追求。

刘芳菲:每当我们听到他们的故事,被他们感动的时候,其实,我们每一个人正与他们进行着一次能量转换,他们的精神直抵我们的内心,一点一滴也成为了我们自己的一部分。记录他们的故事,也是在记录时代的表情;我们在被他们感动,也在被他们唤醒,唤醒我们每个人继承中华民族传统美德的自觉,这,就是榜样的力量。

16. 男生独唱:《因为你》
    演唱:郝幸娃 阴雨含

17. 女生独唱:《好人》
    演唱:喻越越

18.音诗画:《拥抱》
　　朗诵者:徐涛　朱琳

19.舞蹈:《中国梦 我的梦》
　　表演者:吉林市歌舞团

濮存昕:"昨夜斗回北,今朝岁起东",这是古人对时光的歌咏。

刘芳菲:"千门万户瞳瞳日,总把新桃换旧符",这是先哲对佳节的感怀。

濮存昕:思乡心切的人们回到温情洋溢的家园,他们被父母呵护,被亲情抚慰,这是"家"的给予。让我们感谢亲人,感念亲情,也问候和祝福过年的时候,那些坚守职责不能回家的人。

刘芳菲:拥有梦想的人,壮志凌云,他们开拓进取,畅享成功的喜悦与光荣,这是"国"的馈赠。让我们感恩祖国,致敬伟大的时代和丰饶美好的岁月。

濮存昕:此时此刻,抚今追昔,我们的家国被欢庆的焰火照耀,被吉祥的光芒辉映;此情此景,山河欢歌,大地祥和,让我们沐浴吉庆欢悦之情,体验幸福和美之光。

刘芳菲:百世岁月年年好,千古江山今朝新。祝福每一名中华儿女梦想成真,祝福每个家庭喜乐祥和;祝福我们的家乡山美、水美、明天更美;祝福我们的祖国千秋屹立,万代富强!

总 策 划:高福平
总 导 演:王俊杰
导　　演:李冬冬　葛维国
执行导演:桑志民　吕璟纯
舞美统筹:李志明
电视导演:屈　琳　王枫文
舞美总监:栾玉良
灯光设计:吕文平　李光辉
技术总监:李天罡
统　　筹:周　刚　王兴隆
出 品 人:任广伟
总 监 制:许云鹏　张志伟

纪录片《常香玉》

○ 2005 年 9 月,纪录片《常香玉》在第十七届吉林省电视文艺"丹顶鹤奖"评奖中,获电视专题(纪录)类特别奖。

○ 2006 年 8 月,纪录片《常香玉》获中国广播影视大奖广播电视节目奖(第十九届电视文艺"星光奖")优秀纪录片奖。

○ 2006 年 9 月,纪录片《常香玉》获评 2006 年度中国电视纪录片系列片提名作品。

创作阐述

戏比天大,艺无止境。

木兰一曲,终成绝唱。

人间幸有常香玉。

天下再无常香玉。

在人民艺术家常香玉生命的最后一年,我们有幸走近这位老人,用摄像机记录下了她的生活、她的往事。后来,沿着她曾经走过的城市,我们继续深入开封、宝鸡、西安、洛阳,找到了她的同事、她的子女、她的弟子、她的戏迷、她赈济过的灾民、她的敌人……

我们不满足于那些耳熟能详,更不满足于那些支离破碎,我们惊喜于那些鲜为人知,也尴尬面对了许多恩恩怨怨,那些被称之为历史的往事逐渐清晰。这是一次穿越,也是一次情感的跋涉,虽说路途上不是满目荆棘,但是我们的坚定也曾经发生过动摇,怀疑她是一个被塑造过的伟大艺术家,但

乐观坚强的常香玉

常香玉在书房

常香玉听女儿录制的豫剧唱段

是,最终,我们相信了,她是一位了不起的艺术家,一个了不起的女人……

当把历经一年多时间拍摄的素材堆积在面前的时候,我们也只能够说,那只是关于她的故事的冰山一角。随着她的仙逝,以及那些知情者的逝去,一切都将变得模糊。在今天,《常香玉》或许已经不是最鲜亮的选题,可是,那毕竟是一段历史的精彩,就其意义而言,是无价的。

常香玉的80年,也是中国历史最为波澜壮阔的80年,她把自己的命运与国家民族紧密相连,就如同一串宝贵的珍珠链,串起了许多的人物和往事。因为常香玉,让我们在穿越的过程中,有了清晰的线路与方向,有了触摸历史的亲切感受……

讲述常香玉的故事,理由只有一个,我们无法拒绝一个生命的美丽。

7集电视纪录片《常香玉》是第一部完整记录"人民艺术家"常香玉80年人生的人物纪录片。它以大量的独家实地拍摄、现场采访,结合丰富翔实的历史资料,精熟地利用电视纪录片的视听元素与创作手段,全面地展示了常香玉跌宕辉煌的70年艺术生涯与富有传奇色彩的人生经历。

片中常香玉完整地口述了自己的一生往事,首次谈及了大量从未向媒体吐露的人生回忆和内心情感。这是一代艺术大师在生命尽头自己完成的口述体"常香玉回忆录""常香玉自传"。作为第一部系统刻画常香玉一生的电视纪录片,节目融合了人物文献纪录片、真实纪录片、口述体纪录片等众多纪录片类型的特点,具有较强的艺术性和极高的历史价值。

节目采用了类似纪传体人物史的体例,在7集节目中分别以"木兰花谢""生死绝境""戏比天大""鱼水情深""旷世情缘""爱恨情愁""木兰绝唱"7个独特的视角主题化地讲述了常香玉的艺术和生活经历,全面、立体、饱满、真实地描摹了常香玉波澜壮阔的一生。

常香玉最后一次登台演出

全片贯穿常香玉80年的人生故事,通过记录幼年常香玉不畏艰难、刻苦学戏终成名家,表现了她执着追求艺术,为豫剧发展不断开拓创新的高尚艺德;通过记录她抗日战争期间在宝鸡义演赈灾、为"抗美援朝"捐献飞机等故事,表现了她热爱人民、热爱国家、热爱党的高尚情操;通过记录她结识陈宪章,夫妇二人相濡以沫,不离不弃,携手风雨,表现了她对爱情的忠贞不渝;通过记录她一生中与他人在事业上遭遇纠葛仍宽厚待人,表现了她为人的高风亮节;通过记录常香玉一生中多次生死关头宁死不屈,表现了她不畏邪恶、豁达乐观的刚毅性格;通过记录她80岁高龄与病魔抗争,生命的最后时光仍坚持为民工演出,表现了她把自己的一生都奉献给人民的艺术事业的高贵品格。

常香玉的儿女送走母亲

剧组在常香玉的葬礼上敬献的花篮

全片在每一集的结构上都精心安排叙事线索;多线复式结构、悬念式表达等叙事手段的使用,使全片在纪实风格之中呈现出充满戏剧冲突的艺术特征,节目饱满而充实,具有人文关怀与历史深度,具有较高的历史价值、艺术价值和人文价值。

总 策 划:王俊杰

总 编 导:海　天　　李冬冬

编　　导:马　莉　　葛维国　　敖　佰

摄　　像:马天亮　　王原魁

撰　　稿:海　天

制　　作:牛　铁　　刘景文

总 监 制:冯　晨　　迟秀才

纪录片《青春一九三零》

○ 2014 年 10 月,《青春一九三零》获第二十七届中国电视"金鹰奖"优秀电视纪录片奖。

○ 2014 年 12 月,《青春一九三零》获评第二十届中国电视纪录片年度收藏作品（系列片）。

○ 2014 年 12 月,第二十届中国电视纪录片年度收藏作品《青春一九三零》被捐赠给中央档案馆。

○ 2015 年 8 月,《青春一九三零》获"让历史告诉未来"中国人民抗日战争全纪录主题活动系列片一等奖。

○ 2015 年 11 月,《青春一九三零》获"金熊猫奖"国际纪录片评选活动人文类入围奖。

○ 2016 年,《青春一九三零》获第十二届世界反法西斯共同胜利国际电影节纪念奖。

创作阐述

如果说,让我们眼中常含泪水的,是对脚下土地深沉的爱,那么常使我们热血沸腾的,则是这片大地上层出不穷的英雄。

纪录片《青春一九三零》以抗日战争为背景,以大量史料为依据,以东北抗联为蓝本,以东北抗联特种部队的幸存老兵为线索,以七十余年的时间跨度和从我国东北地区直至前苏联（俄罗斯）的空间跨度,重新开启了那幅波澜壮阔的东北抗日战争的浩然长卷,以及那个年代中,一群青年鲜为人知、浸染着热血的记忆……

1930 年代,一群高学历、有理想、爱时髦的年轻人抛弃了优裕的生活,投身东北抗联,隐迹于东北的深山密林,苦练杀敌本领。他们誓言要用热血和钢枪,把日本侵略者赶出东北,赶出中国。当接近三十万的日伪军队对东北抗联进行疯狂剿杀,当杨靖宇、赵尚志等大批抗日将领纷纷牺牲,周保中、冯仲云等为了保存东北抗联最后的力量,决定向苏联请求援助,将部队撤入苏联休整,东北抗联自此由一支民族武装抗日队伍转变为一支特种部队。这群年轻人,怀揣着保家卫国的梦想,背靠着祖国,开始了近乎疯狂的军事训练和政治学习,因为他们坚信:总有一天会回家……

《青春一九三零》片花

多年未见的李敏和吴玉清紧握双手

八十八旅老兵张正恩激情讲述

今天,当年的热血青年都已是耄耋之年的老人。在经历过战争,用热血谱写了青春的历史与传奇之后,他们又回归到生活的琐碎与平凡,而他们的愿望就是在临死前,能再回去看看那些抛洒了青春和热血的地方……一名当年幸存的东北抗联特种部队——八十八旅的老兵李敏,带领摄制组重新踏上了东北抗联之路,与我们一起重温他们那被热血浸染的花样年华……

李在德仔细观看战友们的签名

当数十万的东北抗日力量伤亡殆尽,那剩下的几千人是坚持还是放弃?是出卖自己的灵魂还是用鲜血灌溉梦想?

寻找一座埋藏已久的军火库,摄制组从未想过,但它却发生了,如果真的能见到那些锈迹斑斑的长枪短炮,是否就能感受到鲜血喷洒在脸上的温度?

《青春一九三零》在细密交织的线索和跌宕起伏的悬念中,运用蒙太奇手段,穿梭于不同时空,抽丝剥茧,在追溯一个群体的青春往事的同时,又着力呈现时代赋予个体生命的独特烙印。《青春一九三零》完全打破了传统历史题材纪录片教科书式的史料复述、情景再现、数据罗列、探秘解密等的陈旧框架,虽以史料为依据,却不以史料为倚靠,而是另辟蹊径,由生命个体经验入手,从生命价值角度审视战争与青春,透过抗日战争这一重大历史事件和东北抗联这一特殊群体,辨析个人命运与国家命运、时代精神与民族精神。因而,这部大型纪录片在细腻、生动、感人的同时,更具有史诗般的庄严、厚重和震撼,是抗联题材纪录片中的上乘之作。

总 策 划 :王俊杰
策　　划 :李冬冬　　海　天
总 导 演 :葛维国　　佟晟嘉
摄　　像 :邱栋林　　温志涛等
编　　辑 :姜　蕾　　张　莹
出 品 人 :任广伟

李敏执意寻找八十八旅营地

李敏和苏联老兵一起唱起当年的战歌

李敏和八十八旅战友们的子女们一起纪念抗战往事

大型情感纪实节目《儿女情长·铁柱》

○ 2013 年 9 月，《儿女情长·铁柱》荣获第五届新农村电视艺术节年度优秀对农电视作品一等奖。

○ 2013 年 12 月，《儿女情长·铁柱》荣获中国广播影视大奖·广播电视节目奖（第二十三届"星光奖"）电视文艺专题片大奖。

○ 2014 年 3 月，《儿女情长·铁柱》荣获第十一届吉林省长白山"文艺奖"作品奖。

内容简介

社会由一个个家庭组成，生活由一段段故事串起，每一个看似普通的家庭，都有属于自己的故事，只是这些故事在高速运转的时代和日复一日的忙碌中，很容易被人们忽略。其实，每一个家庭成员在家中饰演的角色，为家庭的奔波和努力，家人之间日常生活的交流及摩擦……这些过程本身就是一个个精彩的故事片段，也是千百个家庭的缩影。《儿女情长》节目每期 30 分钟，以挖掘百姓人家的代际亲情、养育之恩，讲述平民生活中真实、感人的故事为内容定位，将血浓于水的亲情，甚至超越血缘，跨越时空、地域、民族的亲情大爱，充分展现于荧屏之上。

《儿女情长·铁柱》是节目组历时一年时间拍摄制作的一期节目，该片围绕十二岁的二人转演员铁柱和祖父母、义父之间的情感故事展开，以血缘和非血缘两种交织在一起的亲情为线索，讲述了二人转童星铁柱在面对父亲离世、母亲出走、爷爷病危、奶奶瘫痪在床等一系列巨大的生活磨难时，由亲情和社会大爱构筑而成的、难以置信却真实发生的情感故事。

编导阐述

著名作家柏杨曾说："父母是孩子唯一的安慰、盼望、鼓励、保护所和避难港，所以依偎在父母怀抱里的孩子，是天下最大的幸福。"在我们遇到 12 岁的铁柱时，他已经失去了得到这份幸福的权利。父亲车祸去世，母亲回到娘家，奶奶瘫痪在床，爷爷因为严重的心脏病亟需手术，好在他有一身二人转的本领和坚毅的性格，使得"铁柱的故事"并不以悲惨成为结局。

在《儿女情长》筹备初期，我们在报纸的角落里"发现"了铁柱，那时他刚刚获得二人转比赛的冠军，在报纸上发布了希望卖掉自己的奖品，给爷爷凑手术费的消息。我们隐约感觉到，这个故事可能就是我们要讲述的"儿女情长"。很快，我们见到了铁柱的干爸冯伟，坐在广电大厦一楼的长椅上，我们聊了足足两个小时。

冯伟向我们讲述了他和铁柱的相识，以及他所看到的、听到的、感受到的关于铁柱的过去：王铁柱出生在一个普通的农村家庭，除了六年前奶奶突发脑溢血瘫痪在床，家里并没有经历过太大的波澜。爷爷和爸爸喜欢二人转，铁柱也因此受到熏陶。10 岁的时候，爸爸把他送到了一家二人转学校学习，两年后，因为长相俊秀、表演到位，师父推荐他参加了吉林省二人转电视大赛。然而就在铁柱要登台比赛的时候，他的爸爸王伟却因为一场车祸突然去世了。祸不单行，铁柱参加比赛的过程中，家里的房子又因为一场大火而化为灰烬，无奈之下，妈妈只好回到了娘家，爷爷和奶奶也只能搬到一间四面漏风的仓房里居住。家里困难重重，铁柱却不负众望，连续夺得了七场比赛的擂主，成为了年度总冠军。

在这期间，冯伟作为导演，以铁柱为人物原型拍摄了栏目剧《十一岁大男人》，两人在拍摄期间结下了深厚感情，冯伟认铁柱做了干儿子，并把他接到长春自己的家里，照顾他的生活和学习。铁柱爷爷的病情进一步加重，铁柱决定卖掉自己在二人转比赛中获得的奖品，帮爷爷完成手术，于是冯伟帮忙找到了媒体，在报纸上发布了我们之前看到的那则新闻。

我们决定拍摄铁柱的故事，只不过没想到，开机以后，就一年没有停下来。走近铁柱，我们才发现他的生活要比想象中更难；他的故事，要比传说中更让人感动；他的戏，可以唱到人心里！爷爷和孙子、义父与义子，看似普通的三个人之间，却凝集着三代人不同寻常的感情故事，既有血缘亲情的互相关爱，又有非血缘  "亲情"的无私大爱。我们记录了铁柱为爷爷治病的整个过程，记录了他与义父的日常生活和他们之间亲密无间的感情，记录了一个孩子在梦想与现实之间的彷徨与坚强。他总是记起爸爸生前对他的教导，让他在学艺的路上不敢懈怠；他的心里永远装着爷爷、奶奶，最大的心愿是让他们都可以健康地活着。

最后一次拍摄，我们选择了中国人一年中最重要的时刻——除夕，冯伟把铁柱送回了爷爷奶奶身边过年，走进他们破败不堪的家，桌上只摆着两盘切好的青菜，和一条冻着的鲶鱼，年夜饭虽然寒酸，却也透着一种温暖。爷爷带着铁柱走在齐膝深的雪地里去给儿子上坟，甚至要把儿子的遗像拿出来摆在显眼的位置，希望过年的时候让他"透亮透亮"……一切关于亲情的内心感受，一家人都在那一天不自觉地爆发。除夕之夜，万家灯火，铁柱和爷爷在微弱的灯光下包饺子，爷爷说铁柱是他心中唯一的亮光，这道光，支撑着他活下去。

片中不乏对情感的细腻描绘和对现实生活的冷静思考，融合了纪实性的拍摄手法和故事片的结构方式，从文化的视角聚焦民生、用类纪录片的方式记录民生，体现出三代人（祖父、义父、铁柱）之间超越亲情的人性光辉，故事以小见大，其道德传承深刻传递出中华民族最深沉而又积极向上的精神追求。

编辑文案

同期声：

铁柱：是不是到了，爷？我奶知道今天过年吧？

铁柱爷爷：知道。

铁柱：我看我奶比往天气色好多了。

铁柱：爸，在地头画个圈，就烧了吧！

铁柱爷爷：再喊一声！

铁柱：爸，在地头画个圈，就烧了吧！爸，你出来收钱吧！爸呀，你不用管我，现在挺好的！我爷爷现在也挺好的，以后你把我爷爷就交给我吧！我一定会照顾好我爷跟我奶的，你放心吧！爸，我挺想你的，你还记不记得咱俩在后屯扭秧歌的时候，咱俩多快乐啊！你把我撇下你就走了！爸爸，你保佑我吧，保佑我把二人转的事业发扬光大，还要保佑咱们全家，还要保佑我妈，以后要旺旺香香的，还有我爷爷他们，保佑我奶奶，最好是能站起来，最好！

铁柱：张庭秀我金榜得中头一名啊

回苏州我公馆设在十里长亭啊

今日我巧扮一个花儿乞丐呀

来访二妹王兰瑛

我偷偷地溜进了王府地花园内

遇见好心的丫鬟小春红

我托春红给二妹捎个信

就说我落榜而归转回了家中

解说：

2011 年 10 月，王殿龙的儿子王伟在这场车祸中丧生，王家跌入了冰窟。妻子瘫痪多年，为治病家徒四壁。原本儿子王伟退伍回乡带给

铁柱给父亲上坟献花

王殿龙新的希望,十一岁的孙子王铁柱因扮相俊朗、综合能力超群被学校推荐参加吉林省二人转电视大赛,比赛即将在十天后举行。但悲剧猝不及防,宁静时光也结束了。

同期声:

铁柱:那时候父亲没了也就没多大心情了,就是在想把比赛完全地比下去了,因为父亲是我家里的唯一的顶梁柱,我就是听那个(刘和刚)唱的《父亲》"那是我小时候,常坐在父亲肩头",就是听这个,那时候是在阳台上,比这个天气都热,我就拿个MP4,赶着听赶着哭。

同期声:

铁柱爷爷:我给她剃剃头,剃剃头,我又整点(染发膏)给染染。

记者:想儿子啊?

铁柱爷爷:嗯。

记者:铁柱他爸爸没的时候,老太太知道不?

铁柱爷爷:知道,当天我看她就知道了,这个心情可了不得,它还不像那啥,跟啥不一样,就哪怕钱没了,那玩意就是一时,(人没了)这玩意儿老也扔不了。这种情况……

解说:

总说漫长的时光会隐去悲伤,王家为了鼓励孙子走上赛场,他们压抑住内心的伤痛,准备开始迎接新的生活。但屋漏偏逢连夜雨,王铁柱刚刚进入二人转大赛的赛制,一场大火突如其来,王家所有的家当化为灰烬。还未来得及从旧伤中喘气,新的打击扑面而至,王铁柱的母亲实在无力承受,她回了娘家。大火之后,王殿龙和妻子搬到了这间由一间仓房改制的临时住房。

同期声:

铁柱:常言说打是亲来骂是爱

　　　我能心领这其中的苦与甜

解说：

这是吉林电视台举办的二人转比赛少儿组总决赛 5 进 4 的专场。擂主王铁柱选择了《鞭打芦花》片段，他饰演剧中角色闵子骞。刚刚经历丧父失家的 11 岁少年王铁柱将闵子骞对父亲的一片深情演绎得酣畅淋漓。

同期声：

铁柱：天地可鉴我的肝胆
　　　尊爹娘你老就把心放宽
　　　爹娘啊　爹

同期声：

主持人：我们看刚刚这段正戏啊，真是感动了现场好多的人，两个孩子唱得满脸泪水，满头大汗啊，真是不容易！铁柱的爸爸呢，在铁柱第一次来参加咱们《二人转总动员》第一期比赛前十天遭遇了车祸，永远地离开了年幼的铁柱。妈妈今天也是来到了现场，也是第一次坐在了舞台下看你的表演是吗？

铁柱：是。

主持人：那妈妈就在台下，在这想跟妈妈说点什么呢？

铁柱：妈妈，你放心，儿子长大了，我能撑起这个家！

同期声：

铁柱：唱哪个呀？

铁柱干爹：哼和调！预备，开始！

铁柱：张庭秀我金榜得中头一名啊……

解说：

因为二人转大赛的热播，王铁柱迅速成名，他被邀请拍摄这部电视短剧。剧本也改编自王铁柱的背景：贫寒的身世、动人的表演，还有超越 11 岁少年的成熟。后来拍摄结束，电视短剧反响平淡，但是拍摄这部短剧的导演冯伟却因此介入王铁柱的生活,他在离开前不仅和王铁柱义结干亲,还在不久之后把王铁柱带到了省城生活。

同期声:

铁柱干爹:特别朴实,他穿的三层全是单衣服,我说他怎么连个棉衣棉裤都没有。第二天早晨,大概是四点半,他是第一个先起来的,比我起来都早。这个孩子就是在这方面,他做得非常非常棒,就是说他起来非常早,然后上山顶上非常冷,其他演员,大人都受不了,但孩子没有提出来一句,说我很冷,或者坚持不了了。所以当时我就把这个戏全中止了,所有的演员都等着,我开车拉着他去给他买衣服。然后我当时就着这个机会,到铁柱家去探望一下,到他爷爷家去看的时候,我当时就傻眼了,我到屋里一瞅,和我心目中想象的差距,简直是天地之隔。说心里话我眼泪就有点止不住的感觉。

铁柱母亲:铁柱就说有一个人认我当干儿子,我说他是干啥的?他说给我拍电视短剧的。他一开始给孩子买的衣服,这照片都是他给照的。我说儿子他对你好不好?他说对我好,我说对你好你就认干爹吧。

记者:但没想到以后孩子跟他生活在一起了,是吗?

铁柱母亲:也没想到铁柱能跟他生活。

铁柱爷爷:把孩子撒出去了,孩子还小,十几岁的孩子,跟别人一起生活,有一些事,各方面,究竟人家是从内心的,还是有其他目的,有时候睡睡觉一下子就起来了,就冒汗了,急的。再整出点啥事可毁了,这个家就彻底崩溃了。

解说:

儿子已经早逝,王殿龙虽然忧虑重重,但此事涉及孙子铁柱的未来,他也不便多加干预。34岁的冯伟独居在长春,经营一家以租赁设备为主的影视公司,业绩平平。他离异多年,女儿给了前妻抚养。对他来说要承担起一个11岁少年的未来,显然也是冒险之举。他的母亲就曾极力反对,甚至告诫他:二人转演员不可交。少年王铁柱对新的生活充满向往,省城和奇遇式的父爱突然让他的世界充满光彩。此时在二人转总动员的舞台上,他已经第六次守擂成功,即将冲击冠军。

同期声:

主持人:有请少儿组年度冠军王铁柱、臧丹丹,金奖选手将每人获得 LED 超薄电视、滚筒洗衣机、空调、微波炉、IPAD2 平板电脑。

同期声:

铁柱干爹:这心情是好了。

铁柱:第一,我家第一个就奔向小康。第二,要是我爸活着的话,我爷这个病也就都给治了,我奶脑血栓就飞起来了。

铁柱干爹:哎呀我的天啊,这家伙!

铁柱:现在我爸没了,就得靠他儿子了,他儿子一定要让我奶飞起来,她还要飞得更高! 飞得更高,飞得更高!

解说:

获奖的第二天,王铁柱就拉着奖品回乡报喜,他一路兴奋地细述给家人安排的奖品归属。王铁柱并不知道此时他的爷爷王殿龙正重病在床。王殿龙心脏上长了粘液瘤,如果不马上摘除,随时都有生命危险。依赖低保生活的王家,面对四万手术费百愁莫展。为了筹集手术费,王铁柱决定卖掉奖品。在冯伟的操作下,很快有人伸出了援手。

同期声:

爱心人士:大爷,这是我们给您送的钱,满足铁柱的心愿。养好身体,祝您早日康复!

记者:小伙子,这回怎么样?

铁柱:谢谢您的好心! 谢谢社会上的好心人,对我家这么大的帮助,谢谢你们!

铁柱随干爸冯伟进城,对新生活充满向往

解说：

售卖奖品的款项加上捐助，手术费一周之内便已经筹齐。王殿龙住进了冯伟张罗的医院，手术室的门即将关上的那一刻，王殿龙用尽全身力气，抬头寻找门外的孙子。后来王殿龙说，那一刻他在想，看到孙子的孝心和冯伟的这份能力，即便手术失败，他也没有任何遗憾。但有时候现实生活总会比愿望要复杂得多。实际上从卖奖品开始，家里已经风波不断。

同期声：

铁柱干爹：其实积累的问题也比较多了，但是真正到达一个爆发点，就是他爷爷手术的头一天晚上。他爷爷在病床上躺着，他不明白，但是我们之间研究很多次了，就因为钱，因为照顾人，因为责任马上要面临到我的头上，面临到大家所有人的头上来了。我觉得我也很害怕了，如果一旦手术失败了，这个责任我承担不了，我毕竟不是他儿子啊，我也做不到那一点，孩子很小，他也做不了什么主。然后，作为每个家人当中，就是不敢承担这种责任了。这当中我就觉得寒心，我这是在做什么呢？我这算是哪头蒜呢？所以说我就有点退却了。

解说：

其实虽然一起生活才四个月，冯伟已经几度将王铁柱送回他母亲身边，冯伟的不满更多也是针对王铁柱母亲的娘家人。冯伟和王铁柱家并没有签订领养协议，他也不是王铁柱的经纪人，但他又包揽着王铁柱在长春的生活和演出。冠军之后的王

眼中含泪的铁柱

铁柱声名日隆，两家之间的关系也越显微妙，矛盾此起彼伏。王殿龙的手术很成功，冯伟暂时搁置内心的不快。

同期声：

铁柱干爹：我当时我认这个孩子的时候，我说句心里话，我没有完完全全地想他能够跟我在身边，我俩会在一起这样生活，我可能也就想到，给孩子生活条件稍微好一点，给他买点吃的、穿的，因为我觉得这孩子挺懂事。

解说：

王铁柱爷爷王殿龙身体逐渐康复，冯伟再次把王铁柱送回了姥姥家。

同期声：

铁柱姥姥：我们诚心诚意叫你带，你一整就说我不带了，两整说的我觉得学校怎么地了，我就那么想的。

铁柱干爹：说实话是在他爷爷手术头一天晚上的时候……

铁柱姥姥：就想唠唠了。

铁柱干爹：对，因为那个时候发生的事情我就觉得不对劲了。今天我来，说心里话，他大姨没在这，我说他大姨如果不出现，我认为他没有诚意。当时我就想了，他大姨如果不出现，我到这开车就把孩子送这，我转头就走。

记者：说到底咱们有点矛盾了，是不是因为有点钱上的矛盾？

铁柱姥姥：这点矛盾吧，他跟我大闺女之间，有点矛盾就是在钱上。

铁柱干爹：不是钱，他大姨说是钱，我认为不是钱。

铁柱不愿让干爸冯伟离开自己

铁柱姥姥：就因为演出的红包，没跟他说一声。我大闺女是这么想的。那天也没腾出时间来跟冯哥说，回家就把这钱存铁柱他妈妈的活期存折上了。我闺女说的，这钱我也没揣起来，冯哥不误会了，这钱我没说，这钱哪去了！

铁柱干爹：因为涉及到钱，就涉及到我的名誉啊！

铁柱姥姥：唉呀妈呀，你就好好带我们孩子，我们啥说道不能有。以后，冯伟，婶这一句话你要信，保证不能这事那事的。

铁柱干爹：你听我说，婶，这个事是这样的，我不管做对也好，不对也好，孩子呢，给你们留下，钱呢，我拿走。我的事就做到现在就为止了。

铁柱姥姥：你不带了？

解说：

冯伟的态度出乎王铁柱家人的意料，显然，王铁柱大姨的缺席冯伟始终耿耿于怀。

同期声：

铁柱：不想让你走，我不想让你走！当初你接的时候你怎么就不想想呢？这样多痛苦啊！你现在说不想要我了，晚了！你拿我当亲儿子，我也拿你当亲爸爸似的！

铁柱干爹：行，好了啊，我不走了！

解说：

在王铁柱母亲的撮合下，缺席的大姨很快和冯伟达成了共识。第二天，冯伟和王铁柱回了长春的家。也许因为一场焦灼的拉锯战暂告结束，冯伟显得格外轻松。冯伟离婚后，房子给了前妻。他租下了这套两室一厅的房子和王铁柱一起生活，王铁柱的世界占满了这个空间。王铁柱在夺取冠军之后进了长春的一所小学，学校特别免去了他的学杂费。冯伟的工作重心也由公司转向了安排王铁柱的日常生活、排戏和接洽商演。

解说：

村子里张灯结彩，准备开始迎接新年的到来，村口王殿龙家在不绝于耳的鞭炮声中显得格外寂寥。

同期声：

记者：过年都准备点什么啊？

铁柱爷爷：过年啥也没整，每年还供那什么老祖宗，三代，写的，整点那些供品，摆桌上去。

铁柱：爷，（东西）搁哪？搁床上吧！

铁柱干爹：看你奶多高兴！

记者：供老祖宗就是一年请一张这个供啊？

铁柱爷爷：对，家家都请！

解说：

久别的孙子选择自己家过年，还带着丰盛的年货和一直惦记着的这张三代供像，突然的喜悦让王殿龙既兴奋又有一些拘谨。

铁柱一家包饺子过新年

同期声：

铁柱爷爷：你不回来今天咱们窗户下没有这些动静，你知不知道？我跟你奶俩这个时候，我们俩就躺炕上睡着了。我跟你奶说，看看这小崽子回来，听到外边这些动静了，今天可乐坏了！你看着没有，始终是笑！我寻思咱们这一生，也是坎坷不平是不是？咱们这一切希望都寄托在你身上了！

铁柱：嗯呐！

铁柱爷爷：在爷的心目当中，唯一有点亮、能闪点光、放点光的，就是在你身上。

解说：

旧的一年即将过去,新的一年即将来临。新年来的时候,铁柱将回城,他也将慢慢长大。这个除夕夜,爷爷的一番肺腑之言,这个少年是否听懂?但人生本来就是巨浪中的一叶扁舟,谁在驶向彼岸的过程中,没有遗失过故乡?

总 策 划：王俊杰
策　　划：孙向东　邓　浩
策编指导：马　莉
编　　导：刘　昊
摄　　像：杜吉宁　李冠楠
制 片 人：杨　欣
出 品 人：任广伟

音乐专题《生命最后的眷恋》

○ 1999 年, 音乐专题《生命最后的眷恋》获庆祝建国 50 周年全国广播音乐节目评比一等奖。

现在是庆祝建国 50 周年 "全国优秀广播音乐节目展播" 时间。今天播送吉林人民广播电台编制的节目《生命最后的眷恋》。

乐曲《红旗颂》入

解说:

共和国的旗帜——五星红旗已经在中国大地整整飘扬了半个世纪。半个世纪的中国发生了翻天覆地的变化, 半个世纪的共和国即将迎来她 50 岁的生日庆典和澳门回归。祖国大地将红旗漫卷, 澳门上空将首次五星高悬。天安门广场上的回归计时牌在分分秒秒等待着, 在上海第一人民医院的病床上, 一位特殊的老人也在静静地等待着。他就是中华人民共和国国旗的设计者、83 岁高龄的曾联松。他那瘦弱的身躯无声地起伏着, 时而昏迷, 时而清醒, 时而陷入了遐想……

曾老:(口齿有些含混不清)……唔……唔……
护士:曾老, 北京的同志看您来了。
记者:曾老, 您好。我是北京来的记者。

曾老:(激动地)唔……国旗……国旗……

护士:好了,好了,曾老。您不能流泪,更不能情绪激动,要不然国庆节医生就不让您去北京看升国旗了。

曾老:唔……

护士:记者同志,您就这样握着他的手,看看他吧。别跟他提国旗,千万别提。

曾老:唔……

记者:好,好。

解说:

年老体弱的曾联松老人,身患中风、脑梗塞等疾病,失语已经十个多月了。然而,他配合医生顽强地创造着生命的奇迹。他在等待着、等待实现他生命最后的愿望——国庆50周年,他要去北京天安门,亲眼看到由他设计的五星红旗,在雄壮的国歌乐曲中冉冉升起。他坚信,一定会等到祖国插满50根红蜡烛的这一天。

混入歌曲《五星红旗》
演唱:闫维文

解说:

仿佛已经十分久远了,仿佛就在昨天。历史已经跨越了整整50年。

渐入歌曲《解放区的天》

1949年,刚满33岁的曾联松在欢庆的人群中,听到了中央人民政府新政协筹备会向全国发出的征集国旗的启事。他按捺不住一颗激动的心,投入到紧张的设计中。(歌曲《解放区的天》渐隐)铺开画纸,曾联松浮想联翩,胸中奔涌着激情。(渐入乐曲《黄河大合唱》)他仿佛看到中国共产党人为了民族的解放、国家的兴亡,前仆后继,血染中华大地;他仿佛听到共产党人英勇就义前对新中国深情的呼唤。泪水模糊了他的眼睛，他的眼前分明飘动着一面带血的旗帜，那是用革命志士鲜血染红的旗帜。他擦干了泪水，庄重地在火红的画纸上画上了一颗大星，一颗象征着中国共产党的大星。（乐曲《黄河大合唱》渐隐）1949 年 8 月中旬，凝聚着曾联松 30 多天心血和一腔深情的五星红旗终于问世了。她带着曾联松一颗滚烫的心一起飞到北京。9 月 27 日，离开国大典还有三天，经各方人士反复磋商，五星红旗的图案从 3012 幅国旗图案中脱颖而出。全国政协第一次全体会议通过决议草案，"中华人民共和国国旗为五星红旗，象征中国人民大团结"。

（乐曲《国歌》入）

1949 年 10 月 1 日，一个全世界都为之瞩目的时刻。中国人民的领袖毛泽东主席亲手把第一面五星红旗升起在天安门广场，升起在新中国的上空。天安门广场沸腾了，中国沸腾了。曾联松的心向着北京剧烈地跳个不停，他作诗咏怀："一得之愚献祖国，五星红旗壮山河。"从此，每天清晨，五星红旗和初升的太阳一起在天安门广场上高高升起。

（乐曲《国歌》扬起）

解说：

五星红旗是中国的象征，代表着人民共和国的尊严。曾联松老人眷恋着她，国旗卫士陶维革在生命的最后一刻依然牵挂着她。

（陶维革的灵魂与曾联松灵魂的对白，加入混响）

陶维革：曾老，你好。

曾老：小伙子，你是……

陶维革：我是天安门国旗班的战士陶维革。为了宣讲国旗知识，我给您写过信。曾老，我今天是来向您作最后的告别。

曾老：你我曾多次通信，却不曾相见，为何就说告别。

陶维革：我得了再生障碍性贫血，时日已不多了。曾老，我在天安门国旗护卫队服役六年，每天在天安门广场上守旗、值勤，每天都能看到心爱的五星红旗，那真是幸福的六年啊！

曾老:维革,你给我写的信,我都保存着。我听过你的事迹,知道你曾以惊人的毅力忍着十二指肠穿孔的剧痛,纹丝不动站完了两个小时的岗。真令国人敬佩呀!

陶维革:国旗是我的生命,看惯了她,听惯了她的飘扬声,要离开她,我……真舍不得啊!

曾老:我们的国家强大了,国旗才伟大。维革,你不要走。等到共和国50岁生日,咱们一起去天安门看升旗仪式。

陶维革:曾老,(一笑)看来我不能和你相伴同去了,(叹了一口气)我已经走到了生命的最后一站。这一生我向国旗行了1263个军礼,我会带着自豪离去。曾老,我有一个请求,50周年国庆,请代我再看一眼国旗!

曾老:维革,你停一停。我已经83了,还在坚持着。你才29岁,还那么年轻,为什么不能等,为什么不能停一停?!

陶维革:曾老,我必须走了。再见了——我亲爱的战友!再见了——我心中念念不忘的国旗!

(加延时)

解说:

这是一段心灵的对话,这是一段灵魂的告白,这是两代赤子对祖国母亲至死不渝的忠诚。

歌曲《清晨,国旗》
演唱:郑丽

解说:

知识分子出身的曾联松和祖国的命运一样,一生充满了风云变幻,崎岖坎坷。然而,他对共和国的赤诚始终不变,对五星红旗的眷恋始终不变。他一辈子最爱唱的歌就是《五星红旗迎风飘扬》,他一提国旗就激动,即使躺在病床上,他所有的心事除了国旗还是国旗。

曾联松老人——共和国的功臣,我们读懂了您眼中的泪水,我们读懂了您目光中的期盼,我们读懂了您依依不舍的深情,我们读懂了您生命最后的眷恋。祖国母亲关注着您,红旗下长大的我们祝福您,十月与您相约,看天安门五星红旗升起;十二月与您相伴,看澳门回归,看全国风展红旗如画!

歌曲《共和国的旗帜》
演唱:程志、殷秀梅

刚才播送的是吉林人民广播电台编制的节目《生命最后的眷恋》。

创意策划 : 王俊杰
编辑撰稿 : 王俊杰　于亚南
解　　说 : 刘玉新
演　　播 : 张国平　崔晓东　许　冰
录音合成 : 王玉芝　卢　杰
监　　制 : 刘逢亮　包长青
总 监 制 : 谭铁鹰　张晓春

广播剧《跟着鸟儿回家》

○荣获中宣部第八届精神文明建设"五个一工程"作品奖。

人物：

牛大爷：五十多岁，月亮海保护区保护员。

藏老师：四十岁，教师。丈夫是省城大学生物系的教授，刚刚病逝。

隋森森：十二岁，戴与晴的女儿。

季小亮：二十多岁，月亮海保护区保护员。

县长、县政府办公室张主任、翻译、李村长等若干。

片头（音乐——职员表）

1.（草原上各种鸟叫，戴与晴正在听月亮海的磁带。大自然的奏鸣曲，草原上，风如竖琴，鸟如芦笛。春天的感觉，在风和鸟的合唱中萦绕。）

（音乐起。与草原的鸟鸣、风声和在一起——）

戴老师独白：老隋，你能听见吗？这是月亮海的录音。你每次从草原上回来，都要给我和森森带一盘录音带。一边听，一边告诉我们，这是攀雀的叫声，那是丹顶鹤的叫声。你希望森森能记住这些叫声，能喜欢草原上的一切。可女儿只有十二岁，你说的话，她不一定都能懂，而你又早早地离开了我们。

（敲门，推门声。小鹰的叫声。）

隋森森:妈妈,小鹰一直在叫。

戴老师:哦,它可能听到磁带里的鸟叫,着急回家了。

隋森森:那咱们什么时候走呵?

戴老师:明天一早就走,妈妈已经给月亮海保护区打了电话了。

隋森森:哎呀!太好了。那我先把飞飞拿到外面去,它在屋子里太闷了。

戴老师:好,去吧。

隋森森:飞飞,别叫了,明天咱们就可以回家了。

(门声,森森出屋。音乐起。)

戴老师独白:老隋,你从鸟贩子手里买回来的小鹰已经长大了。女儿非常喜欢它,给它起名叫飞飞。我准备明天和女儿到月亮海去,去把小鹰放回到大草原。老隋,你说过,当小鹰回到草原的时候,你在冥冥之中会跟着鸟儿回家的。

(音乐。)

2.(音乐起,叠加公路上汽车行驶声。)

(小鹰在叫,扑楞翅膀声。)

隋森森:妈妈,把小飞飞要是放了,我就再也喂不了它了。

戴老师:小鹰的家在蓝天,在草原。你爸爸说过,不管多么漂亮的鸟,如果养在笼子里,都不好看。

隋森森:我们同学家里还养了一只百灵呢,叫起来可好听了。

戴老师:百灵鸟的家也在草原上,它在草原上的叫声更好听。

隋森森:像爸爸吹的苇哨一样好听吗?

戴老师:当然了。哎,森森,苇哨带上了吗?

隋森森:这呢,我现在已经会吹了。

戴老师:会吹牛了。

隋森森:真的,不信,你听。

(苇哨声起。)

戴老师独白:老隋,这是牛大爷送给你的苇哨。女儿已经吹得和你一样好听了。你以前总想把女儿带到草原上看看,你说从小就应该培养她热爱草原,热爱自然。我明白你的心思,这次去月亮海,就是想让森森看看草原,看看牛大爷。

（苇哨声止，车笛声。）

隋淼淼：妈妈，你想什么呢？

戴老师：哦，我在想月亮海的牛爷爷……淼淼，知道爸爸为什么这么喜欢草原吗？

隋淼淼：我知道。爸爸说，草原是他的大家，咱们家是他的小家。

戴老师：那你知道，在这个大家里都有谁吗？

隋淼淼：有……有很大的草原，有很多的鸟，还有一个最好的牛爷爷。妈妈，牛爷爷知道我们去看他吗？

隋淼淼：知道。也许，他正念叨咱们呢。

3.（春天的月亮海。百鸟鸣啭，风声鹤唳。）

（草原上一片天籁。）

（大黑叫了两声。）

牛大爷：小亮，手轻点。

季小亮：哎！这鸟伤得够重的。

牛大爷：大黑，别叫了，又没人惹你。

季小亮：开春了，它想亮亮嗓子。

牛大爷：就是呀，开春了，这草原上的春天更热闹啦。

季小亮：哎，牛大爷，这一开春，我就想起隋老师，每年这时候他都来咱保护区……

牛大爷：唉，可惜了，今年他来不了了。去年走的时候，他就病得不轻，后来说是得了绝症，连年都没过上就……唉。小亮，把这鸟放过去。

季小亮：牛大爷，人家说他是教授，可每天跟你在草原上转悠，看起来就像个放羊的。

牛大爷：你不懂，人家隋老师就是研究草的。他说咱们这儿的草原最有研究价值。对了，保护局说县里要来个考察团，要找一个熟悉咱这地方的人去帮着搞接待。小亮，你去吧。

季小亮：考察团，考察什么？

牛大爷：谁知道考察什么。让你去你就去。昨天隋老师的爱人捎过话来，说是要带着孩子来看我，我离不开。

季小亮：他们什么时候来呀？

牛大爷:说是今天就到。

季小亮:隋老师教过我怎么孵鸟蛋,对我有恩呐,我想见见他的家人。

牛大爷:行呵,难得你小子有这份情。去去去,你先进屋烧点水吧,我估计她们也快到了。

季小亮:哎。

(大黑不停地叫。)

牛大爷:哟,说到就到了,大黑,别叫了。

戴老师:牛大爷。

牛大爷:哎,这大黑摇着尾巴叫,一定是有贵客到。

戴老师:森森,快叫爷爷。

隋森森:爷爷好。

牛大爷:唉,好,好姑娘,长得真像隋老师啊。

季小亮:像,真像。

戴老师:这位是季小亮吧?

季小亮:是,我是,我知道你们要来,等你们呢。

牛大爷:他本来要到县里头帮忙,听说你们要来,非要见上你们一面不可。

季小亮:隋老师对我可好了。他教我认各种鸟,教我孵鸟蛋,而且还……

隋森森:你还会孵鸟蛋,那可怎么孵,也是趴在鸟蛋上吗?

牛大爷:傻丫头,那不把鸟蛋压碎了。别站在外面说话了,快进屋。

(狗叫声。)

隋森森:我怕狗。

牛大爷:不怕,大黑可聪明了,它能从你身上闻出你爸爸的味儿来,肯定不会咬你。

隋森森:它认识我爸爸?

牛大爷:它和你爸最好。哎,你怎么还拎个小鹰呢?

隋森森:它叫飞飞,是我给起的名字。

戴老师:大爷,这是森森他爸在住院的时候,从街上小贩子手上买的。

牛大爷:那些鸟贩子,真是太可恶了。

戴老师：这些小鹰真可怜。

隋森森：我爸爸说，小鹰的家在草原上，应该送它回家。

牛大爷：唉，是呀，这是隋老师想草原了。月亮海是鹰的家，也是隋老师的家呀。来吧，到家了，上屋里坐去。

4.（月亮海的夜晚，虫鸣——）

戴老师：这月亮海的夜，真静啊。

牛大爷：鸟都归林了，风也歇着了。

隋森森：爷爷，这地方为什么叫月亮海？

牛大爷：这说起来就远了。据说大金国的时候，有一位公主叫月亮，这位月亮公主特别喜欢草原上的百灵鸟，有一天一个刚会飞的小百灵，没飞多远就飞不动了，一下子掉在这湖水里。月亮公主赶紧下到水里去救它，结果和百灵一起沉下去了。那时候人们把湖水叫海。这片水从此就叫月亮海了。

隋森森：月亮公主，月亮海——

戴老师：这故事太动人了。

牛大爷：现在呀，知道这个故事的人不多了，可大家都知道森森她爸爸隋老师这个人呐，隋老师把命都扑在了草原上。

戴老师：他让我们把这个小鹰送回来，就是希望自己能像小鹰一样，回到草原上啊。

（这时候，远处传来丝丝袅袅的狼嚎声。）

隋森森：哟，爷爷。

牛大爷：这老伙计，又憋不住了。

隋森森：爷爷，这是啥东西在叫啊？

牛大爷：狼，是狼嚎。

隋森森：呵，这地方还有狼？

牛大爷：要有狼就好了，这是人学狼叫呢。来，我得给他回两声，要不这老伙计该不愿意了。

（说着，牛大爷学起了狼叫。一声声狼嚎，在旷野上飘着——）

（远处也传回了狼嚎，仿佛是与牛大爷的嚎声对话。）

戴老师：牛大爷，那边是谁呀？

牛大爷：是一个姓曹的老伙计，芦苇公司看苇子的。

隋淼淼:他为什么学狼叫?

牛大爷:唉,二十多年前的时候,我打鱼,老曹头他看苇子,我们俩一个人住一个窝棚。那时候这草原上到处是狼,天一黑,狼嚎得让人心里头发毛。没办法,一到夜里,我打一枪,曹爷爷他就回一枪,算是互相报个平安吧。

隋淼淼:你们有枪还怕狼啊?

牛大爷:孩子,你可不知道啊,那时候狼太多了,有枪也不敢打呀,再不好啊招来一群狼,谁也挡不住呀。

戴老师:那后来呢?

牛大爷:后来,眼瞅着这狼一年比一年少,这些年更是连影都见不着了。你想想,这草原上要是没有狼,那还叫草原吗?一到晚上啊,一点声音都没有,静得让人难受。就想有个狼嚎的动静。没办法,我跟老曹头说好了,没狼嚎我们就自己嚎,为这大草原添点动静。

隋淼淼:哎,爷爷,刚才你们叫的时候,好像在说什么?

牛大爷:说什么?啥也没说,就是嚎两嗓子过过瘾。

隋淼淼:过瘾,过啥瘾?

牛大爷:狼瘾。

(这时候,那边又传来了老曹头的狼嚎——)

牛大爷:这老伙计还来劲了,我再给他回两声。

(夜幕下,狼嚎透着一股苍凉。狼嚎声中,音乐起。)

戴老师独白:老隋,以前你也跟我说过狼的故事。但今天的情景,还是让我感到震撼。过去人们怕狼,现在人们想狼。这些事情,今天的孩子们是理解不了的。以前我不明白,你为什么一边搞课题,一边不停地去找各级领导,是在呼吁呀,就像是牛大爷在呼唤着狼的回来,你在呼唤着人性向大自然的回归。

5.(月亮海的落日,划桨声。大黑叫了起来。)

季小亮:牛大爷,牛大爷……

(牛大爷划船。)

牛大爷:小亮,过来,把这几条鱼接着。

季小亮:这鱼是给戴老师和淼淼打的吧?

牛大爷:咱月亮海鱼就是比她们城里的好吃。哎,你怎么从县里回来了?

季小亮:不回来不行啊,人家让我来找你。

牛大爷:找我,找我干什么?

季小亮:我跟您说,这次来的考察团可不一般。是外国的,要在咱们这儿投资建立一个大型的风力发电厂。

牛大爷:风力发电?

季小亮:就是用大风车发电,人家说那风车可大了,十层楼那么高,一台风车,一天就能转出一万块钱来。

牛大爷:是嘛,这是好事啊。

季小亮:好事,还说不定呢。县长说了,考察团已经走了好几个地方了,都不满意,省里都急坏了,也不知道是招待得不好,还是有什么别的问题。到我们县是最后一站了,要是不行,人家就到外省去了。

牛大爷:那怎么办呐?

季小亮:县长说了,要不惜一切,一定要让考察团百分之百地满意。几千万元的投资啊,不是个小项目。

牛大爷:对对,那这事找我干啥呀?

季小亮:县政府办公室张主任负责接待工作,他说,想在吃的方面给考察团整点特色。

牛大爷:吃的特色,吃能吃出什么特色来?

季小亮:野味啊,张主任说了,咱月亮海的野味最地道。

牛大爷:野味,行啊,月亮海的鱼都是野生的,我给他们打去。

季小亮:不是鱼,张主任说的是……野鸭啦、大雁啦、天鹅……

牛大爷:什么?吃大雁天鹅,小亮,这话他也敢说……

季小亮:牛大爷,您先别急。张主任说了,咱们县穷,得先发展,只要能把这个项目争取过来,暂时牺牲点儿生态,也是可以的。

牛大爷:胡说,这不是牺牲不牺牲的问题,这是违法。违法你懂不懂?

季小亮:大爷,县里就怕您较真儿,才让我跟您商量。张主任说了,咱们省都禁猎五年了,老百姓手里的猎枪都上交了。要想逮大雁天鹅,就得下套。要说下套,那你是最厉害的。所以就让我找你,跟你说……

牛大爷:小亮,亏你还跟我这么多年,咱们是干什么的,咱们是保护区的保护员啊,咱们是管别人的,咱自己还能干吗! 你回去告诉他们,这种事,想都别想。

季小亮:大爷,人家比咱大,咱得归人家管。张主任已经到了保护局了。让我过来先跟您打个招呼。

牛大爷:打不打招呼都一样,你让他赶紧回去吧。行了,我不跟你说了,戴老师和森森还在等着我呢。大黑,走走走。

(大黑叫。)

季小亮自语:张主任啊张主任,我就知道这不行,你偏让我来。这回你自己来吧。

6.(草原上鸟语如歌——)

(戴与晴和森森在草原上认鸟。)

隋森森:妈妈,你看,那是什么鸟,嘴弯弯的?

戴老师:呵,那是白腰勺鹬。有一句成语叫鹬蚌相争,渔翁得利,说的就是这种鸟。

隋森森:噢,那个呢?

戴老师:那是凤头麦鸡,你看它头上,是不是有一缕凤毛?

隋森森:嗯,真好看,有。那远处水边上的那个大白鸟,是什么鸟?

戴与晴:那个大的,我也说不准,好像是白鹤吧?

牛爷爷:森森……

隋森森:哎,牛爷爷来了,问问他。

隋森森:牛爷爷,您快看,那边的那只大白鸟,它叫什么?

牛大爷:呵,叫"长脖子老等"。

隋森森:长脖子老等?

牛大爷:你看它脖子多长,它从来不找食,就在一个地方一动不动地等食。鱼要是游过来,它一口就能叼住。所以大伙儿就叫它"老等"。

戴老师:那就是白鹭吧?

牛大爷:对。

隋森森:是不是那个"两个黄鹂鸣翠柳,一行白鹭上青天"的白鹭?

牛大爷:森森真聪明,还能和古诗对上号呢。

隋淼淼：我爸爸以前让我背过好多唐诗，唐诗里面有好多是写鸟的。爷爷，这个地方有多少种鸟呵？

牛大爷：连住下的，带飞来飞去的，有二百多种。

隋淼淼：这么多，那我带来的飞飞算是哪一种啊？

牛大爷：飞飞呀，飞飞是一种隼，脚是红的，人们叫它红脚隼。

戴老师：那红脚隼，它在这地方是飞来飞去的，还是常住下的？

牛大爷：常住下的，这地方就是它的家。

隋淼淼：我爸说它吃老鼠。

牛大爷：对，你爸爸最喜欢这种鸟。

隋淼淼：那为什么？它好像没有那些鸟好看，也没有那些鸟叫得好听啊。

牛大爷：对对对，可草原上有它没它可大不一样。你爸爸是研究草的，他最懂这草原上的草啊，一半是羊吃了，一半就是让那些老鼠给祸害了。

隋淼淼：老鼠吃草吗？

戴老师：老鼠打洞，把草根都啃了。

牛大爷：这红脚隼特别爱吃老鼠。有它们在，草原上的老鼠就多不了，草呢也就能长得好，所以你爸爸特别喜欢这些鹰和隼啊。

戴老师：牛大爷，您天天在草原上，有这些鸟做伴儿，多好啊。

牛大爷：怎么说呢？我和这草原就有缘呐。从小跟我爷爷，后来又跟我爸爸，就在这草原上打猎下套。那时候是为了生活，根本不懂得生态保护。打了一辈子的猎，到老了，我成了保护区的保护员，专门保护野生动物。这就是我和草原的缘分，我爷爷和我爸爸欠下草原的，我都得给还上。

戴老师：您和淼淼她爸爸一样，都离不开草原。牛大爷，我给您拍两张照片吧。

牛大爷：现在你别拍。没准有一天呐，我兴许就和那太阳一起沉到水里了。以后你再来月亮海啊，这湖边的一草一虫，没准就是我呢。到时候你多拍些花呀草呀虫呀什么的，心里就想着，我这是拍老牛头。

隋淼淼：爷爷，人死了能变成花和草吗？

牛大爷：我想是能啊。

隋淼淼：那我爸爸肯定是变成草了，我以后就变成草上的花。

牛大爷：好孩子，说得真好。

（这时传来汽车声,鸣笛声——）

戴老师:牛大爷,是不是有人来找你?

牛大爷:找谁也不能这么按喇叭。

张主任:是牛大爷吧,我是县政府办公室主任,我姓张。

牛大爷:听说了,你先告诉那司机,别按喇叭。

张主任:按喇叭怎么啦?

牛大爷:现在各种鸟都进入孵化期了,大喇叭一叫,把鸟惊着谁负责。

张主任:是,是,哎,别再按喇叭了。

戴老师:牛大爷,我和森森先往那边走走。

牛大爷:别往那边走,那边有一对白鹳正在孵化呢。

隋森森:白鹳? 啥样的?

牛大爷:有点像丹顶鹤,也叫东方白鹳,是咱国家一级保护动物,可容易受惊了,一受惊啊它就弃巢,你们还是往月亮海那边走吧。

戴老师:好好好,知道了。我们不走远。

张主任:牛大爷,季小亮都跟你说了吧,他可能没说清楚,这事啊,是这么回事——

（那边戴老师与森森在撩着水。）

隋森森:妈妈,你看,这里的草可真绿真高啊,妈妈,我爸那么喜欢草,为啥给我起名叫森森,我们同学给我起外号叫六水,一个森就有三个水。

戴老师:你爸大学毕业就在这地方搞课题,你看,看见没有,有草原,也有湖泊,那草和湖水在一起的,就叫湿地。

隋森森:湿地?

戴老师:就是沼泽。有水,草才茂盛。所以你爸爸总想让水多一点。

隋森森:我知道了,水多了鱼就多,鱼多了吃鱼的鸟就多,鸟多了鸟粪就多,鸟粪多了草长得更多了,对不对?

戴老师:对,有水有草有鸟,才叫湿地。你再看那边,那些沙坨子,风一吹满地跑黄沙。要不是这些水和草,风能把它们吹到省城去。

隋森森:真的? 能吹那么远?

戴老师:当然了,你没听见天气预报里说的“沙尘暴”吗? 大风天的时候,这里的沙子要是吹到省城,就成了让人睁不开眼的“沙尘暴”。你爸爸研究草,不光是为了草原,也是为了咱们家呀。

隋森森:草还能挡住沙子?

戴老师:草能固住沙子,沙子上面长了草,风就刮不动了。

(这时,远处传来牛大爷的吵声。)

戴老师:森森,走,咱们过去看看吧。

牛大爷:不行,绝对不行。

张主任:你是保护区的职工,这是县里交给保护区的任务,是工作。

牛大爷:你少来这套,我是保护员,我的工作就是保护,想让我下套,你把法律改了再说。

张主任:大爷,我不是跟您说了吗,这是关系到几千万的投资,关系到咱——

牛大爷:别说了,我劝你赶紧走,这地方四处是沼泽,天一黑就找不着道,弄不好把你陷进去。走,赶紧走。戴老师,森森,走,咱也该回家了。

(戴与晴与森森答应着。)

戴老师:大爷,那人是县里的?

牛大爷:嗯,县政府办公室主任。

戴老师:全省不都禁猎了吗,他怎么还敢……

牛大爷:老百姓是禁住了,可就有个别的领导,什么都懂,就是不把生态环境当回事。算了,不说他了,咱们回家。

戴老师:走吧,森森,咱们跟爷爷回家了。

(这时,远处传来老曹头的狼嚎。)

牛大爷:听见没有,又是老曹头。

戴老师:他等着您回话呢。

牛大爷:不回不行,你不回话他就担心,能一直嚎下去。

(说着,牛大爷就嚎了起来。)

牛大爷:森森,你也学两声?

隋森森:好,我也学。

(说着,森森就学了起来,学得不像。老曹头那边又传来回声。牛大爷听后笑了。)

戴老师:你笑什么?

牛大爷：这老伙计。

隋森森：他听见我叫了？

牛大爷：听见了。

隋森森：他说什么？

牛大爷：他问我，这是哪来的狼崽子。

隋森森：真的，他能听出我是狼崽子？

牛大爷：能，他还能听出你爸爸的声音呢。

隋森森：我爸也跟他嚎过。

牛大爷：嚎过。他和你爸爸感情特别深，他要是知道你们来了，这老曹头他，他能嚎哭了……

（音乐起。）

戴老师：老隋，牛大爷的话你听到了吗？草原上的人，重情啊。这两天牛大爷，虽然没有更多地说起你，但他带我们去的地方，总好像有你的影子。我知道，他是想让森森感受这里的一切，让森森和你一样，喜欢月亮海。今天晚上，我要带森森去看看你住过的窝棚，牛大爷说了，窝棚已经没有人住了，但是他要一直为你留着。

7.（夜晚蚊虫声，草丛哗哗响——"啪"的一声。森森在打蚊子。）

隋森森：妈妈，这蚊子怎么这么多？

戴老师：是啊，头几年的时候，你爸爸每次回来，都被咬得浑身是包，后来就没有了，你爸爸说，咬习惯了，连包都不起了。来，妈妈给你抹点儿风油精吧。

隋森森：哎，妈，还要走多远呀？

戴老师：到了，这就是你爸爸每年来住的窝棚。

隋森森：就这么小？

戴老师：是呵，一年能有半年，你爸爸都和牛爷爷就住在这里。

隋森森：妈妈，咱俩也进去躺一会儿吧，像爸爸和爷爷那样。

戴老师：好啊。

（两人进到窝棚。）

隋森森：妈妈，你看，躺在窝棚里面还能看到天上的星星。

戴老师：是呵，你爸爸说过，最美丽的夜晚是草原之夜，最好闻的味道是草原上的味道,最好听的声音……

　　隋森森:我知道,我知道,是曹爷爷学的狼嚎。

　　戴老师:对。森森,想不想爸爸?

　　隋森森:想。一想爸爸,我就想哭。

　　戴老师:妈妈也是。这里的一切都好像有你爸的影子,可他又像是天上的星星,看得见,却又那么远。

　　隋森森:妈妈,爸爸能知道我们来吗?

　　戴老师:肯定知道。也许呀,他一直在看着咱们。

　　隋森森:妈,咱们对爸爸说几句话吧。

　　戴老师:说吧。森森。

　　隋森森:爸爸,我和妈妈到草原上来了,我们把飞飞送回来了。这里的星星真亮,花儿真美,草儿真香。爸爸,我们把牛爷爷给你的苇哨也带来了,爸爸你知道吗? 在你走后,这苇哨一直陪着我和妈妈。我吹的时候,妈妈哭,妈妈吹的时候,我哭。现在你要是听到了苇哨声,闻到了草香味,那就是我和妈妈在想你。

　　(苇哨声起。这时,牛大爷找了过来。)

　　戴老师:哟,牛爷爷他们来了。

　　牛大爷:森森。

　　隋森森:牛爷爷。

　　戴老师:牛大爷,我带森森来看看这个窝棚。

　　牛大爷:我就知道你们娘俩会上这来。

　　隋森森:爷爷,等飞飞的翅膀长好了,咱们就在这窝棚前边放飞吧。

　　牛大爷:好。飞飞已经长得差不多了。

　　(这时候,传来了李村长的招呼声。)

　　李村长:老牛头,老牛头,哎呀,找了一大圈,您跑这来了。

　　牛大爷:什么事呵,都这么晚了。

　　李村长:听说,隋老师的爱人带着孩子来了?

　　牛大爷:在这儿呢,这就是戴老师,隋老师的爱人,这是森森,隋老师的姑娘。这是李村长,前面老榆树村的。

　　戴老师:李村长您好。

李村长:唉,隋老师再也来不了了,我这一拜就拜给您了。

戴老师:哎呀,您可千万别这样。

李村长:不行,这一拜我是无论如何要拜。而且,这是代表我们老榆树村五百多口父老乡亲给您拜的。

牛大爷:戴老师,你就让他拜吧,隋老师对他们老榆树村有恩呐。

李村长:哎。这事全县都知道啊。当年我们村为了多打点粮食,就把村西头的大草原开成了耕地。隋老师知道了,说什么也不让我们那么干,那时候也不明白他说的道理,硬是把隋老师给撵走了。没过两年,那片耕地就变成了沙坨子。第三年更惨了,那沙坨子一直往东移,硬是把我们村给埋了一半。

牛大爷:后来隋老师又去了,给他们送去了草籽,把西边的草甸子恢复了。村子保住了。

戴老师:森森她爸就是研究草原的,能为草原做点事,是他最高兴的。

李村长:您看,我给您带什么来了?

戴老师:兰花草。

李村长:对呀,这是隋老师最喜欢的兰花草。隋老师走了,全村的人都念叨啊。现在每家都养了一盆兰花草,开春都摆在了最显眼的地方,这老少爷们心里觉着,看见了兰花草,就当是隋老师又来了。

戴老师:森森,听见了吗,你总问爸爸为什么把草原当家,因为这里有他的亲人呐。

李村长:孩子,你爸爸把咱这大草原当家,这也就是你们的家。老天爷做证,咱老榆树村,以后年年开春时,家家一盆兰花草。不为别的,就为念叨隋老师呵。

牛大爷:森森,来,把苇哨吹起来,让你爸爸听听,李村长说的,是老榆树村乡亲们的心里话呀。

隋森森:哎。

(苇哨声起。)

李村长:隋老师呵,您保住了我们的草原,保住了我们老榆树村呵。可是您年年就住在这么一个小窝棚里。您还记得村东面的小学校吧,当年让沙子堵住了门,孩子们都上不了课了。现在草原恢复了,学校也开学了。在孩子们的心中,草原是最美的家园。隋老师,我要带孩子们来看看您住过的窝棚,让他们永远记住您,记住您为草原做的一切。

8.(音乐声中,叠进汽车及人声。政府门前,外国人上车前的嘈杂。)

张主任:季小亮,快,快上车。

季小亮:张主任,今天我就别去了吧,保护区那边有的是人陪。

张主任:不行,我是特意来叫你的,那老牛头,我可是真的领教够了。

季小亮:考察团正常的考察,他不能管。

张主任:不是考察,考察已经结束了,看样子对咱们这还挺满意。县长说了,最后一天,安排这帮老外到保护区去玩玩。

季小亮:那老牛头更管不了了,保护区现在正大力发展生态旅游呢,他懂。你别看他倔,他是该管的时候往死了管,不该管的事,他看都不看一眼。

张主任:你别说了,马上跟我一起去。我告诉你,人家考察团说了,咱们这什么条件都具备,草原开阔,风力大,一年二百五十多天在三级风以上,最适合建风力发电。你看看,如果就因为人家没玩好,钱就不给咱们投了,那可就太惨了。什么也别说了,县长都在车上陪着呢,你马上跟我上车。

9.(车发动,鸣笛声——旅行车在路上。)

县长:张主任啊,你跟翻译说说,把月亮海保护区的情况先跟考察团的先生们好好地介绍一下。

张主任:知道了县长,小毕呀,我说我的,你翻译你的,好不好?

毕翻译:好哩。

张主任:女士们,先生们,咱们这月亮海是个非常美丽的地方,当年成吉思汗就在这月亮海边上饮过战马。这里有四大景观,沙丘榆林、芦苇蒲荡、湖泊水域、羊群草原,全世界有十二种鹤,咱们这儿有七种。欧洲已经灭绝的白鹤,咱这儿也有。再有……县长,您再说说。

(张主任说的同时,翻译在一旁用英语说着。)

县长:我想跟各位介绍一个方面,现在是月亮海最好的时候,因为月亮海地处鸟类迁徙的通道上,像这个西伯利亚、日本、澳大利亚和伊朗的候鸟在迁徙的时候,都经过这里。每到春秋的时候,这里就像是百鸟朝凤,成千上万只鸟全来了。荷兰亲王贝恩哈德到月亮海有一句评价,他说这里是"人间仙境",国际鹤类基金会主席乔治·阿基博到月亮海考察时说,月亮海不仅是中国的一块宝地,同时也是世界的一块宝地。

（翻译不停地在翻着。车突然停了。）

张主任:糟了,又是这老爷子,季小亮,快,下去说一说。

县长:怎么了,怎么了,来之前不是跟保护区都说好了吗?

张主任:是说好了,可这老牛头……季小亮,快点。

季小亮:张主任,咱俩一起去说吧。

县长:跟他说一声,县里组织的活动,跟保护区打过招呼了。

张主任:我知道了。

（张主任和季小亮下车。）

张主任:哎哟,牛大爷,忙着呢。

季小亮:大爷,你咋站路当间了。哟,戴老师,森森,你们也在这儿呐。

戴老师:小亮,你们这是……

季小亮:啊,我不是在县里帮忙吗,这是考察团要来——

张主任:大爷,就怕您老爷子误会,我把季小亮也带来了,县长也在车上呢。

牛大爷:谁在车上也不行,这地方归我管。

季小亮:大爷,人家跟保护区都说好了。

牛大爷:我知道,区里也跟我说了,考察团的人要来玩玩。你去告诉他们,在保护区外围怎么玩都行,这是核心区,国家有法律,旅游不能进核心区。

张主任:牛大爷,您听我说,他们呐,可不是一般的旅游,是考察,是给咱们县投资,好几千万呐。他们就是想看看,白鹳呀,白鹤呀,栗斑腹鹀几种鸟……

牛大爷:不行,我告诉你,现在是各种鸟孵蛋的时候,最怕惊吓。

季小亮:大爷,那白鹳又不是你家的,人家县长都让看,你就别管了。

牛大爷:我是保护员,我不管谁管。别的时候看还好商量,孵化期间,谁也不行。

张主任:牛大爷,话不能说绝了吧,县长还在车上呢,你不给我面子,还得给县长面子,他陪的可是外国考察团,还有联合国的呢。

牛大爷:我不管他是哪个国的,我执行的是中国的法律。

（这时车在鸣笛催促。）

牛大爷：你告诉那司机，再按喇叭我给他砸了。

张主任：哎，老牛头，我看越哄你越来劲啊，你不就是个保护员吗，我告诉你，撤你的职都不用行文，一句话就行，你给我让开。

牛大爷：哼。

张主任：你给我让开？

季小亮：牛大爷，几千万投资的事，咱担不起呀。

牛大爷：违反了国家法律，他县长也担不起。

张主任：没啥好说的，下来几个人，把老家伙弄一边去。

季小亮：哎，先别动。牛大爷，算了吧，为那几只鸟，咱犯不上。

牛大爷：不行，要想进去，就让车从我身上开过去。

张主任：来人……

隋森森：妈，他们要打人了……

戴老师：等等，牛大爷，我去跟他们说说。

（说着，戴与晴上了车。而后用英语说了起来。）

戴老师：（英语）各位尊敬的客人，你们现在来的地方，是我国国家级自然保护区，也是世界Ａ级保护区，它登录了拉姆萨尔国际重要湿地公约……

（县长问翻译。）

县长：她在说些什么？

翻译：她在说月亮海是国际重要湿地……

戴老师：（英语）女士们，先生们，听说你们来自欧洲，那么，你们的国家也都是拉姆萨尔公约的签约国。这个公约主要是为了保护全世界的湿地及其生活在湿地的水禽。现在是春天孵化的季节，各种水禽都在产卵孵化，特别是欧洲已经灭绝的白鹤，最怕惊扰。站在车前面的这位先生，是保护区的保护员，他怕这么多人和车进去，会把产卵和孵化的鸟吓坏了。所以，他不同意你们进去。我知道欧洲非常注意环境保护和动物多样性的保护，我相信，你们能够理解这位老人的做法。

（戴与晴说的同时，翻译为县长译成中文，并可以听到老外表示理解的ＯＫ声。）

10.（苇哨声声——）

季小亮:牛大爷。

牛大爷:小亮,你认识这苇哨吗?

季小亮:认识,这不是你给隋老师做的吗?

牛大爷:没错,人家隋老师把命都搭在了草原上,可你看你今天干的这事儿,领着人来祸害月亮海。

季小亮:不是您让我去帮忙吗,我也不敢得罪人家县里呀。再说了,我算老几呀,就是个小保护员。

牛大爷:保护员怎么了,保护员怎么了,当年隋老师在的时候,手把手地教你野生鸟的孵化技术,现在咱保护区也没几个人会。

季小亮:会不会能怎么的,也用不上。

牛大爷:怎么用不上,保护区马上就要成立科研组,专搞野生鸟的孵化研究。报告都打了,就等着县里批呢。

季小亮:这还能批得了吗,县长的面子都让您给顶回去了。

牛大爷:顶! 顶他咱站住理了,他要是不批,他说不出理来。

季小亮:哎呀牛大爷,现在谁还跟您讲理呀,行了行了,不跟您说,我去看看戴老师,今天幸亏她那几句话,要不然说不上怎么样呢。

隋森森:牛爷爷。

戴老师:牛大爷,别生气。

季小亮:戴老师,今天的事谢谢您。

戴老师:说什么呢,森森她爸在这儿十多年,不都是牛大爷照顾的。再说了,牛大爷做的一点儿都没错。县长也得……

（正在这时,张主任带着县长来了。）

张主任:哎呀牛大爷,让我们好找啊,县长,来看您来了。

县长:牛大爷,你这核心区还真不好进呐。

牛大爷:嗯……

县长:戴老师吧,今天啊,你和牛大爷给我上了一课,而且,还给咱们全县立了一大功啊。

季小亮:立功了? 牛大爷?

县长:对呀,今天牛大爷把我们顶了回去,我心里这个火儿呀。你说说,我管的地盘,硬是不让我进,还把我带来的外国朋友顶了回去。我这心里想，完了，这几千万的投资项目肯定泡汤了。可没想到，回去后人家考察团马上就开了个会，刚才来电话告诉我，这风力发电的项目，就给咱们县了。

季小亮：真的？

县长：是呵，我当时也不敢信，后来翻译小毕告诉我了。说考察团开会的时候，一致认为，咱这地方的人，生态观念强，环境意识高。说风力发电是绿色能源，是环保项目，就应该建在有生态意识的地方。还说了，他们一再提到牛大爷，对牛大爷今天的行动非常钦佩。

张主任：牛大爷，今天的事对不住您了。您老多原谅啊。

牛大爷：什么原谅不原谅的，事过去就完了。

县长：张主任啊，光道歉不行，得从思想意识上解决问题。我们都应该好好向牛大爷学习。唉，省里市里对生态建设都非常重视，可是我总觉着，我们县穷，要先发展，暂时牺牲一点生态，也是可以的。今天牛大爷和考察团的决策给我上了一课，我们不能光看眼前利益，再走先破坏再恢复的老路了。

牛大爷：县长，这位戴老师就是以前总到咱们这儿来的隋老师的爱人。隋老师得病去逝了，戴老师领着他们的女儿来看看草原。

县长：是隋老师的家人啊，哎呀，隋老师可是我们县的功臣呐，咱县里这草原改良和治理，全靠隋老师。可惜呀，隋老师他……

隋森森：我爸爸来不了了，让我们把飞飞送回家。

县长：飞飞？

戴老师：是一只红脚隼，是她爸爸住院的时候买的。

县长：是啊，红脚隼的家在草原上，隋老师也把草原当成自己的家了。行了，一家人不说两家话，牛大爷和隋老师都是咱们县的大功臣，县里应该好好表彰表彰。

牛大爷：县长，表彰我担不起，有件事想请您帮个忙。

县长：啥事，您老说吧。几千万的投资您老都给解决了，您有啥要求县里都照办。

牛大爷：县长啊，听说保护区马上就要成立科研组了，季小亮跟隋老师学过几天野生鸟孵化技术，这可关系到月亮海的发展前景啊，您是不是在编制和经费上支持一下。

县长:这没问题。我跟您说,国务院已经正式批准了,咱们省是生态示范省,全国就两个,咱们和海南,您看力度大不大。省长说了,搞生态省就是和国际接轨,就是可持续发展,就是造福子孙后代。只要是生态建设,要钱给钱,要编制给编制。你们看看,省里这么大的决心,咱还有什么可说的。不就是科研组吗? 张主任,马上给办。

张主任:知道了,我明天就办。

(音乐起。)

县长:唉,可惜呀,隋老师不在了,现在正是需要他们这些专家的时候啊。戴老师,您给捎个话,隋老师虽然来不了了,但县里希望项目别停,试验站别撤。他的同事来也行,学生来也行,我们都欢迎。

戴老师:县长,这也是老隋的愿望啊。您放心吧。他们一定能来。

县长:谢谢,谢谢。

(音乐声中——飞飞,你的翅膀长硬了,你该回家了。)

戴老师旁白:老隋,在月亮海的每一天,我都能感受到你的存在。小鹰飞飞的翅膀长硬了,咱们森森也好像一下子就长大了许多。明天,我们准备在你住过的窝棚前把小鹰放飞。我还记得你说过的话,在小鹰飞飞回到草原的时候,你会跟着鸟儿回家。

11.(月亮海云升水起,雁鸣鸟语——)

隋森森:爷爷,飞飞它能飞多高?

牛大爷:很高很高。

隋森森:能飞多远?

牛大爷:很远很远。

隋森森:它不会飞丢了吗?

牛大爷:不会丢,它飞得再高再远,也知道草原是它的家。

戴老师:牛大爷,今天把飞飞放了,我就带森森回去了。

牛大爷:回去吧,大爷没什么好说的,就一句话,这草原就是你们的家,以后多回来看看。森森,听见没有?

隋森森:听见了,妈,我以后上大学,也研究草,到时候我也像我爸爸一样,到月亮海来。

牛大爷:好孩子,真让爷爷高兴。来,你来把飞飞放了。它能把你刚才说的话,带给你爸爸。

(少先队队歌声由远及近。)

季小亮:大爷,好像是老榆树村的李村长他们来了。

牛大爷:李村长,你怎么来了?

李村长:哎,老牛头,放飞小鹰的事我听说了。你看,我把学校的孩子们都带来了,让他们也受受教育。

牛大爷:是啊,草原的明天还得靠他们呐……森森,快去,快去,跟小同学们一起把小鹰放飞到蓝天。

李村长:等等,孩子们还准备了几句话,说是给全国小朋友们的倡议书,在小鹰飞起来的时候,让孩子们对着蓝天说吧。

戴老师:森森,快去吧。

(单鸟儿与众鸟儿飞翔的声音。)

隋森森:飞飞,再见!

同学们:飞飞,再见!

(音乐声中,一男一女两个小同学朗诵倡议书。)

男同学:全国的小同学们,

女同学:我们月亮海老榆树村小学的全体同学倡议:

同学们:我们是大自然的儿女,

大自然是我们的家园。

不论你今天在哪里学习,

也不论你明天在哪里工作,

我们都应该携起手来,

保护好自然保护好家园。

愿我们的草原永远翠绿,

愿我们的天空永远湛蓝,

愿我们的江河永远清澈,

愿我们的土地永远肥沃,

愿我们的鸟儿永远欢唱,

愿我们的空气永远新鲜。

无论今天你走到哪里学习,

也无论明天你在哪里工作，

我们都应该成为大自然的朋友……

（孩子们的声音渐弱，苇哨声悠扬绵远——）

戴老师独白：老隋，你看到了吗，你听到了吗？飞飞在蓝天上盘旋，孩子们的声音在草原上飘荡。这是对大自然的呼唤，是人性向大自然的回归。你放心吧，孩子们的誓言已经说明了一切，我仿佛看到了月亮海的明天，看到了我们共同期望的明天。

（音乐——演员表——音乐完）

剧终

创意策划：王俊杰

编　　剧：李北川　　王俊杰

导　　演：佩　芬

音　　乐：曾　勇

音　　响：邢建华

录音合成：王　敏

监　　制：张晓春　　包长青

总 监 制：任凤霞　　谭铁鹰

三、节目策划文本

《老乡话东北》栏目策划书

乡音、乡情、乡韵
唠不尽的关东事
民俗、民事、民风
说不完的东北情
东北文化的时空长卷
东北民俗的历史档案

——《老乡话东北》

栏目主旨

立足东北,以独特的东北地域文化视角,展示东北黑土地传统文化,并赋予当代人文品格。每集选取东北地域文化亮点(民俗、历史、文化、情感、故事)独立成篇,以乡音、乡情、乡韵为基础,由表及里,化繁为简,传达对黑土文化的浓浓情感,发掘叙述表象背后的人文内涵与文化品格,力求大写意式地概括出东北民俗文化的审美特征,提升黑土文化的魅力和生命。

栏目说明

栏目性质:文化类系列节目

栏目长度:10分钟

栏目风格:雅俗共赏　亲切平易　洗练简约　深沉凝重

栏目范畴:以今天的辽宁、吉林、黑龙江三省及内蒙古东部的呼伦贝尔盟、兴安盟、哲里木盟和赤峰市为选题拍摄地域,以东北的民俗、历史、典故、

风物、文化、民风为创作本源和选
题指向。

栏目构架：截取东北地域文化
的横断面，从每集选题出发，在栏
目总体风格框架内，以故事线、情
感点为核心，历史同现实为外延，
强调知识性、趣味性，以深度挖掘
人文文化内涵为目的，采用多样化视听表现手法，以点代面，在栏目总体定位
基础上，力求在构架方式上繁简合宜、动静相间、张弛有度、泾渭分明。

创作手法：以评书形式串讲故事，写实与写意相结合，借用纪录片、专题
片的拍摄方式，采取多样化结构和多元化表现形式，将画面、解说、音乐、访
谈、同期声有机和谐统一，完成对主题的传达和升华。

策划阐述

一、策划缘起

世纪之交是一个新旧交替、起承转合的时期，人类历史在这样一个时刻
总是在总结过去、展望未来。这特定的历史时刻赋予了当代文化一系列新的
命题。同样，电视文化，这一相对新兴的文化艺术门类更是要准确地感知时
代的脉搏。在这一时刻，策划这样一档根植于黑土地、表现东北地域文化、
展示东北传统文化的系列节目——《老乡话东北》，就有着重要的现实作用
和厚重的历史价值。这是基于大文化背景下所产生的一档对当今电视文化
诉求重新诠释和认知的节目。

对于东北地域文化、民俗文化的展现、发掘、整理，是一个关东黑土文化
继承与发扬的重要课题。电视媒体的介入是对于这一课题研究的重要组成
部分。作为电视人，策划这档栏目就是在对当今电视市场的深入考察和研究
基础上做出的选择。面对相对浮躁的电视市场，面对充斥电视屏幕的娱乐风
潮和快餐式操作形式，要求每个电视人要以相对平和的心态来面对电视观
众。《老乡话东北》正是要寻找一个切入点，以扩展电视节目的内涵来建构
电视的核心文化。

《老乡话东北》以东北为根基，贴近平民意识，具有浓厚的本土意蕴，它既有传统文化观念又带有现代文化意识，是当今社会文化氛围下的新形态电视文化系列节目。

这样的一种策划定位，目的是面对更加宽泛的电视受众群。相类似的央视栏目如《神州风采》《走遍中国》等正是以同样的基调，收到了良好的收视与反馈效果。但是与之不同的是，《老乡话东北》的策划定位更加具体、纯粹，"卖点"更加清晰、明确。它完全是以东北为表现基础，强调地域性、独特性，以点代面，去芜取精，以东北地域文化为立意，具有独特视角及人文文化品位，讲述东北人、东北事、东北的风物、东北的故事，力求达到"浓淡随意看，深浅入时新"，让人感悟乡情，扩展视野，使受众在得到艺术和情感愉悦的同时，了解东北地域文化的深厚及特色。

《老乡话东北》的宗旨，就是要传达出这样一种文化理念：从文化的层面去重新审视并关照东北地域文化乃至东北人的普通生活，去表现生活中的文化现象，体味生活中的文化价值，阐述生活中的文化意义。

二、总体定位

对于一片生于斯、长于斯的土地的眷恋，是镌刻于每一个人内心深处的不可割舍的一份情愫。

以乡情、乡音、乡韵为情感诉求点，正是顺应了本土电视观众情感脉络的走向。"老乡"，一个亲切的让人流泪的字眼，"东北"，一片让人魂牵梦绕的土地。无数生命在这片土地上繁衍生息，东北的土地赋予了东北老乡纯朴、刚毅的性格特征，老乡们又为这片土地带来了鲜明亮丽的色彩。《老乡话东北》将要讲述的是老乡与故乡之间难以割舍的情感关联,是对于土地与生长于这片土地的人们的表层叙述及深层的人文关照,其根本是在展示关东文化的同时,发掘东北人文精神的深邃与凝重。

《老乡话东北》以东北地域文化为着眼点,以平民视角为叙述角度,以新鲜、明朗、生动、厚重的节目风格,艺术地再现东北多个民族、多个地区的风土人情和生活百态。回溯东北历史文化悠悠往事,还自然景观与民俗风情以历史原貌,讲述这块黑土地的人文故事。力求由小见大,又化繁为简,融情感性、文化性、知识性与趣味性为一体,在寻找已逝年代的往事乡音的同时,完成对历史的追忆、对现实的认知、对未来的展望。

三、名称定位

对于《老乡话东北》这一名称的理解和认识,是关乎这个栏目清晰准确定位的重要问题,是栏目构成和栏目操作的基础。

"老乡"既可以是从黑土地上诞生的,又可以是走出去或走进来的人群。在中国十几亿的人口中,与东北黑土地有着根脉、血缘、情愫的人群应该说是无法估量的,因此说"老乡"一词既是一个群体,又是这个群体中的每一个人所牵出的一条条维系着全国乃至世界各地的情感绳索。不管天涯海角,只要有人就会有老乡,只要有老乡就会有乡音、乡情和乡愁,就会有对东北黑土地不能割舍的思念与牵挂。"老乡"的称谓同时还包涵了主持人与创编人员创作时的那份本我激情,这也是对《老乡话东北》节目内涵的体验和挖掘。

"东北"一词,从词面上理解就是一个特定的地理概念,但《老乡话东北》中的"东北"包含的是千百年来从黑土地上曾经带出去或吸纳进来的,以及本土演变或传承的所有与东北历史文化有着丝丝缕缕关联的"文化土壤",这样,"东北"就成了在文化范畴上没有边界的区域。

四、形式定位

作为一档具有专题片、性质的电视艺术作品,《老乡话东北》的栏目策划,不仅在栏目内容定位上鲜明独到,其外在形式上也要有所突破。《老乡话东北》以评书故事的形式串连全片是外在形态上的鲜明特点,这不同于一般栏目的主持风格。主持人应是土生土长的东北人,他就是东北的老乡,要有一口纯正的东北普通话,语言风格应具有东北民间所特有的粗犷、幽默、风趣的特点,他主持这档节目必然带有浓厚的感情色彩。采用评书与故事的节奏,以唠家常的口语化形式娓娓道来,语气贯通,亲近平和。同时,以评书这种民间艺术形式串接全片,服从于栏目整体的平民化、亲切化定位走向,从而形成节目独特的语言感染力,在电视受众的接受心理上营造亲近感,增强其收视热情。

在《老乡话东北》中,"话"就是一种形态上的表述。"话"决不是单纯的陈述和告白,它是集说、侃、谈、唱……为一体的、不拘一格的综合表现形式。它是电视视觉艺术本体语言的"画",又是电视文学语言上对评书、故事、专题、散文等文学体裁借鉴的"话"。这种电视视觉的"画"同电视语言上的"话"的目的是为观众的听觉和视觉打造出一个全新的文化氛围。

《老乡话东北》在创作形态上强调解说词与画面的有机融合,要求解说与画面二者同时具有对节目环境的交代、意境形象的刻画、情感的抒发、信息的传递的多重作用。在拍摄过程中,强调纪录片的故事化,在尊重生活的前提下,创作者与表现对象处在同一高度,把握事物,还原生活滋味,给人以最大的真实感,寻求平凡生活与深层意义的电视表现形态。同时,注重挖掘东北地域历史与文化所交融的情感点的立体展现。注意三种艺术语言(声音、画面、音响)的有机结合,力求达到和谐统一。定位在 10 分钟的一档精短的节目,做到"精"与"美"的结合,《老乡话东北》就是要在小时段表现大选题,以小角度关注大视野,通过一个个独立成片的故事,引导受众或连贯或跳跃地"窥视"大东北,以短小栏目承载丰富内容。

五、受众定位

贴近生活、贴近真实、贴近群众是《老乡话东北》的宗旨和方向。在众多文化类节目中,如何表现出自己节目的独特品质,同时又能满足观众需求,是节目成功的关键因素。《老乡话东北》的栏目策划,以独特的东北地域文化为着眼点,以东北历史文化及现实生活为原生面,以历史为经,以现实为纬,交错互动,以平实生动的创作理念、平行于观众的观察视角、精短的节目时间和展露出的文化内涵,使得定位清晰易辨,风格独特。

　　《老乡话东北》镜头里摄入的是我们或熟悉或陌生的东北古老的故事、传说、老街老店、老习惯、老规矩以及市井人生、人间百态,这将是东北老乡平凡生活的视听读本。我们相信,重新聆听那些或许是已经失去或鲜为人知的历史的回声,会令人悠然神往。

　　用新视角来传承和弘扬古老的黑土地文明和黑土地文化,《老乡话东北》定位取向的横向涵盖面之广、纵向掘进点之深、历史空间跨越性之大、节目资源之独特是其他任何专题性节目不能比拟的。大东北的山与水、人与物、事与情,丰饶繁多,如颗颗明珠串连在《老乡话东北》系列节目的延伸线上,为创作提供了广阔的空间。

　　清晰准确的主旨定位、完善周详的形式定位、指向明确的受众定位,构造了《老乡话东北》特色鲜明的节目形态。

　　具有独特鲜明的地域文化特色、平易亲切的叙述视角,《老乡话东北》多元化的收视取向、宽泛的受众群和基于栏目策划定位所产生的优良品质,也必将成为电视观众注意的新焦点。

2001 年 8 月 8 日

草原敖包的故事　　走进黑土地的楷蓝色　　美丽的长白石　　东北火盆

《音乐档案》栏目策划书

用音乐记录时代
用歌声叩响心灵
徜徉于音乐与歌声中
凝聚过往历史的人生情感

——《音乐档案》

栏目主旨

音乐是时代的记录，是历史的记忆。一首流传久远的歌，一首广为传唱的歌，在深邃的文化历史长河中，以它独特的魅力征服人们，而成为经典之作。节目立足经典，透过音乐和歌声，透过表象走进原创过程，探寻背后的故事，凝聚历史瞬间，畅想音乐对人生情感的心理诉求：对经典作品加以记录和整理，体现音乐文化的内涵和史料价值。

栏目说明

栏目性质：经典音乐文献节目

栏目长度：每期 10 分钟

栏目风格：质朴、凝重、深邃

栏目内容：现当代的优秀歌曲

栏目构架：每期节目为单一选题，以经典歌曲为主题内容，以其诞生的时代背景挖掘其故事性及其传唱意义，以大众文化的视角梳理文化内涵，凝聚动人情感。力求时空交错、情景交融，用纪录片的拍摄手法，音、画、解说、访谈等创作手法及多样化的结构方式来完成节目的编制。

策划阐述

我们已经进入 21 世纪的第四个春天,伟大祖国已经走过了 55 年历程。改革开放催生了多元文化,经济建设迅猛发展,促进了多元文化的快速成长。文化的交汇、碰撞、融合,超越的激情使新的文化观念不断的产生。音乐文化源远流长,赋予了鲜明时代特色的感人歌声,留下的不仅是激动和震撼的绝唱,更如夜空中的繁星,照亮了人类世界。在每个人心底,在人们渴望的一片净土中,音乐以其独有的品性,音乐以它跨越时空的回响,以它的不朽,带着历史的缕缕刻痕,记录着岁月,成为人们精神守望,感召着一代又一代的人们,催征着时代前进的步伐。

电视文化承载了新时代、新文化的重托,要准确感知和传承文化的精髓。《音乐档案》就是力求把一档音乐文化的典藏节目以电视特有的形态,将其厚重的底蕴、独特的风格和雅俗共赏的品位奉献给电视观众。它遵循贴近实际、贴近群众、贴近生活的原则,以歌曲作为载体,传播先进文化,在潜移默化中传情达意,净化心灵,让人们在歌声中重拾往昔岁月的点滴,倾听历史的足音,让人们在对经典音乐的回顾与聆听中,解读经典文化的多彩绚烂,缅怀大千世界的沧桑流变,品味过往人生的美好记忆。在如诉的往事中,带给人们审美情趣的坚守和对音乐文化的敬重。

《音乐档案》作为一档音乐文化的典藏类节目,不但要具备厚重的历史感,更要突出节目凝重的文化内涵。从文化的层面上去解读和诠释节目的内涵,关注节目的整体性和节目形式的多元化,力求栏目的文化性、娱乐性和文献价值的高度统一。

新中国成立以来,几代音乐人通过孜孜不倦的创作、饱含激情的咏唱,使现代中国音乐的库存日渐丰厚。在漫漫的历史征程中,音乐以它独特的文化魅力,拓宽了人们的文化视野,唱响了不同时代的最强音。音乐作品的原创过程,对每一位跋涉的音乐人来说,都是一次人生之旅的探寻,都是一次人性的提升。他们对音乐的热爱与执着,他们留下的一曲曲感天动地的心灵之歌,奠定了栏目的基调。历史背景的再现,创作时原动力的挖掘、感人的故事情节都将赋予节目创作的灵魂,这也是区别于其他音乐节目的根本特征。走进历史的情境,对经典作品的记录和整理、对音乐文化深层的挖掘,界定了《音乐档案》栏目是一档集鲜明的文化性、深刻的思想性和精湛的艺术性完美融合的节目。

档案在于纪录，它连接着历史与未来。音乐文化的传承、历史岁月的回首，创作者用真实的声画记录着这短暂又漫长的文化旅程。岁月悠悠，而鸣响在心灵深处的歌声却永远不朽。《音乐档案》传播的是音乐文化，更是对历史的记录和梳理。它是带有抢救性的挖掘和珍藏，为过去，也为今天，更为明天。

栏目样式

《音乐档案》以一首经典老歌金曲为主线，以全新的视角寻找节目的内核。通过对歌曲原创者（词作者、曲作者、演唱者）的采访，记录他们创作过程中的所见、所感和所思，将一首歌曲诞生的背景和一些鲜为人知的故事，立体、全景地呈现给观众，用音乐唤起人们心灵的共鸣，感受岁月的沧桑和对音乐文化的眷顾。

栏目风格

每期节目为一个完整的篇章，以中华民族优秀文化为内核，以经典歌曲为内容，通过采访和编辑相结合的方式，辅以珍贵的历史资料，篇幅精短但内涵丰富。为使节目营造出浓郁的厚重感，彰显其历史价值，体现其文化含量，将栏目设定一种色彩基调，以茶色为主色调，给人以怀旧、久远的意蕴。力求节目在内容及形式上，既具有高雅的文化格调，又符合大众的审美习惯。

后续效应

《音乐档案》之所以称其为档案，在编排过程中，就要考虑其史料价值，进入"档案"的音乐一定要具有经典性。曲目的选择,以传播广泛并传唱久远为标准,以年代编排、题材编排、人物编排等作为选题拍摄和编排的依据。《音乐档案》是一项系统的文化工程,用电视表现手段全面、完整地记录现当代的歌曲作品,这是一项捷足先登的开创性节目,也是一项填补空白的抢救性工程。我们将其设定为"365工程",用二至三年,完成365首当代经典歌曲的记录和珍藏,力求在全国的电视节目进行市场化运作,相信它一定会有广阔的市场空间及经久的社会价值。我们将以本栏目创意策划为平台,筹划成立全国第一家"怀旧金曲"歌友会,以中老年为群众基础,通过每年组织老歌唱家的系列演出及见面活动,提高栏目的影响力及凝聚力。同时实施"365工程":

（一）完成365首经典歌曲的拍摄,从而形成一年中每天都有好歌相送的系列化播出理念。

（二）3类歌曲形式:创作歌曲、影视歌曲、民间歌曲;6个"10年"跨越:1940年—2000年;5种衍生产品:（1）制作中国音乐文献电视栏目;（2）制作中国音乐文献广播栏目;（3）出版经典歌曲珍藏版DVD;（4）出版经典珍藏版图书和画册;（5）举办名家名人经典歌曲巡回演唱会。

本节目旨在弘扬中国优秀文化,挖掘和整理中国音乐经典,既符合主流文化导向,又能对经典作品起到保护和抢救作用。同时,让人们在歌声中重拾往昔岁月的点滴,倾听历史的足音,让人们在对经典音乐的回顾与聆听中,在如诉的歌声中,带给人们的是对中国文化的坚守及历史的敬重,更是对人生的感悟。

2004年1月3日

《儿女情长》栏目策划书

社会，由一个个家庭组成；

生活，由一段段故事串起。

命运的悲欢离合，牵动亲人的喜怒哀乐；

情感的一起一落，泛起故事的一波一折。

用镜头记录生活点滴，

用真情浸润情感家园。

有温度的故事，有力量的声音。

——《儿女情长》

栏目主旨

挖掘百姓人家的至真情感，讲述平民生活的感人故事。节目每期以一个人物或一个家庭的代际情感关系为中心，以其与周围人物（兄弟姐妹、远亲近邻、师长父辈或任何有情感纠葛的其他人物）的真情实感为基础，寻找其情感故事和故事背后的社会生活感悟，以此张扬人在保障生存、体验生活、感悟生命的过程中的人性魅力。力求以崭新的叙事方式，体现情感的真挚渴望与社会变迁中人情的可贵和人性的光辉。

栏目说明

栏目名称：《儿女情长》

栏目定位：大型情感纪实栏目

栏目时长：周一至周五播出，每期 25 分钟

节目形态:纪实性专题片

创作背景

创意基础:习近平总书记在"8•19"讲话中明确提出:"要加强社会主义核心价值体系建设,积极培育和践行社会主义核心价值观,全面提高公民道德素质,培育知荣辱、讲正气、作奉献、促和谐的良好风尚。"在我们身边,无数的亲情故事每天都在上演。那里沉淀着中华民族传统道德精髓,同时又烙印着鲜明时代特征。慈孝仁爱的人格特质、坚韧执着的生活态度、悠远深沉的精神追求,共同构成了中华民族特有的价值体系——中国精神。它是中国梦想照进现实的灿烂光芒,它是推动理想社会目标建构的强大力量。中国精神打造中国力量,中国故事唱响中国声音。

情感溯源:情感,人类永恒的话题;亲情,随血脉而来的人之本性。今日的中国社会飞速发展,"忙碌""压力"成为国人身上普遍的标签,人们却更加渴望回归本性。"情"字也尤显珍贵,尤其是与自己父母之间的感情,更是难以割舍,不可比拟。作为父母,甘愿付出、不求回报:"慈母手中线,游子身上衣""老母一百岁、常念八十儿";作为"儿女",中国人讲究孝道:"百善孝为先""五刑之属三千,而罪莫大于不孝"。年少时的谆谆教诲,成长后的时时惦念,儿女对父母理应以感恩之心,报浩瀚情深。正是在这一"养"一"孝"的亲情互动过程中,诞生了无数关于父母与儿女之间的动人故事,而这,也将成为大型情感纪实节目《儿女情长》源源不断的创作根基。

行业背景:作为社会主义文化体系中的有机组成部分,电视文化的健康持续发展无疑有利于促进社会主义文化事业的繁荣,而其中人文精神的高举和弘扬也正是加强电视文化建设的内在要求。我们可以预见,无论社会怎样发展变迁,人们都同样渴望在情感上回归本真,"真情实感"永远是直指人心的故事要素,电视节目与人的内心一样需要沉淀、启迪、升华。我们需要一档纯粹的、带有温度的情感节目,弘扬人间真情,涤荡大众心灵,倡导社会公益,树立时代风尚,在和谐社会的构建过程中发挥作用。

实现方式

指导思想：节目将坚持"贴近实际、贴近生活、贴近群众"的三贴近原则，从文化上找高度、题材上找新意、创作上找角度，灵活运用电视手法，通过讲述不同类型的代际之间的情感故事，描绘一幅当下的真实情感画卷，唱响和谐社会的和谐之歌，展现美丽中国的美好家园。

节目选题：节目主人公两代人或几代人之间单纯的、真诚的、复杂的、矛盾的情感，一切关于生命当中的美丽与多情，关于生活中的欢愉与磨难，关于生存中的坚强与痛苦、善与恶、美与丑、真与伪都将进入《儿女情长》节目的视野范畴，喧闹与浮华背后，重"情"之人、有"情"之事，无论他（她）是社会名人、文体明星、还是草根百姓，都将成为节目的主角。选题确立标准将尊重新闻传播规律，遵循以下原则：

①平凡人＋不平凡事

②不平凡人＋平凡事

③不平凡人＋不平凡事

节目前期将在两种时态情境下拍摄：

①现在进行时：找寻正在发生的亲情故事，通过纪实手法拍摄，讲述故事原委，体现人间真情。

②过去时：已经发生过的感情真挚、感人至深、情节曲折的亲情故事及其后续。

创作角度：每集都从儿女的角度出发讲述故事，将成为本节目的一个鲜明特色。无论主人公是蹒跚学步的孩童，还是耄耋之年的老人，他们与父母或师长之间幸福或纠结的成长故事，他们对父母、师长感恩、尊敬、孝敬的朴素情感,就是"儿女情长"所要表现的内容。

创作手法:在节目中的专题片部分,除相关人物的访谈之外,加入影视剧常用的拍摄、剪辑手法,巧妙的结构全篇,通过情景再现、长镜头记录等方式,将视觉不易表现出的情感反映出来,使节目更具有表现力和观赏性。创作中以真实情感为准绳,尝试新方法、新手段,不故意煽情,不刻意矫情,力求用真实的力量感染观众,给受众以心灵上的震撼。

受众定位:《儿女情长》将用纪录片的拍摄方式讲述寻常人家的情感故事,这也就决定着节目的受众将以市民阶层为最坚实的基础并逐渐扩展。

《儿女情长》坚持"讲好故事、把故事讲好"的制作理念,使节目成为一档全新的原创文化栏目,成为一个最具情感魅力、最具故事内涵、最耐人回味、最具人文关怀的电视文化栏目。

2014 年 6 月 18 日

附　录

归去来兮故园情

——文化纪实节目《回家》的美学追求

张凤铸

"问哲人，家在何方？哲人曰，家在咫尺的远方。问哲人，咫尺为几何？哲人曰，咫尺在心灵的角落。"

亘古以来，中国人心中都有着强烈的"归家"情结。家是内心最温柔的角隅，家是情感最终的归宿。文化纪实节目《回家》以大气磅礴之势，或朴素温婉，或荡气回肠，或令人慨叹，或发人深省，用最直观的语言，最单纯的记录，解读"回家"之意蕴，体味"回家"之情愫。

人文的追求 情感的回归

看电视文化纪实节目《回家》，有一种强烈的归属感。它选择了一个很好的角度，开启了"回家"的主题。它完全超越了中国人对"家"本身的宗源概念的理解，有着强烈的人文追求。近年来，电视人物访谈节目层出不穷，虽丰富了电视荧屏，但这其中良莠不齐，甚至很多重复的访谈让人厌倦。《回家》摒弃了单纯性的访谈模式，择取了主人公、创作者和受众三者之间的情感契合点——"家"，将主人公期待已久的"归家"愿望和受众强烈的探知心理巧妙地融合，在"寻家"的过程中重拾远行的记忆，回归心灵的起点。

艺术与时代同行。今天，当多元化、信息化、人文化传播成为主导时，大众传媒便承载着传承历史、链接现实与未来的责任。而在大众传媒引导下的今天，受众更加渴求在物质与精神双重重压、高速变革的大背景下，寻找一种让心情沉静、让情感放松、获取更多精神诉求与审美愉悦的渠道。《回家》

的创作者无疑把握了受众的脉搏,以或脉脉温情,或肃穆沧桑之情感谱写众多人内心对"归家"的向往。在这里,"家"已不仅仅是寻根,而是心灵的故乡。《回家》表达的是世间最真、最善、最朴素的人性美。每一位观者都会在他人"寻家"的过程中,体验一种生命哲学和生命状态,找到情感与心灵的共鸣。

在《回家》节目中,我们曾看到,余光中的"回家"带有远行的老者对家的眷恋和赤诚的爱国情思。正如编导者在片中所言:"……此次江南之行不仅仅是一次完整的游历,更重要的是圆了诗人自身与精神双重的回家之梦,将久别的母亲与诗人的血脉紧紧联系在一起……"这是怎样的一种情感,柔软中带着强烈的震撼。余光中曾经比喻"大陆是母亲,台湾是妻子。然而母亲和妻子总是隔着一段时空,隔着一道浅浅的海峡……",诗人用诗句表达了对"母亲"与"妻子"早日重逢的渴望,而此次回归的是生活的"家",是心中的"家",是生命记忆中的"家"。

当然,不止余光中一人,"回家"的主人公们,如巴金、丁聪、黄永玉、常香玉、余秋雨、赵季平等,这些20世纪中国现代文化艺术的大家们,在"寻家"的过程中玩味的是一种精神的回归,抒发的是一种"家国情怀"。年届耄耋的丁聪"回家",第一次为父母扫墓,手扶墓碑,老泪纵横,"……我是回家了。但是实际上我无家可归了……哪里还有我的家!"这是人生的悲情;余秋雨站在老屋前,一瞬间重回那逝去的年代,"……我突然明白我的祖母为什么要用一生的时间来坚守它,如果今天我把它弄丢了,那么,我丢弃的将是我一生中曾经呵护过我的人生堡垒"。这是行者对家的理解。片中所谓的"家",其实是故乡、是老屋、是魂牵梦绕的地方,是内心最温存的角落。而长久的等待之后,面对物是人非,或物非人非的"家",许多主人公有着久违的滋味和凄凉的悲怆。

《回家》在一段段"归家"的故事里,始终追求着一种人文回归,表述着一种"家国情怀"。它留给观众的是人生的启迪与性情的感悟。美好的人性,对人是种感召,它让人们懂得善良,懂得爱,懂得感恩,它能提升人生境界,能使人们都抱有一种美好的情怀,这也许是《回家》的成功之处。那些魅力激扬的生命,那些感动人生的故事,留给观众的是弥久的回味,深深的思索。

中华民族是最爱家、最恋家的民族,"家国"情结深深印迹在民族情怀中。"家国"具有一种特殊的意义,它不仅是宗族概念,更是一种精神力量的支柱。当人生疲惫时,"家"是最终的归点;当海外漂游时,"国"是最好的依恋,"回家"承载了无数中国游子的情思与牵挂。《回家》节目恰当地择取了体现中国人特有的情感特色和文化特色的主题,在现代中西方文明交融、传统文明似乎已被现代文明掩埋的时候,用中国式的语境呼唤着情感的回归,用纪实手法,将个人的、国家的历史一次次地倒叙重演,将远行的记忆一次次地幻化为真实。

《回家》节目触及了中华民族最朴素的情感,无论你身在何方,无论你家在何地,在追寻"回家"的路上,你已经完成了情感的升华与心灵的慰藉。

纪实的真　写意的美

《回家》选择了一种新的类型,在纪实与写意之间,构筑新的叙事风格。它用纪录片的影像真实震动观众,又用散文式的意境美感浸染观众。这是一种边缘类型创作,它融合纪录片与散文的创作优长,将写实与写意成功"嫁接"。如果说,单纯的一部作品如此创作,不足为道,但以此为创作模板,流水线似的大规模生产,就看到了策划者、编导者的魄力和决心。他们以新的创作理念探索实践着电视文化节目新的叙事风格。

关于《回家》的风格,节目总制片人王俊杰有这样一段话:"从人本位出发,以人本位视角,突破地域、连接历史、沟通文化,每期节目以一个人或一个有相同人格特征的群体作为贯通节目的主干;从故事性出发,人本身的故事和情感,与人相关的历史故事,与历史相关的文化变迁,构成节目的内容;从真实性出发,全程跟拍、实地拍摄、纪实手法、艺术再现,实现了节目的原生态。"由此可见,《回家》的创作前期,策划者和编导者已经开始寻求表现手段和形式上的突破,注重纪录过程中故事的原汁原味和表现手法上的艺术再现,使其更具有可看性,更具有收视吸引力和艺术感染力。

《回家》的纪实手法讲究真实、自然地记录原生态的生活流程,但这并不是自然主义地临摹生活,而是经过精心提炼和打造,将偶然发生的、随意性的但富于个性特征和反映生活本质的情态与细节,如实地展现在观众面前。《回家》的纪录有着既定目标——"回家",目标看似简单,却是一个有点可控、有迹可寻的过程。在典型环境下，一个典型人物的特别经历以及他的心路历程得到了充分的展示。"回家"的过程是真实的，在特定的情境下，人物完成了最朴素、最真实的生活回归和心灵回归。

以 2002 年度第十七届中国电视文艺"星光奖"获奖作品《焦波·俺爹俺娘》为例：

《俺爹俺娘》以摄影记者焦波回家为母亲过 90 岁生日为切入点，以"自传体"的叙事方式（以"我"的视角叙事，由焦波为整部影片配音）全程纪录，讲述了父母、照片、"我"与父母、"我"与照片之间的故事，透出了人间最本质的情感亲情。整部影片有着鲜明的纪实风格，真实地带来一种人性力量，一种亲情向往。

首先，采用"自传"式叙事风格。编导者将焦波置于"封闭"的回家行为中，以焦波的视角和口吻讲述"俺爹俺娘"，还有照片的故事。作者以纪实片段和快门按下瞬间"俺爹俺娘"的黑白影像为背景，使叙事有了更深层次的依托，让观众在真实的视听语言中读到了平凡而简单的"爱"。回家路上，焦波紧紧握着母亲的手，慨叹"您的手太瘦了"；回到家中，与久别重逢的爹娘简短的对话，爹说"不再走了吧，还是回家好吧"；早市集上，焦波要买一只大公鸡，为母亲的寿宴做着准备；寿宴上，爹娘拍了最后一张合影，爹搂着娘，头挨着头，喜悦地喊着"俺们是少小夫妻啊"……这一段段纪录都是源自自然的生活场景，却抓住了观众的目光。人们追随着真切的声音和真实的影像，寻找内心似乎被遗忘已久的情感。

其次，情感朴实而内敛。《俺爹俺娘》中没有情绪的假意渲染，也没有情感上的矫情造作。在点点滴滴的生活记录中，在一幅幅"俺爹俺娘"的照片中，在山东大汉带着地方口音的朴实的表述里，观者捕捉到了真情实感。正如焦波说，"每次回家始终是兴奋，回家的感受是牵挂，父母在的地方就是家，有父母在就有家"。这是中国人对"家"的最本质的理解。

第三，运用人物特有的素材，营造情境。焦波是一名优秀的摄影记者，一组题为《俺爹俺娘》记录其父母生活的照片，让他走进人们的视线，并在青年人中刮起了"亲情旋风"。编导正是运用人物的"特殊作品"——照片作为创作元素，一层层打开"俺爹俺娘"照片，还有"我"与爹娘、照片的故事，将纪实片段与黑白照片穿插剪辑，用照片作为一种影像语言讲述故事,营造情境。那些有着沧桑感、还原生活本身的黑白照片,传达着一种人性美,也传递着一种爱和情。

《焦波·俺爹俺娘》体现了《回家》这个节目在纪实风格上的追求,捕捉琐碎的、随意的、零散的生活中的细节,并将他们串联在一起,还原了生活的本来面貌。记录的真实使电视艺术作品有着旺盛的生命力和撼动人心的感染力。

《回家》有着"写实"的真,亦具备"写意"的美。作品中将叙事蒙太奇与表现蒙太奇有机组合,使叙事更加明晰。那些流动的水、摇曳的枝条、紧锁的木门、倒映的照片,无不抒发着一种情绪,营造着一种意境。

中国传统文艺理论中,对"意境"的探讨众说纷纭。清末民初,王国维在研究何为"意境"时有一句名言叫作"能写真景物、真感情者,谓之有境界,否则谓之无境界"。这种"情景交融"的"意境说",对于现代的艺术家和艺术作品有着一定的影响。意境不是虚无飘渺的东西,没有艺术形象就没有意境。相反,没有景情交融的画面堆砌,同样没有生动的艺术情趣和艺术形象,二者互为补充。《回家》作为直观的视听艺术作品,用声、画写景,也用声、画造境,完成"情景交融"的过程。

比如《余光中·两岸情思》片中的开头,观众首先听到老者的声音,是那首著名的《乡愁》,低低地吟诵却饱含深情,黑屏上出现一行行字幕,它有一种无声的撼动力,能够瞬间抓住观众。接下来延续的吟诵中,是一张张水中倒映的、有着历史沧桑感的、破旧的黑白照片。而当皓眉须发的余光中泛舟湖上吟诵《乡愁》的画面出现时,音乐响起,观众的情绪达到高潮,接受心理得以满足。这是电视纪实的"情景交融",叙事与表现交错在一起,以事动情,又以情感人。再比如《余秋雨·家在彼岸》中,儿时的旧居前,余秋雨记得屋内的所有细节:一张床,一段摇摇欲倒的楼梯栏杆,还有通往藏书阁的小路,还有童年的快乐等……那些曾经发生在几十年前的往事,在行者"回家"的过程中,一幕幕地闪现,记忆被娓娓道来。观众追随镜头中真实的影像,感受一个远离故乡的行者对家的眷恋。《回家》中的故事,不仅带给观众视觉上的冲击,更重要的是满足了观众在精神和情感上的审美愉悦。

《回家》的包装也颇具美感。可以用"删繁就简三秋树,领异标新二月花"来形容它的栏目头和片花。不仅创意独具匠心、别具韵味,而且画面的

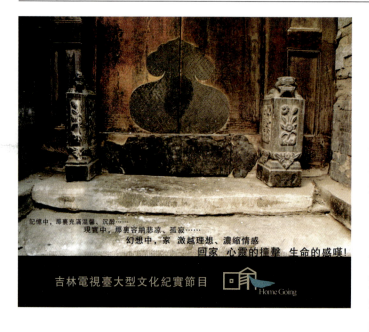

记忆中，那裏充满温馨、沉醉……
现實中，那裏容納悲凉、孤寂……
幻想中，家 激越理想、濃縮情感
回家 心靈的撞擊 生命的感嘆！

吉林電視臺大型文化紀實節目　Home Going

色调、飞走的字幕和音乐的烘托，都体现了节目的主题和追求，带着对"家"的向往。尤其《回家》的结尾曲，更是有着一种牵动人心绪的味道："回家，破了洞的睡衣里面，让心有段自由的旅程；回家，卸了妆的面孔背后，是我梦中细细的鼾声。"这正是"家"带给人们的真实感受。

名人意义　凡人结构

《回家》中的人物大多数是重量级的文化大家，他们有着深厚的文化背景，丰富的人生经历，他们"回家"的过程似一次人生的倒叙，体现了一个时代、一个地域、一个群体的特色和精神。从某种角度看，他们为节目本身带来了名人效应。在电视经济被称之为"眼球经济"的今天，他们无疑是吸引观众目光的令牌。他们的成长历程，他们的故事，他们的情感，都是观众欲知、欲看、欲体会的内容。《回家》中的名人都有着文化精神，他们是社会各界有着突出贡献的知名人士。《回家》总制片人王俊杰在其策划书中写到："以社会人群的中坚力量为我们的主要对象，使我们的节目趋于潮流、趋于前沿；以古典的心朝向永恒的情感主题，使我们富于思索，可以沉淀……名人回家不同于娱乐节目的浅层次交流，它在用真情实感完成节目内部角色人群和外部受众群体的双重互动，从而达到理性与感性的最佳融合。"这是一种决心，也是一种魄力。

人物是"大人物"，却从细节入手，从小处着眼，用感性的"凡人结构"

进行创作。所谓"凡人结构"，就是将"名人"还原为"凡人"，以普通人的身份"回家"。此时，他不再带有任何荣誉的光环，而是一次单纯的回归，从而达到观众与片中人物在情感上的平等，获得两者的情感契合点。有观众这样评价《回家》："我是一个远离故乡的人，《回家》带给我一种触动，让我也想起了自己的爹娘。"《回家》以它特有的叙事风格、平凡的视角以及独有的亲和力和感染力吸引着观众的目光，也记录下一段段感人的肺腑之言。

自上世纪 90 年代以来，中国的电视语境在发生着深刻的变化。从前"居高临下"的语境态势不再被观众接受，而有着自我审美价值和评判标准的观众更青睐"平等亲切"的语境态势及"贴近群众"的电视作品，《回家》可谓应运而生。它让"名人"脱去"神"的外衣，以平民的视角、凡人的结构，在创作中实现了自己的个性特征。同时，《回家》善于用细节来表现情节，展露情感。比如说，著名演员秦怡一片中，母亲细心地为儿子打针；京剧名家钱浩梁一片中，古稀之年的钱老在家中仔细地整理行头；台湾诗人余光中重返故里一片中，路遇顽童的对话……是这些细节感动着观众，是这些细节的创作使作品具有了生命力。

当然，我们为《回家》喝彩的同时，也应冷静地看到，在节目的创作模板已经成熟的时期，创作面临新的突破，因为任何同一模式的艺术作品都是没有生命力的。《回家》要把目光放得更长远，视野更开阔些，将有着特殊才能的普通人也纳入节目中，使节目与观众走得更近。笔者认为，创作中孰重孰轻是一定要分清的。"叙事不足表现来补"是不值得赞扬的，那些蹩脚的"表现"只会使片子本身更生硬，而缺少了叙事本身带来的魅力。

《回家》开播两年，连续荣获中国电视文艺"星光奖"文艺专题一等奖和优秀栏目奖。作为"实验探索性"的文化节目，其探索实践是成功的。从节目定位、叙事风格到制播分离的实践，《回家》在地方电视台节目创办中具有独创性。从前景看，《回家》站在电视文化发展的前沿，倡导制作"具有丰富内涵和高尚品位、具有历史价值和文化意味的节目"，值得提倡。

（原刊于《中国电视》2004 年第 10 期。作者
时任中国传媒大学教授、影视艺术研究所所长）

在纪实与写意之间

——《回家》的艺术追求

李　辉

从选材范围、人物确定和切入点等方面来说，大型文化纪实节目《回家》，无疑是一个值得赞许的创意。这样一个创意，为更深入地挖掘各类人物的精神内涵和文化心态，更巧妙地交叉讲述历史与现实的故事，提供了一个新的空间。

可以看出，"回家"节目是想以追求较高的文化品位，使节目在一定时间内具有相对长久的价值。这表明，电视界越来越多的人士，已经不再满足于电视的短期行为，不满足于一时的轰动。这是非常值得高兴的事。

把电视等新的媒体手段一律讥笑为"快餐文化"自然是偏颇之见，但是我们也不能不注意到，不少节目常常一味地满足于肤浅的搞笑，或者哗众取宠，有些节目甚至在播出之后就失去了存在的必要。当然，电视可能无法避免这样的选择，但一个电视台总归要在创造收视率的同时，打造具有创造性的、具有文化内涵的精品。

出版界有畅销书和常销书之说。畅销书为一个出版社带来一时的市场轰动和经济效益，常销书则塑造一个出版社的社会形象。同时，从经济效益来说，常销书也是一个出版社办得好坏的标志之一。也就是说，当一个出版社每年有相当大的再版书的比例时，它的效益无疑是可观的。我不知道电视台是否面临同样的问题。但我个人觉得，一个电视台如同出版社一样，应该有畅销节目，也应该有常销节目。《回家》就是一个值得赞许的努力。

从人物活动范围的界定来说，《回家》的空间看上去似乎显得有限，只是一个人生活中的一个点，但是，这却是可以无限扩展的"点"。在一个人的情感世界里,在一个人的人生旅途中,"家"显然是一个可以根据各自的体验和心情而自由放大的概念。故乡是家,母校是家,军营是家,甚至人生旅途中某一时期的偶然逗留,也会被自己视为家。于是,当把一个人与"家"的关系的这样一个"点"用电视方式来表现时,我们就会发现,任何人都有可能在这样一个小的角度把自己感情中最深层的东西,甚至最隐秘的东西,用语言、用手势、用步履表现出来。因此,在这个意义上说,《回家》有了更为自由的空间。

很遗憾这样思路的节目到今天才问世,不然上世纪80年代会有很多有意思有价值的选题进行拍摄。如沈从文回湘西、冰心回福建、傅聪第一次回国、凌叔华从台湾回北京、赵无极第一次回国办画展……随着一些人渐渐故去,本来可以拍成相当精彩的节目选题也就永远成了遗憾。如近年去世的张光年(光未然),如果能拍摄一个通过他重返延安来再现《黄河大合唱》产生过程的节目,一定很有意思。不管怎么说,我们有理由相信,《回家》节目的出现,会在目前众多的与人物有关的电视节目中以其新的创意而独树一帜,并引起广泛的关注,从而为如何改进与提高人物类电视节目提供新的思路和经验。

《回家》是纪实类电视节目,但就完成的几十集来看,制片、摄影与编导显然在追求一种纪实与写意相结合的风格,并在艺术上取得了可喜的拓展。

作为大众媒体,电视的优越性就在于能够最直接和最具体地呈现人物的活动。不过,像《回家》这样的系列节目,尽管标明是"纪实"节目,但它必须区别于新闻类的专题节目,必须在大量的录像素材之上进行再创造。我的理解是,《回家》是一个叙述的角度,应该尽可能有一定时间顺序的故事过程。但仅此是不够的,难以与新闻纪实类节目区别开来。从已经完成的几集来看,巴金、余光中、于光远、范用、梅志等文化人物的节目,在纪实与写意的结合上达到了相当高的艺术高度。人物的镜头表现自然,电视叙述有张有弛,编导与摄像颇为注意细节的突出。而这些细节,绝非单纯的纪实意义上的记录,而是将之纳入人物漫长历史行程的高度概括之中。从而,镜头的记录与叙述,就超越了新闻的范畴,而进入了更高层次的文化语境。可以注意到,《回家》的不少节目,叙述有故事过程,但最引人注目的是更有一种写意的韵味在里面。像余光中在苏州倾听寒山寺的钟声,结尾又自己敲钟,从结构来说,本身就具有了诗意,与他的诗人身份颇为吻合。

　　我所理解的这种纪实与写意的艺术追求,绝非通常所见的那种玩弄形式与技巧的"花活儿",而是要将之恰到好处地融入所表现的人物的个性、命运特点之中。在选择人物上,我更倾向于那些有沧桑感、有感情内涵的对象,因为从他们身上,我们能更强烈地感受到一个人对"回家"的期望,也更能用镜头表现出他们"回家"时发自内心的情感,或兴奋,或伤感,或陶醉于往事的叙说,或不堪回首而默默无语。一个拍摄对象,只有内心具有这种真实的"回家"情感,才能使节目的镜头生动、自然、感人。譬如,梅志回到她与胡风 50 年代初离开上海最后居住过的弄堂,摄制组不惜篇幅地记录了历尽沧桑的老人与当年邻居们的交谈。"你们要是不搬到北京去,也许就没那么多的事了。"这些似乎漫不经心的对话,对于熟悉当代史、熟悉胡风与梅志的坎坷遭际的观众来说,可以感受到巨大的历史分量。随后,摄制组又拍摄了鲁迅的儿子周海婴陪同梅志细细参观鲁迅故居的过程。老人亲切地回忆鲁迅与胡风的关系,讲述鲁迅在她第一次怀孕后对她的关心,这样一些细节的呈现,与弄堂里的对话产生了强烈的历史映衬关系。整个节目,一直弥漫在浓郁的历史氛围中。

　　由于有较为讲究的细节运用,由于对人物的历史背景有了较为深入的了解,人物的谈话和现场纪实便有了一种更厚重的历史感和写意性,使节目的叙述结构更加丰富起来。相比而言,张学友一集就显得单薄一些,对人物的历史与情感的叙述过于匆忙,画面也单一,缺乏对老照片和老建筑的利用,结果节目更像一个新闻纪录片,这显然与《回家》节目追求的纪实与写意相结合的风格有一定距离。

　　追求纪实与写意相结合的风格,其实是制片和编导们给自己提出了挑战,使他们面临着很大的难题。要使节目有一定的收视率,在确定人选上必然要有一些诸如张学友这样的明星人物。但在拍摄类似的人物时,如何取得他们的配合,能够深入采访,使拍摄人员有机会捕捉到更多有价值的细节,恐怕是需要付出相当大的努力的。

　　不管如何,有理由让我们对《回家》节目的前景寄予厚望。

（原刊于 2003 年 8 月 28 日
《人民日报》。作者系著名作家）

寻找家园

徐冠一

那里，仿佛是一条悠长的峡谷，当你仰头看去，头顶只有一线的天空，它是蓝色的，似乎记忆里所有的蓝色都聚集到了那里，极蓝，极蓝……

而我们始终要平视着前方走路，拾阶而上，远方却是漫漫的长路看不到尽头，偶尔峰回路转，或许还可能有一片开阔地，让人流连忘返……

这也许就是人生？在寻找中前行，永远都不知道下一个路口在哪里、下一处风景是什么样子。唯一不变的，是记忆中头顶上那片蓝天。当你累了、困了、哭了、笑了，抬头望去，依然有它在陪伴着你。

它像家！是的，它就是你心里的家！无论天涯多么广袤、大地如何苍茫，你泪眼朦胧时、你笑意盎然时、你茫然失措时、你疲惫得想要歇一歇时，它包容你、呵护你，它平静地望着你微笑，抚平你的创伤！

说到整个一部家的历史的时候，人类的智慧是多么值得骄傲，多么光荣啊！一个个关于家的记忆，飘渺在山顶洞人的岩洞，留传在南美的玛耶民族的遗址，镂刻在罗马人的庞贝废墟中……白纸素绢之上，家是人类生存、繁衍的归宿，是人们纵马驰骋、奋斗终生的原动力，更是所有人魂牵梦绕的精神圣地。

每个人的家都是有形的，可是当我们的眼睛要看家，却看不到积淀在家这个简单词汇上独特的人文风景；我们虽然能够闻到久违的菜香，却找不到当初刻在妈妈菜板上那调皮的字迹；我们即使能够找到爸爸的工具箱，却翻不出他在那个夏天里为自己做的玩具。而我们中间，有这样一个群体。他们付出智慧和心血献给视觉的艺术，他们寻找着一切有价值的东西拍摄下来、记录下来，他们创作出光辉灿烂的艺术品。为了我们今天关于家的美好回忆，也为了让后来人珍惜所有家里的温馨。

正是因为这样，我们心灵轨迹的探索者、记录者——吉林电视台的电视人通过他们的大型文化纪实节目《回家》跋山涉水、不畏艰难，寻找着中华大地上华夏儿女的家情结，寻找着电视事业繁荣的机会，也在钢筋水泥构建的现代社会中寻找着自己。

一

（这是崭新的一页。2003 年 8 月，北京，2002 年度中国电视文艺"星光奖"颁奖台上，璀璨的灯光辉映下，吉林电视台《回家》节目是众所瞩目的焦点，它获得了今年"星光奖"专题节目一等奖及优秀栏目奖！《回家》节目组远离家乡，找寻到了回家的感觉。）

获奖的消息是令人振奋的，它不仅为《回家》节目开播一周年献上了一份隆重的厚礼，更填补了吉林电视台电视史上的一个空白。为什么《回家》能够在参评的全国众多节目中突出重围，成为此次"星光奖"唯一的宠儿？

让我们带着这个疑问走近《回家》，去寻找答案。

于是，透过摄像机镜头，我们看到，在这里很多空间、时间的记忆重叠着、拥挤着，那里上演着岁月的沧桑、爱情的永恒、亲情的温馨以及所有值得你回味的事物。在长春，在北京、上海、苏州、宁波、常州、成都……在这些城市里，你看到了巴金、余光中、丁聪、黄苗子、黄永玉、章含之、席慕蓉、陈忠实、冯骥才、郁风、金铁霖等耳熟能详的名人的踪迹，更看到了他们深藏在心灵深处的家情结，也许在你为那些厚重的回忆落泪的时候，时空已经为你停滞了，在那一刹那，随着你泪水流过脸颊落在地上，摄像机后的电视人的汗水也悄然坠地，汗水擦过空气的声音是那么欣喜和激动，它来源于对被拍摄者故事的感动，更多的是最广大受众的共鸣。

《回家》走出了吉林，跑遍了祖国各大城市，走进了很多名人的家乡，看到了不少鲜为人知和不为人知的故事和真情。在北京著名的万荷堂，在湘西苗族自治州美丽的凤凰县，在江南古城宁波……在于光远儿时常走的那条石子路、章含之一家人居住的史家胡同等平凡而意味深长的地方，曾经发生过太多的故事，现在它们依然在新世纪的阳光里供后人享用着。这些令人激动和心醉的场面，还有那些人们尚未淡忘的历史和让我们用心铭记的心理历程,《回家》都看到了,许多细节他们都记录了,用摄像机为我们重现了——回家!

《回家》剧组拍摄欧阳中石先生

在每一个或精彩、或传奇、或平淡、或心伤的地点,他们都感受到了无法形容的惊奇、欢喜、热爱等种种感情。在融入到那些情感中的时候,他们更加深刻地感受了它们,那一刻,他们仿佛随着被拍摄者走上了那条熟悉的乡间小路,又或者是一条弄堂间窄窄长长的石子胡同,他们与被拍摄者一起沉浸在家的回忆中。

《回家》一而再再而三地沉浸在巴金老人家梦春秋的厚重里,陪伴着诗意的席慕蓉追寻梦中的故土,看着刘索拉面对世界

《回家》剧组拍摄郁风先生

别无选择,为余光中的两岸情思而渴望祖国早日统一,也曾在秦怡那如梦如歌的岁月中倾倒,更在章含之传奇的一生中感受那份燕雨芳华的从容,又为满腔家国情怀的王选而喝彩!

在记录他人回家经历的同时,《回家》的主创人员——一群不回家的人却远在他乡,他们忘记了魂牵梦绕的家了吗?不!他们生长在松花江边、长白山脚下,家乡的山山水水在他们的心目中永远是最美丽的,家里可口的饭菜一直都是他们解除疲惫的良药。然而想到文化古久的民族历史应该有这样一段真实记录人们回家的史料,他们整理行囊不回家!也许正是这份离开家的惆怅,才使他们更加珍惜那份久违了的回家感觉。

从 2002 年到现在,吉林电视台《回家》节目开播不知不觉已经 1 年了。用节目拨动受众的心弦,用不断改变的创作手法打破僵化的意识,就像搭积木一样,搭建着一方独特的文化景观,那绚丽的景观里忽而犹如明日的朝阳,忽而又像霞光万丈的夕阳,时刻让人怦然心动、心旷神怡。

　　这也许就是《回家》能够走上奖台的最有力的证据吧？显然，这样简单的答案并不能让人满意，人们迫切地想知道："回家"这样一个简单的词汇是怎样被选择为节目的题目的；它的资源原动力是什么；作为一个地方台节目，《回家》是怎样迈出去的；它凭借什么走出这样可喜的一步；又是靠什么，一年来不间断地拍摄了那么多名人；《回家》节目组又是怎样一个工作群，它庞大吗，专业吗。

二

　　（这是一次自信的抉择。2001 年年末到 2002 年 3 月，《回家》节目经历了创意构思、风格定位、可行性分析等纷繁的阶段，在各级领导的关怀和支持下，实现了吉林电视台历史上尚无前例的节目摄制异地操作节目。）

　　此时，我们不得不谈及创意策划《回家》节目的王俊杰，这位曾经一手创办东北亚音乐台执着的东北汉子，在连续工作几天没有回家的时候，接到家人关心的电话，却心烦地挂断了。不能入睡的夜晚，他品读着"回家"这一词汇的别样滋味。回家，这一闪念的动作行为在一刹那转化成了他进入电视台之后的第一个节目选题——《回家》。

　　当然他对于选择并不盲目，在经过细致入微的反复考证后，他坚定了创办《回家》节目的自信与抉择。宁静、稳重、真挚的生活态度背后，是他一贯的对事业敬畏而又固执的追求。与之俱来的是人们对此发表的更为现实的看法，"创意是很好，可是没有可能办成"。

　　毕竟，此刻与《回家》站在一起的是他们：刚从广播电台调入电视台的王俊杰、一直从事主持人工作的李冬冬、学化学出身的敖柏、只从事过新闻报道摄像的郭雷和周润漪、中专毕业生张莹……让没有相关经验的他们来拍这样大型的文化纪实节目？人们的不信任和担忧不是没有道理的。

　　于是，《回家》在怀疑、苦闷中摸索前行，主创人员们说得少了，研究和思考的更多。对于《回家》的拍摄、制作和应该准备的资料，他们一方面不停地论证着可行性，一方面购买了大量相关书籍，像小学生一样啃起了书本。其间，有关怀，有鼓励，有劝诫，还有不屑一顾，也有同行善意地直接让他们放弃，更有朋友表示愿意帮忙找到买家卖掉创意。然而，最让他们难忘的是，在《回家》处于艰难的论证期，吉林电视台领导班子对

"回家"这个点子的高度重视和充分的认知度,并与他们一起论证分析面对的种种困难。

于是,他们的一些正在形成并日益明确的构思,在领导的极大关注下成熟起来,并在经过相对漫长的市场考证中找到了可能。

《回家》剧组在拍摄于光远先生

托夫勒在《第三次浪潮》一书中曾说:"一枚信息炸弹正在我们中间爆炸,这是一枚形象的榴霰弹,像倾盆大雨向我们袭来,急剧地改变着我们每个人内心世界据以感觉和行动的方式……也在改变我们的心理。"在这样一个信息极度膨胀的时代,作为个体从日益成倍增加的信息传播渠道中所构成的现实的形象和模式也千变万化。于是,更多的思想、观念和各种解释涌现到人们的意识当中,发展起来,然后又消逝而去,很多被人们认作现实和对现实解释的整体产生的形象,开始破裂和消解,人们一方面控制信息,一方面却更受信息控制。

正像余秋雨在《文化苦旅》中所言:如果辉煌的知识文明总是给人们带来沉重的身心负担,那么再过千百年,人类不就要被自己创造的精神成果压得喘不过气来?如果精神和体魄总是矛盾、深邃和青春总是无缘、学识和游戏总是对立,那么何时才能问津人类自古至今一直苦苦企盼的自身健全?

在高速发展的社会里,人们都在扪心自问:我们到底在寻找着什么?我们心底的思念又牵系何方?这样的问题也始终在《回家》主创人员心中反复闪动。泰戈尔的诗句"家庭里有着摇篮和床铺,母亲们的心和夜晚的灯",使所有关心和爱护这个创意的人们确认:不论走到天涯海角,不论穷达升沉,中华民族浓浓的故乡情怀与家国意识注定了人们梦绕魂牵的地方是故乡,因为那里有系着他们灵魂的"家"!

对于电视节目而言,传播效果是至关重要的,有哪些人足以引起受众的关注?拍谁?他们敏锐地意识到:每个用心融入时代的人都为时代的推进或浓或淡地写下一笔记忆,成功者、失败者,都应进入《回家》的视线来立体展示大时代变迁中人性的每一次进化,这就是回家的资源动因。简而言之,《回家》需要鲜活的生活记录,更需要有岁月沉淀的停驻。具有深邃文化底蕴、复杂的文化背景的名人厚重丰富的经历,是最好也是最宝贵的历史资料。哪里离他们最近? 北京! 这样的思路和选择是令人惊讶的,当然这得需要有惊人的胆识,因为建台以来从来都没有过异地操作的先例。栏目组的同志要以实际行动打破传统的电视发展模式做一次尝试和探索。

就快要有一个开始了! 人们预感到了。果然,经过几个月来执著地思辩、论证和多方争取后,领导毅然决定:《回家》开始启动,初步资金 20 万元人民币,去北京!

虽然资金并不多,可这毕竟是一个开始,而这个开始建立在吉林电视台一个史无前例的决策之上,开了异地操作电视节目的先河。这对于执著得甚至有些固执的《回家》节目组成员来说,责任感、使命感早已远远战胜了一切困难所带来的阻力!

2002 年 3 月 15 日这一天,刚刚草创的《回家》节目组一行 4 人登陆北京,成立了吉林电视台有史以来的第一个驻京节目组。很快他们有了一个只有 40 多平方米的简陋小屋,4 个人住在那里,吃在那里。有时候,他们会站在阳台上看着北京,这里是一个美丽、欢乐、繁荣的城市,也是一个复杂的城市,看着眼前和家乡一样绚烂可是却很陌生的阳光,人们会有点烦躁,还好这种情绪往往并不会维持超过几秒种,就如同阴云一样飘开了。

万事开头难,真正的难处才刚刚开始。

三

(这是一次艰苦的创业。2002 年 3 月,《回家》节目组利用有限的资金、相对简单的设备和他们敬业的精神意志,创建了一个出大制作的“小作坊”。在预计节目开播之前,他们已经在非正常状态下拍摄了 5 部样片,每一部的制作成本都仅仅相当于按正规操作的 1/3,与其他类似节目相比,他们认为自己更像是光着脚跟人家赛跑。)

3 月的北京,空气中到处弥漫着寡然的味道。《回家》就在这一年乍暖还寒的季节里开始了最初的工作。

最开始的时候,因为种种原因,《回家》节目组只带来 5 万元资金和

2 台摄像机,连做纪实节目所必须的无线麦克都没有,人员也只有 4 个人。那么,正常的大型节目组应该有的是什么呢?

首先在人员安排上,应该有策划、编导、撰稿、外联、统筹、摄像、灯光、录音、场记,《回家》只有 4 个人;其次在设备方面,除了摄像机外,还应该有灯光、录音、无线麦克等设备以及足够的带子,《回家》只有 2 台摄像机,就不要奢望采访车了,有时因为打出租车跟不上采访对象,他们急得满头是汗也束手无策。而为了不给电视台增添麻烦,《回家》拍摄用的带子都是他们借来的。2002 年 3 月在宁波首拍冯骥才的时候,由于当时设备还在审批的路上,他们只有向当地电视台去借。

王俊杰曾经无奈而乐观地跟大伙说,我们虽是小作坊也要争取出大制作! 就这样,即使生活再过狼狈、拍摄条件再过寒酸,他们也咬着牙走下去。他们很清楚,他们的背后,有着局、台领导的由衷期盼,也有着不明就里的人们的非议,更有着作为电视人的责任和使命。

可是艰苦的条件不是最令人挠头的,困难在于,首先不可否认的是吉林电视台的品牌在全国范围内尚无优势,由此带来的制约让他们行走困难。其次由于近些年来电视节目的过多过滥,已经影响了很多名人对电视节目的认知度……

虽然《回家》早就预料到了种种困难和问题,可是当这一切突然出现在这几个一心要做精品的人面前时,他们还是有些困惑和茫然的,加之经济等各方面条件的限制,《回家》节目组甚至没有打前站的人员,他们只有不停地攫取大量的信息,从中找寻着合适的机会。

在他们最苦闷的时候,台长们一次又一次来到了他们身边,专程到北京看望他们,给他们打气,给他们以鼓舞……

古人云:凡物酿之得甘。在节目组成员的共同努力下,一期期饱含着心血和汗水的节目有了眉目,有了血肉,有了希望……

节目组进驻北京之后第十五天就开机拍摄冯骥才、第十七天开始拍摄余光中、第二十天拍摄丁聪……《回家》两人一组,利用简单的拍摄设备打起了独特的"游击战"!

那是 2002 年的春天,在我们的课本上留下浸透着乡愁的诗篇:小时候 / 乡愁是一枚小小的邮票 / 我在这头 / 母亲在那头 / 长大后 / 乡愁是一张

《回家》总策划王俊杰采访霍英东先生

《回家》制片人李冬冬采访张学友先生

窄窄的船票／我在这头／故乡在那头……海峡彼岸的诗人余光中，带着50年前那不想再提起的民族创痛，带着如断了线的风筝的无奈思绪，携妇将雏，跨过浅浅的海峡，终于回到了他的故乡南京。花红柳绿的漕桥、春雨蒙蒙的玄武湖，都让他感到既陌生又熟悉。

2002年3月31日晚10点，敖柏只身搭乘高速大巴到了苏州。此时周润漪正在上海浦东机场等着接从台里托人带来的录像带。敖柏找到住处后的第一件事就是联系苏州大学文学院院长王尧教授，他说余光中和夫人范我存以及大女儿余姗姗全家也是下午刚到，现在正在剧院里看苏州评弹呢。

余先生全家都对评弹很感兴趣，尤其是长女余姗姗，她是第一次到内地来，她一直在美国研究西方艺术史，这次还是第一次亲近50年来萦绕在父亲梦中的吴侬软语。为了不打扰到余先生听曲的雅兴，他们强忍住急于立即见到这位老诗人的心情。虽然他们知道，那激动人心的时刻就在眼前了，可是还是有一些迫不及待。不着急！不着急！王尧教授这样安慰他们，并介绍了余先生此行的安排。

苏州的梅雨季节终于来了，这给拍摄带来了太多的不便。敖柏和小周生怕雨淋了摄像机，所以每天早上小周都会细心地给机器穿上厚厚的塑料袋雨衣。令他们欣喜的是，他们终于能够像是久违的老朋友一样，和余光中去共同观赏苏州，并积极等待着4月6日跟随余光中赴常州祭奠余光中母亲孙秀君家族墓。

从苏州出发到常州的路上，忽然他们发现余老乘坐的车停下来了。过了一会儿,余夫人走下车来,送给了他们一张字条,上面写着余老常州表妹的住址和电话,并说,余先生担心你们在路上拉了单,和他失去联系。老人的和蔼与善解人意,给《回家》节目组的成员们又一份感激和一份责任。

"掉头一去是风吹黑发,回首再来已雪满白头",余光中在52年后,第一次实现了自己完整的故乡之行,《回家》把这段经历清晰地记录下来了,更像是封存了一壶古朴而馨香的美酒,又或是雕琢了一副栩栩如生的屏风,在你走过去的时候,都会为它痴迷而沉醉。

拍摄人员又遇到了困难——余光中老人明确地表示:不谈政治。而事实上,王俊杰所希望的这期节目应该是以余老先生的行为回归为明线,引出精神回归、文化回归、政治回归三条暗线,而政治回归对于这个52年后才真正第一次完整实现故乡之行的老人,对于两岸之间血脉相承的民族情结显得是那么重要和具有历史意义,也许正是因为这样的关系,老人始终不愿谈及这些尚属敏感的话题。

王俊杰在一刹那有种绝望的感觉,转而稍做思考,想到了一个简单得不能再简单的问题。

问:"您这次回家总共转了几次飞机才到这?您这么大年纪不累么?"

答:"是啊! ……真希望早日实现'三通'啊!"

这边,是拍摄人员难以抑制的兴奋,那边,是王俊杰激动得狠拍了一下巴掌,成了!

6个月后,这部《余光中·两岸情思》作为《回家》奉献给观众的一部意味深长的节目赢得了广泛好评,并受到了国务院台湾事务办公室的赞赏,希望他们以后能够做出更好的类似作品。此后,这部片子还获得了"中国彩虹奖"二等奖。一切来得是那样突然而出人意料,而《回家》节目组的人们几乎没有时间和精力去享受这份喜悦,他们还在寻找,于是,路在脚下延伸着。

拍摄完余光中还只是《回家》迈出的艰难的第一步,北京那所被称为节目组的40平方米小屋里的所有人清晰地明白这一点。成堆成堆的书籍、资料还在等待着他们去研读以挖掘新鲜的养料;成箱成箱的方便面冷冷地堆放着;存折里那相对少得可怜的资金告诫他们——难!

为了下一期节目苦干! 他们这样想,生活由此有了期待,寻找才有了

王俊杰与《回家》剧组人员在香港国际影视展《回家》节目展位前合影

方向。

由此，有了王俊杰一夜未睡，第二天早上依旧擦擦脸打好领带正襟危坐酒店大堂苦等嘉宾数小时的示范纪录，有了李冬冬在众目睽睽之下第一个拿起话筒咄咄逼人采访张学友的惊人之举，有了工作人员在结束一天的拍摄午夜回家没电梯扛着设备行走十层楼梯的苦中寻乐，有了跟出租车司机讨价还价直到满意方才忐忑不安上车，有了摄影记者在众多记者采访之时为了独特的视角站在桌子上的"放肆"，有了一连几天大家疲惫得就想睡觉哪怕饭菜就在眼前都无动于衷的艰辛……

他们不喜欢诉说，可是当笔者听他们笑着讲出这样多的生活片断时，仿佛与他们有一种共鸣，那就是在极度繁忙之下，他们累得没有时间去考虑累。

他们选择了另一种方式，那就是去笑着完成着电视人的职责。于是有了余光中的深情告白，"吉林电视台《回家》节目令所有的游子感动，所有的家人欢欣"；有了丁聪老人"回家真美"的由衷感叹；有了于光远"回家感觉真好"、张学友"回家真好"的唏嘘；有了黄永玉"亲不亲故乡人"的倾情泼墨；有了章含之"家是永远不能割舍的感情，所以故土永远难离"的感慨……

这样的场景太多太多，这样的思绪太长太长，语言的苍白又如何能够穷尽一群寻找着真实、真谛的人的苦辣酸甜呢？郁风曾经给《回家》留下这样一段文字：从小就想离家去看世界，到老了却想回家乡……

《回家》正以其平凡而深情的主题：浇铸情感、传承文化、超越自我、回归心灵，谱写着一首宁静温馨高雅的小夜曲，那里面，有着所有热爱生活、热爱家乡的人儿心底的畅想。

金秋9月，《回家》带着它艰辛播种之后丰硕的果实走来了，那一幅幅装帧精美的人文画卷以历史文化为幕布，社会角色各异的人物真实地站在了我们眼前，你看到了么？那淡雅凝练的节目背后，是电视人与你我他共同寻找的生活真谛!

四

（这是一个令人期待的开端。2002 年 9 月 1 日,《回家》栏目作为吉林电视台第一个大型文化纪实节目,正式在吉林卫视开播。省委、省政府主管领导及广电局主要领导发来贺词、贺信,给予极大的鼓励和支持。同时它也受到了社会各界的好评,日渐实现了社会效益和经济效益并举的态势。)

时间:2002 年 8 月 25 日下午 3 点

地点:北京新世纪饭店

事件:吉林电视台 2002 年构筑的精品工程——大型文化纪实节目《回家》节目推介会

这是一个新的开始,这是吉林电视人又一个新的起点……

在此次媒介推介会上,中宣部、国家广播电影电视局、中国文联、中国电视艺术家协会、中国电视艺术委员会等有关部门负责同志以及《人民日报》《光明日报》、中央电视台、中央人民广播电台、《中国青年报》《中国广播电视报》等二十多家新闻媒体代表出席了会议,领导、专家和学者们对《回家》节目的创意策划工作给予了高度评价,对节目的拍摄、制作和发展提出了富有建设性的意见。

在那一刻,《回家》犹如夜来香,在历经风雨过后以惊人的速度绽放,眼看着花叶舒展开来,在风中摇曳,向世间吐露着迷人的芬芳和青春的馨香。此时,厚厚的窗帘缝隙中钻进一缕透着暖意的阳光,星星点点地照在地面上,色彩斑斓。夏天过去了,这个夏天《回家》节目组的人们几分欢快几分艰辛,这个夏天他们与理想相伴,这个夏天有关家的话题在寻找中渐渐在人们的眼前定格,幻作一座浮雕,纪念过去,展望着未来。

9 月 1 日,《回家》正式开播了,3 天后,王俊杰病倒了……"这个节目组里有谁没有病倒过呢?"王俊杰这样说,"大家都在坚持,靠的就是执着的追求和坚强的意志"。2003 年 8 月 18 日,就在这篇稿子即将完成的时候,一直在北京的李冬冬又病了,嗓子都说不出话来了,可是她仍一边输液,一边坚持工作。与此同时,年轻的编导周润一带着胃病正在青藏高原工作着……

《回家》剧组在拍摄席慕蓉

然而天道酬勤，经过近一年的努力，《回家》披荆斩棘开拓寻找的路，已经豁然开朗了！它受到了社会各界的一致好评，接受了省内和省外的媒体拜访，《人民日报》《光明日报》《中国艺术报》《中国日报》《电视时报》《北京娱乐信报》等都给予了报道，很多兄弟台也对他们表示祝贺。

当节目寻找探问着魅力激扬的生命，当节目遍访浓墨浸染的土地，当节目追溯铭记于心的旅程，《回家》向全省、全国乃至全世界敞开了，人们在那里找寻着与自己相似的情感，并与《回家》一同感悟着、激动着、怀念着、铭记着。

这是一个名副其实的"家"，它是无形的，然而它却收集了时代的回音，感慨着历史的沧桑，体验着文化的苦旅，更寻找着你、我、他生命中的精神家园。

五

（这是一次总结。《回家》并没有因为获得了此年度"星光奖"一等奖而欣喜得停滞，节目组的成员把它当作一种动力，正在以更加昂扬向上的精神面貌，在跨时空、跨地域的人文空间进出，在历史和现实交相呼应的文化地带行走，在漫漫回家路上匆匆前进。）

当然，围绕《回家》的争论不会间断，它的主创人员也始终不会忘记关心这个节目的人们曾经和正在提出的问题，例如：人物刻画是否过于平面化、纪实化手法是否过于粗糙、市场反馈效果是否具有竞争性等等。

其实细细品味，平淡正是《回家》的独特风格。节目组的人们习惯把自己的节目比成一杯淡淡的香茗，味道自然没有酒那么浓烈，但是却回味深长。而我更觉得它像一条蜿蜒而去的河流，平静地流淌在时间、空间的隧道里，那随之带来的沧桑和厚重让人怅惘。所谓人无完人，艺术也是这样，它永远都没有十全十美的，《回家》节目的风格在某些方面考虑的确也

2008 年《回家》节目工作人员合影

可以称其为缺点，总策划王俊杰也曾经表示过：拍摄《回家》让我们体力透支，更让我们文化透支、能量透支。

虽然有专家指出：就全国范围内，对于一个每期长度为 30 分钟，每周播出的文化纪实栏目来说，在目前的低成本运作模式下，无论是从单位时间内拍摄完成节目的数量还是节目制作的质量上进行比较，都是极其难得的。

但是，一个月拍摄 6 到 7 个人物，要深入研究材料，还要写出选题方案、拍摄方案、采访提纲等等，时间很明显是紧促的，《回家》节目组发展至今也不过只有 16 个人，这种情况下要办出精品，那就必然要导致制作人员的体力透支，而仓促地去了解一个公众人物，则必然出现制作人员文化能力的透支，同时他们综合制作能力、组织协调能力等等也会受到影响。

该如何直面这样的问题，这恐怕是《回家》下一步需要静下来好好考虑的问题。让我们感动的是我们的电视人在用生命、智慧和心血去奋斗着。在勇气与执著面前，坎坷、崎岖都不是永远的问题。

（本文刊于《激情纪实——〈回家〉节目艺术论》2003 年 9 月，生活·读书·新知三联书店）

肯干事　能成事　干大事

——记吉林电视台文体频道总监王俊杰

吉林省新闻战线"三项学习教育活动"领导小组办公室

从事广播电视工作已有 19 个年头的王俊杰，1963 年出生，高级编辑，现担任吉林电视台文体频道总监。

这期间他始终勤奋学习，努力进取，并取得了骄人的成绩。近年来，他立足于吉林省的实际情况，着眼于全国广播电视事业改革的形势，以较强的创新意识、改革意识、精品意识、观众意识、市场意识开展工作，为广播电视事业的发展做出了积极的探索和突出的贡献。以其求实的工作态度、强烈的进取意识、突出的策划统筹能力从一名音乐专业的大学生成长为一名优秀的广播电视工作者，从一名普通的编辑记者成长为业绩显著的策划人和广播电视的骨干及团队带头人。王俊杰同志是全国连续获得中宣部"五个一"工程奖获奖最多、年纪最轻的制作人，并获得了吉林省 20 世纪艺术金奖，先后破格晋升中级、副高、正高职称。他曾成功策划筹建东北亚音乐台和吉林电视台文体频道，取得了良好的社会效果。特别是他到电视台工作仅仅两年多的时间，就策划制作了一系列电视节目和社会活动，不仅社会效益显著，而且经济效益也较为可观。由他独立策划、编导、统筹管理的《回家》节目在创办仅一年的时间里，一举荣获中国电视文艺"星光奖"一等奖和优秀栏目奖、中国"彩虹奖"二等奖、中国电视"金鹰奖"三等奖，《回家》节目组被评为"全国优秀电视摄制组"。2003 年 9 月，《回家》节目组赴香港参加香港影视周，实现了吉林电视台拓展市场的历史性跨越，并与香港以及海外的各大传媒建立了良好的合作关系。同时，《回家》节目系列图书的出版,也开创了吉林省广播电视节目出书之先河,在读者中受到广泛好评。中宣部、国家广电总局曾对《回家》节目的运作进行调研,并向全国广电系统转发典型材料,评价"《回家》的工作是一次具有突破意义的电视尝试,为走出电视节目的精品之路进行了有益的探索,《回家》已经走上了传播先进文化的发展之路"。

两年来,王俊杰同志在全面负责吉林电视台文体频道的领导工作之余,发挥个人在策划创意工作中的特有优势,着眼于吉林电视台急需打造具有全国影响力的名牌栏目的工作要求,独立完成了《回家》节目的创意、策划工作,同时还亲自担任节目的总编导,具体组织实施、参与创作。

2002 年 3 月,王俊杰独自率领仅有 4 个人的摄制组,在仅有一套不完善的摄像器材的情况下,在北京租民房,设立吉林电视台历史上第一个在北京的摄制组。连续 6 个月一起摸爬滚打,日夜兼程,在艰苦的条件下,他和摄制组的同志们跟随节目嘉宾走访了全国二十多个省市,行程数十万公里,拍摄了包括巴金、霍英东、曾宪梓等百余位当代华人中的先进人物,节目受到观众、领导、专家和学者的广泛好评。为了积极探索吉林电视台对"精品节目"的市场化运作之路,王俊杰同志从队伍建设入手,狠抓管理,健全了一套完善的节目实施和评价制度,提高了节目组的工作效率,实现了平均每个月完成拍摄六期节目的流水线式的规模化"生产",并亲自组织完成了从节目大型宣传画册、节目光盘到相关书籍等一系列全方位的品牌包装工作。

王俊杰同志主持创作的《回家——焦波·俺爹俺娘》获 2003 年第十七届中国电视文艺"星光奖"专题节目(地方组)一等奖;《回家——余光中·两岸情思》获 2003 年中国"彩虹奖"栏目类二等奖;《回家——巴金·家梦春秋》获 2003 年中国电视"金鹰奖"优秀节目奖;《回家》栏目获 2003 年第十七届中国电视文艺"星光奖"优秀栏目奖。节目创吉林电视台文化节目历史最高收视点 10.7%。《人民日报》《光明日报》、中央电视台、中央人民广播电台等数十家国家级新闻媒体、学术刊物对节目进行了累计达到 30 余万字的正面报道。《人民日报》曾于 2003 年 8 月在文艺专版以整版篇幅对《回家》工作进行宣传报道。王俊杰担任主编的《回家》丛书两卷本计 40 万字由生活·读书·新知三联书店出版发行。

两年来,王俊杰同志为之倾情的《回家》节目,一举走向了全国,为吉林电视节目实现跨越式发展提供了很好的借鉴,《回家》的运作模式成为后来吉林电视台诸多栏目的样本。他的工作获得国家广电总局领导、省委、省政府等各级领导的充分肯定,他也因入行较晚而出成果较早成为电视界引人注目的人物。

1985,王俊杰从吉林艺术学院毕业,开始在省电台从事采编工作。1993 年,他担任策划筹建东北亚音乐台并担任总监及文艺中心主任等职务。期间,他荣获三十余项国家级奖、四十余项省级奖,其中国家级一等奖十余项,他策划录制的广播剧和歌曲曾连续三届荣获中宣部"五个一"工程奖中的五项大奖,他是全国荣获"五个一"工程奖最多的人。另外,他还策划和实施了在全国及全省具有一定影响力的各类社会文化活动 50 余项、文化产品几十种。1999 年 12 月,王俊杰同志被吉林省授予"世纪艺术金奖",成为 65 位获奖艺术家中最年轻的一位。

2001 年 6 月,王俊杰同志应聘担任吉林电视台文体频道总监。两年多以来,他充分发挥自己的组织策划能力及协调能力,独立策划了频道的节目定位和重点栏目,如《回家》《老乡话东北》等成为吉林卫视的品牌主打栏目,此外还成功策划组织实施了大型文艺晚会等多次社会活动。

在长期的创作、经营和管理工作实践中,王俊杰同志时刻要求自己不断紧跟时代发展、超越自我,将个人的艺术创作追求、将现代的经营理念、将先进的管理模式有机地融入到具体的工作实践和电视改革的大潮中去。他始终强调党的电视工作要坚持社会效益和经济效益相统一,并富有创造性地提出,在频道管理中要以大众评价、专家评价、领导评价和市场评价这四个尺度作为衡量工作好坏的标准,真正地起到传播先进文化的作用。

作为频道总监,他团结同志、求真务实,建立和完善了领导班子的民主决策机制;他讲政治、讲学习,注重频道人员队伍建设,强调建立学习型团队,集约管理和人才培养。经过两年多的建设,文体频道广告创收比初创时翻了一番,人员素质大幅度提高,团队的凝聚力不断增强。

他个人也在群众中树立了良好的威信，被同事称为"肯干事、能成事、干大事"的务实领导，在他的带动下频道工作呈现出喜人的发展态势。

（2004 年 8 月 30 日印发）

王俊杰，"回家"路上的文化行者

——吉林电视台《回家》节目展示电视人情操和责任

张科锋

记者手记：

一个栏目，一段路；一个人，一次探问。《回家》自主创作的背后，是一个怎样的人在具体创意、谋划、磨砺出全国电视文化中的新辙，引发了令人关注的思考。

准备与王俊杰的交谈，实际上是想破译他性格中的文化特质。听同行们讲，同他的交谈似乎要面对思维跳跃的情状，然而，更多的还是一种碰撞，毕竟他率领的团队打造了当下中国电视荧屏上的一抹亮点。

在印象中，他戴着眼镜，很干练，雷厉风行，而沉默时你可以感觉到他的思绪一刻都没有停歇。此前只见过两次，一次是在去年四月，陈逸飞逝世的时候，关于《回家》与这位大师的稿件，我们曾有过交谈；一次是在今年元月，《超级乐八点》开播媒体见面会上，那时对他的印象只停留在这是一个"有思想的电视人"。但一直有一个困惑，在脑中盘桓，不得其解，能把《回家》这样厚重的栏目做起来的人究竟有怎样的功力，他的身上投射着怎样的追求？

于是，9月4日午后，走进他的办公室，坐下来和他交谈。印象最深的一句话就是他说："学了9年长笛，干了16年广播，折腾了5年电视，我就是想干点事儿。"王俊杰的烟瘾很大，采访过程中，他的烟一根接一根，思绪也缓缓地在烟雾中弥漫开来。他自谦这些年是"以勤补拙""和自己较劲儿"，难忘在音乐台和文体频道开播时的喜悦、策划的节目获奖后的欣慰与平静，听着他表达自己如何因《回家》体验了内心深处的煎熬、豁然、洗礼，听着他讲述《回家》的来路和未来……一股浓浓的文化意蕴在身边氤氲。

于是这种探问，有了明确的指向。

王俊杰，"回家"路上的文化行者

如果提到《回家》，王俊杰是一个绕不开的人。王俊杰，大型文化纪实节目《回家》的总制片人、总策划、总编导。跟他的名字一样，俊杰，青年才俊，刚过不惑之年，已在人生履历上有诸多辉煌，他策划的节目和所带领的团队创造了广播电视界的两项纪录：干广播，连续三年获得五项中宣部"五个一工程"奖；干电视，《回家》栏目连续三年夺得中国电视政府最高奖——"星光奖"一等奖；创造了全国电视栏目唯一的"三连冠"获奖纪录。

一、"摸着石头过河，无知者无畏"

了解了《回家》，就了解了王俊杰，他说："现在《回家》成熟了，当初如何把策划案转化成完善的节目，时刻都会有意想不到的难题要去破解。"他将自己当年的举动称为一次艰难的跋涉。2001 年 11 月 11 日，王俊杰把《回家》栏目策划案交给了台领导审阅。

香港文化博览会《回家》展位留影

记者（以下简称记）：是一个什么样的机缘让您产生这样一个创意？

王俊杰（以下简称王）：说起来，还是生活的偶然带来灵感。2001年，我刚到电视台，初次触"电"，很茫然，就在宾馆

王俊杰手捧"星光奖"奖杯

三天三宿没回家,策划文体频道开播栏目。连续两天,家人都打电话问我,什么时候回家。就在第二天,我放下电话以后,突然从节目策划的思考中跳出来了,感到"回家"这两个字触动了我,从来没发现"回家"这么普通的语言能在一个特定的情景下让人有这么多的感慨。那一瞬间,我觉得可以以"回家"为母题做点东西。

记:从《回家》的创意到定位,是不是跟现在的栏目理念不一样?

王:最开始定位为情感,就是情感纪实节目,是从人们最朴实的感情出发,去打动人。沉淀了三个月后,慢慢觉得,回家绝不是这么简单,也绝不仅仅是一种亲情,他是一种情感回归,更是一种文化诉求。所以,我在策划中最后把它定位为文化纪实节目。现在看,当时的策划理念,从情感点出发打开了电视美学的一个新视点,体现了文化意味上的"回家"。只是,在那个时候,我们的想法还只是个雏形,没有现在这么完善。回家,不仅仅是寻根祭祖,凡是具有人生烙印和文化印记的地方都是家。现在,我们对"回家"的理解也还在不断深化。

记:现在重新梳理这几年走过来的路,觉得是水到渠成。但是,开始起步的时候,您有过困惑和动摇吗?

王:没有是不可能的。虽然有了策划理念,可从一纸策划书到决策实施,怎么具体落实,还是有不少茫然。但是,局、台领导信心十足、果断决策,最后决定开吉林台先河,在北京设节目组,全力支持。说实话,从操作层面上,我知道给自己出了个难题。但是,我就想挑战自己、证明自己。"摸着石头过河,无知者无畏",于是就带着几个年轻人,义无反顾地去了北京。

记:从策划人到管理者,这种角色转换您经历了怎样的过程?

王:这种角色,不仅仅是转换,而是一种融合。恰恰是两者的结合,才使《回家》起步比较稳健。作为策划人来说,我能更好地把握节目的创作意图和艺术追求。而作为管理者,可以使节目的实施更好地落实。比如,《回家》

需要我面对各个领域的大家、名人，这种挑战非常大。当时，如何能与他们平等对话，是最大的难题。毕竟，没有平等的视角，节目拍不出来预想的味道。最开始的嘉宾，都是我一个一个去谈，因为责任太大了，要抓住一切机会，让嘉宾认可我们的想法。我曾经说过，《回家》节目组的人四年来是文化透支、健康透支、能力透支。

记：开播样片在审查时，很顺利地通过了吗？

王：在艰苦的条件下，我们在3个月的时间里做了5个样片，6月底接受台领导的审查。当时，领导和同事们很兴奋，也提了一些中肯的意见。我觉得，没有大家的鼓励不可能有今天的《回家》。

二、"高处未必不胜寒，越是生活的越是艺术的"

王俊杰并不是出身书香门第，当年从艺术学院毕业时原以为自己会成为一个音乐人。谈到21年来的工作生涯，他说："当初没想到自己会成为一个电视人，更没想到自己最终会把文化事业作为一生的追求。"采访中，惊讶于他多年来孜孜不倦的文化积淀，他曾涉猎文化演出、图书出版、音像制作、社会活动等多个领域，并能快速进入角色、快速出成果。2005年，有关部门曾以专题文章评价他"肯干事、能成事、成大事"，就是靠着"悟"和"道"，他凭借以往的工作积累，凭借对艺术的灵性感知，探索着电视如何做到大俗大雅的新课题。

记：您觉得《回家》的成绩给自己带来了什么？

王："高处不胜寒，也未必不胜寒"。怎么理解？《回家》取得了一些成绩，受到了瞩目，这要求我们把节目做得更好，有

曾宪梓为《回家》栏目题词

更深的思考,比较难。最近,中国电视纪录片学会开研讨会请我去做专题演讲。这次会的主题和以往比有新提法,"电视纪实专题节目研讨",这是以往没有过的。以前,要么是专题片,要么是纪录片,这次说纪实专题节目,刚好是《回家》四年前的定位。而四年前,对我们的形态定位是有争论的。现在看,大家肯定了,还要研讨。那么,我们能不能进行新一轮的自主创新就很重要了。我说"未必不胜寒",是我坚信只要"高调做事、低调做人",真的在业务上下工夫,再次自主创新是有信心的。《回家》是个高雅的文化节目,但是它可以被百姓接受。一方面,是文化大师的光辉给节目注入了动力,另一方面,是我们采用了比较平实的、生活化的视角,使高雅文化更有亲和力了。我自己么,只是想怎么更好地担当起业务头儿的角色。

记:现在,您还担任《超级乐八点》的总制片人,它和《回家》风格差异非常大,又怎样把握"俗"和"雅"的关系呢?

王:这一直是电视文化在探讨的一个核心问题。《回家》做了200多期节目了,每期节目我都从策划案开始参与,直到最终审片播出。和这么多文化大家接触,在体会到他们的经历、成就是民族精神宝库的同时,感受更深的是生活中他们为人都很真实、自然,越是生活的越是艺术的。《超级乐八点》是一个娱乐节目,娱乐节目表面看是俗的,比如"忽悠姐妹花"形式确实挺俗。但是,为什么大家那么喜欢? 我们在编创时,也在把关,它不是只博一笑。丁聪老先生有句话说得很好:"幽默,不仅有笑料,还有讽刺。"如何避免"低俗",争取"雅俗共赏",我们正在努力做到这一点。

记:有人说《回家》是靠"文化老人"来成就的,您怎么看?

王:这种说法比较片面,我们对文化大师一直心存感激,他们的思想光芒的确成就了《回家》。我们也深知责任和义务,继承传统、珍藏文化,弘扬他们的精神,这都是我们在做的事。中国文联副主席仲呈祥说,《回家》有三个贡献:继承传统文化、记录当代文化、吸纳世界优秀文化发展中国文化。这也是我们承载的使命。另外,我们的选题范畴并没有年龄和辈分的局限,我们的关注点是全球的华人精英和大师巨匠。

记:在地方台做出《回家》这样的节目并且获得那么多奖项,收视率也一直挺高,您觉得自己的人生成功了吗?

王:有一次,我的女儿问我:"我的同学都说你挺厉害的,爸爸你是吗?"

她的话让我沉默了。想了好一会儿，我无法回答。她的话似乎给了我一种刺激。我不知道，什么时候能给女儿一个答案。

（《新文化报》文化
标签专栏 2006 年 9 月刊发）

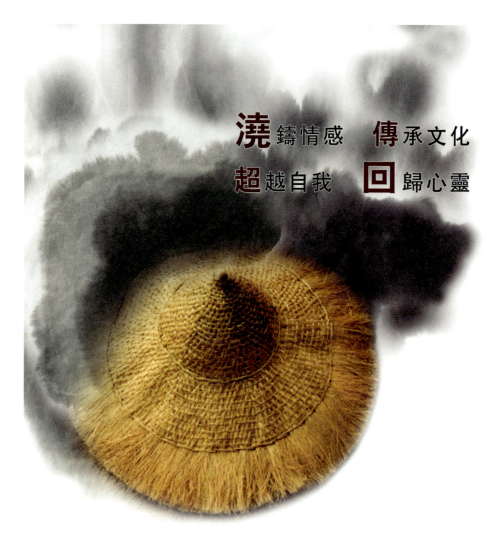

澆鑄情感　傳承文化
超越自我　回歸心靈

吉林電視臺大型文化紀實節目

后 记

　　从醉心广播到仰止电视,我整整三十年的传媒生涯,如今已欣然收官。毕竟,三十载光阴在任何人的生命中都不可能被视若鸿羽,很难云淡风轻。恰巧,此番让我有机会回首过往,有时间感慨去路,也集成了这本拙作!

　　对于广播电视工作,我可谓青春有梦,中年有缘。从看热闹、寻门道的美慕和向往,再到亲自操刀创意策划、拍摄制作的专业追求。从广播专题到电视纪录片、从广播剧到电视剧、从娱乐节目到文化节目、从社会活动到大型晚会,我过足了广播电视的瘾,也尝遍了个中甘苦。每每细思过往,深感弥足珍贵。三十年的传媒生涯,又何尝不是我艺术素养的积淀、意志品格的磨练、职业经历的丰富!这三十年,给我留下了诸多值得总结和研究的专业课题。也许,这就是我冥冥之中被调往大学要尽的义务和承载的使命吧!

　　一个人的爱好和专长,刚好成为他的职业和理想,这是一生最大的幸运。十五年的广播,十五年的电视,兼顾了我的爱好,我的专长,成就了我的事业,我的梦想。《传媒时光》是我从业三十年的真情实感和心路历程,从"'回家'之旅"到"跋涉之途",是我学习、实践、进取、收获的过程。《传媒时光》是我的阅历写真,更是我的职业素描;是我从创作实践到学术研究、从业界到学界转折中的一次沉淀、一次总结,更是一次检阅、一次礼遇!

　　《传媒时光》是对我事业追求的记录,更是对我和我的团队职业精神的纪实。文稿成书的背后是一支支曾经与我并肩奋斗、团结拼搏的团队。因为有了他们的支撑,才成就了一部部广播电视作品、一座座光彩夺目的奖杯。

过往的岁月中,我们苦乐交织、心意相通,我们青春作伴、意气飞扬,我们情怀激荡、风雨兼程。我们携手在行进的路上,体味到了历史的脉动和精神的感召,享受到了情感的抚慰及文化的浸润。

常言道:"三十而立。"而今我从业三十载,也可谓"三十而立"? 笑谈过去也许太过奢侈,感伤以往又何以慰藉? 岁月疾驰,又有多少逝去的时光能够留下清晰的背影!

《传媒时光》,这是好友的命名。我曾因感其平白一时而拒之,但当我再度冷静揣摩之后,我又为此深感踏实和欣慰。朴实无华的书名又何尝不是自己大半生的真实写照呢。

拙作付梓之际,承蒙我的领导、师长胡占凡先生百忙之中不吝珠玉,捉笔为序,我心存感激并深表敬意。同时,由衷地感谢中华书局,感谢为该书付出辛劳的责任编辑吴爱兰女士。感谢我的朋友戴老师、老同事李冬冬、葛维国和《回家》团队的同仁们,以及吉林艺术学院的同事们给予的帮助与支持。

2018 年 5 月 28 日写于长春